大学问

始于问而终于明

朱孝远文集

宗教改革与德国近代化道路

朱孝远 著

GUANGXI NORMAL UNIVERSITY PRESS
广西师范大学出版社
·桂林·

项目策划：罗文波
项目负责：梁鑫磊
责任编辑：罗文波
助理编辑：梁鑫磊
责任技编：伍先林
书籍设计：刘　凛

图书在版编目（CIP）数据

宗教改革与德国近代化道路 / 朱孝远著. —桂林：广西师范大学出版社，2019.10
（朱孝远文集）
ISBN 978-7-5598-2052-5

Ⅰ. ①宗… Ⅱ. ①朱… Ⅲ. ①宗教改革－研究－德国 Ⅳ. ①K516.32

中国版本图书馆 CIP 数据核字（2019）第 171370 号

广西师范大学出版社出版发行
（广西桂林市五里店路 9 号　邮政编码：541004
网址：http://www.bbtpress.com）
出版人：张艺兵
全国新华书店经销
广西民族印刷包装集团有限公司印刷
（南宁市高新区高新三路 1 号　邮政编码：530007）
开本：880 mm ×1 240 mm　1/32
印张：11.75　　字数：232 千字
2019 年 10 月第 1 版　　2019 年 10 月第 1 次印刷
定价：82.00 元

序

当德国的政治、经济体制发生变化并向近代社会迈进时，德国爆发了震撼欧洲的宗教改革运动。马丁·路德提出“因信称义”的信仰学说，得到了市民、农民和部分诸侯的支持。宗教改革以后产生的新的教派被称为新教，奠基者有马丁·路德（1483—1546）、乌尔里希·茨温格利（1484—1531）和加尔文（1509—1564）等人，从而开创了新教教派的历史，引起社会诸多变化。正如美国著名神学思想史家奥尔森所言：马丁·路德“自视为卑微的修士与神学教授，却使整个世界天翻地覆”。[①] 在宗教改革的旗帜下，人们关闭了修道院，简化了宗教仪式、废除了教士独身的制度，把被修道院和教会占有的财富回归到世俗社会手里，这些财富成为建立近代早期政府、支撑资本主义经济发展的物质基础。宗教改革也促成了城市市民和乡村农民之间的大联合，人们高举福音书，对长期以来压迫、欺诈和剥削他们的领主和贵族进行了“普通人的革

① ［美］奥尔森：《基督教神学思想史》，北京大学出版社2003年版，第404页。

命”，沉重打击了德国的封建势力，尤其是贵族和地方领主的势力。在这种基础上，诸侯建立领地邦国的进程得以加快，而普通人也开始在城乡自治社区模式的基础上筹建带有一定公有制性质的百姓共和国。政治的进步还表现在领地议会中市民代表和农民代表的参与，在人民力量强大、自治社区有着深厚基础的地方，这种人民参与政治的做法表现得尤为突出。正因为这样，宗教改革和德国农民战争被称为“早期资产阶级革命”，为德国社会向近代化的过渡做出了巨大贡献。这种发展的模式，即本卷所要表述的“宗教改革与德国近代化道路”。

目　录

CONTENTS

教。只有五个城市没有发生过宗教改革运动。莫勒认为宗教改革只是一场发生在城市里的运动，知识精英起了重要作用。寻找运动和城市之间的联系，成为分析宗教改革运动的关键。[①]

有关德国宗教改革运动的误解不仅仅存在于一般群众的观念之中，就是在专业的学术圈子里，也充满了对这场运动的奇谈怪论。例如，早在1525年德国农民战争结束后不久，就有两个同时代的作家断言：是马丁·路德反对教会的福音运动诱发了1525年的德国农民战争，致使农民起来反对他们的合法领主；[②]农民的起义仅仅是为了一些经济上的改善；[③]这些农民非常残暴，他们滥杀无辜，除此之外毫无结果。[④]这些观点直到上一个世纪还有人在不断地重复着。不过，今天，大多数的学者对此持相反意见，他们认为：参加1525年革命的那些农民是老百姓中有责任心的人们，而绝不是罪犯；[⑤]起义是有组织、有纪律的活动；起义者们没有滥

---

① Bernd Moeller, *Imperial Cities and the Reformation*, Durham: The Labyrinth Press, 1982, p. 41.

② Bob Scribner, "Introduction", in R. W. Scribner and Gerhard Benecke, eds., *The German Peasant War of 1525: New Viewpoints*, London, 1979, p. 3.

③ For examples, see "An Unsympathetic View of the Peasant Movement: From Sebastian Frank' s Chronicle", in Gerald Strauss, ed., *Manifestations of Discontent in Germany on the Eve of the Reformation*, Bloomingron, 1985, p. 167; Louis Maimbourg, *Histoire du Lutheranisme*, Paris, 1681, pp. 25–27.

④ "An Unsympathetic View of the Peasant Movement: From Sebastian Frank' s Chronicle", in Gerald Strauss, ed., *Manifestations of Discontent in Germany on the Eve of the Reformation*, Bloomingron, 1985, p. 167.

⑤ Peter Blickle, "The 'Peasant War' as the Revolution of the Common Man: Theses", in R. W. Scribner and Gerhard Benecke, eds., *The German Peasant War of 1525: New Viewpoints*, London, 1979, pp. 19–22.

用暴力；革命有重要意义和积极后果；起义是下层人民一次政治行动，不仅仅是一场经济斗争。起义显示了人民大众对于社会、经济、政治和宗教变化的关注和改变历史进程的企图。在宗教问题上，有的学者对农民起义是路德改革运动精神产儿的说法提出异议，指出：农民信仰的不是单纯的路德教，而是经过他们自己诠释的基督教。①

在现代专业学者企图对宗教改革运动做出新的评价时，马丁·路德自己提供的一些史料却似乎一直在同人们的新思维做对抗。为了抗衡罗马教廷，马丁·路德曾经呼吁德国贵族和城市统治者支持他的宗教改革，期望宗教改革能够在世俗统治者的批准下进行，并且教导基督徒服从世俗政府而不要服从错误的教会。这种言词，被一些学者引为路德是极权主义拥戴者的证据。最刺耳的一种声音，是把路德视为法西斯极权政治的奠基者。1941年威廉·蒙特高迈利·麦克高温出版了《从路德到希特勒：法西斯的政治哲学史》一书，非常明确地把路德改革与希特勒联系了起来。麦克高温视英国和美国为自由主义的最后堡垒，但这个自由主义阵营却"不得不与极权主义势力发生冲突，以至必须了解极权主义这一敌人的渊源"。麦克高温强调宗教改革运动与纳粹运动之间的联系，因为"宗教改革通过强化国家削弱了普世化的教会，造

① Heiko A. Oberman，"Die Gelehrten die Verkehrten: Popular Response to Learned Culture in the Renaissance and Reformation"，in Steven Ozment，ed.，*Religion & Culture*，Sixteenth Century Journal Publishers Inc.，1989，pp. 43–64.

成了包括天主教地区在内的教会对国家的臣服”。[①] 在此，麦克高温视路德为极权政治先驱者；他领导的宗教改革运动更是导致了宗教世俗两元政治的失衡，因为政治多元化才能避免政治极权化。麦克高温宣扬反对极权政治的观念并无错，因为其时整个世界都处于德国法西斯的战争威胁下。但是，麦克高温的作品却是不能长久的，正如特雷西教授所言：“人们能够赞美麦克高温是一个在需要民主的时刻出现的民主人士，尽管他的著作缺乏优秀的学术质量，注定不能长久。”[②]

尽管存在着这些误解，重新解释这一运动的时刻已经到来。1975年，在德国和世界各地都举行了德国农民战争450周年的纪念活动。它的主要成果是出版了两本研究德国农民战争的论文集。论文集反映了德国历史学界研究农民战争的最新成果。此外，还必须提到两本专著的问世，即德国学者彼得·布瑞克的《1525年革命：对德国农民战争的新透视》和澳大利亚学者罗伯特·斯克里布纳的《为了普通人的缘故：德国宗教改革时期的大众宣传》。更为重要的是，自上个世纪70年代以来历史学家在整理德国宗教改革时期的传单和小册子方面有了重大突破，在几万份传单中，有

---

① William Montgomery McGovern, *From Luther to Hitler: The History of Fascist Political Philosophy*, Cambridge, Mass: Mifflin, 1941, Chapt.1, “The Liberal and Fascist Tradition”, pp. 3–17; also see James D. Tracy, “Luther and the Modern State: Introduction to a Neuralgic Theme”, in James D. Tracy, ed., *Luther and the Modern State in Germany*, Ann Arbor, Michigan: Edwards Brothers, 1986, p. 10.

② James D. Tracy, “Luther and the Modern State: Introduction to a Neuralgic Theme”, in James D. Tracy, ed., *Luther and the Modern State in Germany*, Ann Arbor, Michigan: Edwards Brothers, 1986, p. 11.

几百份是关于德国农民战争的。这些传单和小册子为研究者提供了一幅几乎是全新的图像，它揭示了1525年革命政治斗争的性质。这些传单反映了运动中后期的情景，涉及政治理论、政治局势分析、斗争步骤、建立人民政权及起义者关于政治、社会和宗教方面的理想。新史料的发现，引起了世界范围的研究德国农民战争史的新热潮。

1975年后关于德国宗教改革和德国农民战争的众多解释中，有几种解释引起了我的思考。第一种解释是“宗教改革运动为资本主义发展扫除了障碍说”，以德国马克思主义历史学家马克斯·施泰因梅茨、歌德·弗格勒为代表。这一学说的源流可以追溯到恩格斯在1850年5—10月写成的《德国农民战争》一书。1850年，恩格斯曾认为1525年的农民革命同1848年革命有类似之处，反映出德国人民具有革命传统。经济变化导致阶级关系的沉浮，新兴资产阶级要求温和的政治革命，而处于社会底层的农民也举行起义。宗教改革和农民战争都反对封建主义，要求扫除通向资本主义的障碍并且建立德国民族国家。① 恩格斯指出：“路德的和加尔文的宗教改革 = 资产阶级革命第1号；农民战争是这个革命的批判的插曲。”② 施泰因梅茨和弗格勒认同恩格斯的说法，认为德国农民战争

---

① “Peasant War in Germany: For an Interpretation of Engels’ View”, see A. G. Dickens and John M. Tonkin, *The Reformation in Historical Thought*, Cambridge, MA., 1985, pp. 239–240.

② ［德］恩格斯：《关于农民战争》，见《德国农民战争》附录四《恩格斯手稿》，人民出版社1962年版，第172页。

是早期资产阶级革命的一个组成部分，它起源于德国社会、经济方面的矛盾冲突，而宗教改革则是其在意识形态上的表达。①

施泰因梅茨和弗格勒分别代表了德国马克思主义历史学家对德国农民战争的两种观点。施泰因梅茨认为宗教改革运动和德国农民战争共同构成了早期资产阶级革命，而以农民战争为其高潮。革命起于路德维腾贝格《九十五条论纲》的提出，止于1525年农民起义军的失败。②他还认为革命有一个经济上的背景，即资本进入生产领域，工业资本投入矿业和纺织业，产生了资本主义生产关系和剥削方式。商品货币又侵入农村，促使实物地租向货币地租转化，引起了“再版农奴制”，这些都加重了农民负担，导致农民起义爆发。③弗格勒同样也认为德国农民战争是早期资产阶级革命的一个组成部分，但他强调封建主义结构同资本主义生产方式之间的冲突。他认为：一方面，15世纪农村的阶级斗争没有使人民摆脱封建主义剥削；另一方面，资本主义生产方式在德国得到了充分发展，不仅与封建主义水火不容，也加重了对人民的剥削。弗格勒通过强调宗教改革和农民战争在起源上的一致性，力

---

① Bob Scribner，“Introduction”，in R. W. Scribner and Gerhard Benecke，eds.，*The German Peasant War of 1525: New Viewpoints*，London，1979，p. 3.

② Max Steinmetz，“Theses on the Early Bourgeois Revolution in Germany，1476–1535”，in R. W. Scribner and Gerhard Benecke，eds.，*The German Peasant War of 1525: New Viewpoints*，London，1979，p. 10.

③ Max Steinmetz, “Die fruhburgerliche Revolution”，p.45, also see Peter Blickle，*The Revolution of 1525: The German Peasants' War from a New Perspective*，Baltimore and London: The Johns Hopkins University Press，1985，pp. 3–7.

图证明两场运动都源于封建主义和资本主义两种生产方式的冲突：农民阶级无法摆脱封建剥削，封建剥削阶级又拒绝资本主义在德国发展，终于导致了早期的资产阶级革命。[①] 弗格勒和施泰因梅茨把德国农民战争与资本主义发展紧密地联系在一起，同时也把德国农民战争和宗教改革运动紧密联系了起来。尽管前者比较激进，后者比较保守。

第二种解释是“普通人革命推动近代化政治说”，以德国历史学家布瑞克为代表。布瑞克认为：1525年革命的起因主要是社会转型时期的农业秩序危机。封建贵族为补偿他们在14世纪农业危机时受到的损失，加强了对农民的剥削，引起农民战争。布瑞克既关注农业危机的影响（如农民和贵族为争夺产品分配额的斗争），又把这场革命引申为一场由百姓自下而上建立近代政治的斗争。他这样论述1525年革命的目标：“农民战争是通过社会政治关系的革命性转变来克服封建主义危机的一种努力。这场革命的推动力量不是农民一类的人物（他们在系统陈述各种怨情和要求的最初阶段是这场革命的中心人物），而是更广泛意义上的普通人。革命的社会目标，消极地说是废除特殊社会群体独有的一切权力和特权；而积极地、用1525年的语言来说是‘公共利益’和‘基督教兄弟之爱’。从这些社会目标中产生了革命的政治目标：在小邦中，形成合作性的联邦政府；在大邦中，形成一种建立在领地大会基础

---

① Peter Blickle，*The Revolution of 1525: The German Peasants’ War from a New Perspective*，Baltimore and London: The Johns Hopkins University Press，1985，p. 7.

上的制度。这两种政治形式的基本原理都完全取自《福音书》和公社的选举原则。尽管如此，革命的军事失败还是导致了1525年之前的社会政治体系的固定。这是通过几乎各地普遍减轻农业的经济负担、通过更强有力的司法保证以及通过将农民政治权利固定化来取得的，也是通过统治者对社区宗教改革的镇压而得来的。”①

布瑞克还认为：经济问题还不完全是农民战争的起因，它只是农民运动产生的前提和诱发物。只有充分考虑农民的需要、采纳农民的意见时，德国社会的转型和农村经济改革才是可能的。换言之，结构性的农村经济改革只有在政治近代化（农民以代表身份参与领地政治的决策）实现时，才有可能真正实现。布瑞克有一句常常被人引述的名言："我们将农民最主要目标视为重组领地政体，如果我们的判断不错的话，那这只是再一次证实我们的发现：早些时候在领地国家这一层次上获得政治经验的农民，最易清楚地表述政治概念。”② 布瑞克指出：

> 在政治结构的具体问题之外，普通人的要求中存在着一些基本的要素：在"公共利益"的口号下减轻普通人的经济负担；在"基督教兄弟之爱"的口号下破除各等级之间的法律和社会的藩篱；在确保没有人为添加物的纯粹福音（通过民众选

① Peter Blickle, *The Revolution of 1525: The German Peasants' War from a New Perspective*, Baltimore and London: The Johns Hopkins University Press, 1985, p. 187.

② Peter Blickle, *The Revolution of 1525: The German Peasants' War from a New Perspective*, Baltimore and London: The Johns Hopkins University Press, 1985, p. 136.

举教职人员来保障）的原则下谋求社区自治；以及以“神法”为依据建立一个崭新的社会联合体的政治和法律秩序。1525年的空想家试图将这些要素纳入理论上可接受的、有内在连贯性的体系中。①

可见，在布瑞克那里，农民运动是放在政治近代化的框架里来讨论的，从而凸显了农民在建立新的政治体制方面的作用。其次，农民运动和城市运动是密切联系并且是同步进行的；农村的社区组织（公社）和城市的社区组织（公社）异质同构，成为当时“普通人”的政治组织。在此基础上，通过公社、议会和共和国三个步骤，就有可能自下而上地建立起近代政治。

第三种解释是“大众文化推动宗教改革说”，代表人物是澳大利亚学者罗伯特·斯克里布纳。他认为：以往对宗教改革的研究过于注重上层文化，却对大众文化的作用缺乏认识。应该这么说，老百姓创造出来的东西，无论是数量还是质量，都可以和路德等人的创造相匹敌。人民每天每时每刻都在创造新的东西。对于像奇迹、显灵和圣徒崇拜等问题，也不能用精英的思路或者用上层文化的视野去看待，必须用民众的思路思考问题，只有这样，你才能够理解它们的合理性。斯克里布纳最反对的是莫勒所说的“没有书本，就没有宗教改革”这句话，认为这是一种精英式的表达

① Peter Blickle，*The Revolution of 1525: The German Peasants' War from a New Perspective*，Baltimore and London，1985，p. 145.

方式，完全排斥了人民大众在宗教改革运动中的作用。更为重要的是，斯克里布纳认为文化在实际传播时，文字的传播和口头的传播是互相结合在一起的，他指出："印刷的文字只是更为广泛的交流过程中的一个组成部分，传播靠的主要是人与人之间的相互接触和谈话。"① 因为，尽管有很多人不会读书，但是"人人都会说和看"。为了证明这一点，他对宗教改革时期新教宣传品中的木刻版画进行研究，发现文字材料与图像材料之间存在显著差异。例如：在宗教改革时期，路德撰文反对圣徒崇拜，但在图像中，他自己却被一个熟悉的朋友画成圣徒，甚至其头顶上还被加上了光环。斯克里布纳对此发现感到高兴。因为这幅画至少纠正了以往研究的两个错误：一是把路德完全视为精英文化的代表，似乎路德不会运用大众文化的手段来宣传新教；二是应当对路德反对圣徒的观点进行重新认识，因为，如果没有路德的首肯，他的朋友是绝不会把他画成圣徒模样的。

上述三种新的研究都对传统学术观点进行了富有洞察力的挑战并且成就卓著。与以往的研究不同，1975年以后的研究不仅更加重视宗教改革运动与德国近代化的联系，而且也更加重视普通人在宗教改革中的作用。这些新的研究，不仅使我们更为详尽地

---

① R. W. Scribner，"Oral Culture and the Diffusion of Reformation Ideas"，in R. W. Scribner，*Popular Culture and Popular Movements in Reformation Germany*，London: Hambledon Press，1987，p. 55; also see Thomas A. Brady，Jr.，"Scribner，A Historian of the German Reformation"，in Lyndal Roper，ed.，*R. W. Scribner: Religion and Culture in Germany (1400–1800)*，Leiden，Boston，Koeln，2001，p. 21.

观察到了德国宗教改革运动的各个方面，还使我们有了新的切入点和新的视野，为我们今天将研究向前推进一步奠定基础。

在对传统史学的批判中，上述的新研究发展出了一套新的理论与批判的方式。这套理论认为，在构建近代政治的进程中，并非只是路德的宗教改革为这种政治发展提供理论依据和实践空间。例如，斯克里布纳认为，宗教改革实际上是一系列不同内容、不同性质的运动（带复数的宗教改革），如僧侣的宗教改革、诸侯的宗教改革、城市的宗教改革、农民的宗教改革等，[①]尽管诸种宗教改革之间又是相互联系、互为表里的。在这一点上，布瑞克似乎做得好些，他认为："普通人的经济、社会和政治地位与进行宗教改革的各种原因和要素是密切相关的。减轻经济负担的法律代号就是公共利益；要求正义的口号是基督教兄弟之爱；要求最佳法律制度的法律用语是'神法'；要求好的政治制度的口号是依靠社区和选举。"[②]尽管这样，布瑞克还是把1525年革命视为另外一种宗教改革，即他所强调的茨温格利对1525年革命的影响，或他自己从德国农民战争中概括出来的"社区(公社)的宗教改革"。他断言："一旦人们确定茨温格利和南德意志的'基督教人文主义者'是独立的宗教改革者——这是毫无疑问的——那么就必须承认1525年革命本身也是宗教改革的一种表现。"他认为造成多元宗教改革出

① R. W. Scribner, *The German Reformation*, Hampshire and London: The Macmillan Press Ltd., 1986, pp. 45–54.

② Peter Blickle, *The Revolution of 1525: The German Peasants' War from a New Perspective*, Baltimore and London, 1985, p. 156.

现的原因在于人们的生活环境："如果人们想到，相同的神学起点与现世生活状况的辩证接触将产生完全不同的伦理和政治思想时，宗教改革思想的松散和主观特征就清晰可见了。尽管路德、茨温格利和闵采尔在刚开始的时候是同伴，但到1525年时，他们之间还有什么共同之处呢？至少从他们大量的关于世事的评论中，人们很难找出其共同的原则了。"①

新的研究者也许过分拉开了路德领导的宗教改革运动与普通人的宗教改革（1525年革命）之间的距离。更为关键的是，他们同时也回避了另一个方面，即没有格外关注和猛烈抨击诸侯领地政府对下层市民和农民日益加重的剥削。结果，在布瑞克那里，诸侯领地政府竟然在不做任何解释的情况下被当成了"近代早期国家"，②而城市贵族也自然而然地被视为近代资产阶级。由于缺乏精确定位，诸侯和城市贵族不仅最终左右了宗教改革的历史，而且他们似乎也没有受到"普通人革命"的冲击。换句话说，普通人的革命似乎反对的只是正在日趋崩溃的地方领主，但没有对诸侯和城市贵族造成威胁。

结果，新的研究者就未能看到普通人革命的最高理想是建立没有剥削、没有压迫的公有制百姓共和国。因为，若要揭示这样

---

① Peter Blickle，*The Revolution of 1525: The German Peasants' War from a New Perspective*，Baltimore and London，1985，p. 161.

② 例如：在布瑞克那里，他是直接把诸侯领地政府称之为近代国家的，我以为这样的做法并不准确。另一个不够准确的地方，是把闵采尔、盖斯迈尔等人的革命理念归之于"乌托邦式的理想：彻底的基督教国家"，见彼得·布瑞克《1525年革命：对德国农民战争的新透视》，广西师范大学出版社2008年版，第151、160—172页。

一种目标，就必须发展一种方法，把普通人革命的现实目标和最高目标结合起来。要这样做，研究者必须进行更进一步的分析，以便揭示运动过程中各种社会力量、各种社会运动之间的互动。这种方法我们在美国学者托马斯·布雷迪的著作中看到了。布雷迪教授认为，宗教改革时期的德国至少存在着三种趋势：政治改革（主要是诸侯在自己的邦国里建立了半封建半近代的政府）、教派运动和路德宗教改革运动，这三种运动总是在相互作用、相互影响，而作为结果的合力最后又把德国从封建社会推向了近代社会。布雷迪著作内容的时间跨度为250年，他企图在一个较长的时间段中来揭示以下问题：路德的改革对当时的德国和今天的德国究竟是好的还是不好的？德国诸侯领地政府的建立最后是否导致了统一德国的出现？以及路德的改革和诸侯领地政府的建立最后如何使德国向近代社会的过渡具有特殊性，使其有别于英国和法国的过渡？布雷迪还注意到了多种政治、社会和宗教变化中的互动，以及路德派、改革宗（加尔文派）和天主教三个教派在德国长期共存的现象。布雷迪认为宗教改革总的来说是进步的，促进了德国从中世纪向近代社会、近代政治的转换。①

顾名思义，本书旨在研究宗教改革运动与德国近代化的关系。在研究重点从对路德宗教思想的诠释转向对德国实际状况和各种社会力量的考察时，我着重分析阻碍德国发展的因素和促进德国

---

① Thomas A. Brady Jr., *German Histories in the Age of Reformations, 1400–1650*, Cambridge and New York: Cambridge University Press, 2009.

发展的因素之间的相互作用。我研究的目的是从前人研究的基础上提出新问题，得出新看法。以下是我认为比较重要的问题。

第一个问题是，如何理解路德的宗教改革与普通人革命之间的关系？或者换一种说法，是简单地赞同施泰因梅茨把德国农民战争看成是早期资产阶级革命的一个组成部分，而德国宗教改革运动则是其在意识形态上的表达？或者，像布瑞克那样，把德国农民战争看成自成体系的普通人的革命，或者是“社区的宗教改革”？这样做，是否就能够说清楚这两场运动之间的联系或差异？更为重要的是，是否能够找到一种有效的方法，既能够用来解释两场运动之间的联系或递进关系，又能够充分显示出两者之间的差异？

第二，如何看待布瑞克所说的农村自治公社的性质？是按照以往的传统，把它看成中世纪晚期乡村中的一种落后制度，还是像布瑞克那样，视其为孕育近代政治的母体？同时，这种农村公社的乡土自治，除了具有政治作用外，是否还具有经济上的功能，曾经为德国的近代化做出过积极贡献？

第三，近年来对于1525年革命时期传单和小册子研究显示了闵采尔、盖斯迈尔、海尔高特废除私有财产、建立人民共和国的要求。这些思想，是否如布瑞克所说的那样，是纯粹空想的政治乌托邦，没有任何实际的作用？在我们的研究中，是否应当尽量回避这些“乌托邦”思想，仅仅从议会道路、参与领地政治中去寻找1525年革命者对于政治近代化的贡献？

第四，诸侯领地政府究竟具有何种性质，是否可以直接称其为“近代早期国家”？同样，马丁·路德的改革是否仅局限在宗教领域，在政治、社会方面不仅没有建树，而且还为以后德国的极权政治奠定基础？

这些问题现在是，并且将来仍然是核心问题。

这里简单勾画一下本书的轮廓。我首先考察了16世纪初期德国特殊的政治条件和社会条件，这形成了宗教改革运动爆发的背景。从结构方面来看，这涉及对德国政治体制的分析。例如：帝国改革的失败、诸侯领地政府的出现、帝国城市中的贫富分化和城市贵族的统治、城市社区的瓦解和农村乡土自治组织的形成。这种政治结构的变化对各个社会阶层造成影响，也形成了革命的形势。这一章还要对路德的宗教改革做一个概述。在第二章中，我的目光从社会结构分析转到了对宗教改革政治经济原因和过程的研究。第三章研究宗教改革对建立世俗秩序的影响，分析诸侯领地政府的性质和路德是否拥戴专制极权政治的问题。第四章探讨人民的宗教改革以及基督教社区的理想。第五章描述德国各地农民战争的情况。第六章分析百姓共和国的理想。第七章论述婚姻的世俗化与妇女地位。第八章论述宗教改革思想的传布，茨温格利和加尔文的宗教改革以及宗教宽容政策如何在英国完善。第九章论述宗教改革运动对于德国近代化的贡献。最后是结论，除了对引言部分提出的问题做出简要回答外，本章以总结的形式结束了对德国近代化道路的叙述。

在研究中，我将用以下的基本方法来确定宗教改革的内容和作用。第一，我设法通过对德国特点的分析来解释宗教改革运动首先出现在德国的原因。如果将宗教改革仅仅限定为教会内部纯洁化运动的话，那么，伊拉斯谟的基督教人文主义运动似乎就能够解决这个问题。如果将宗教改革界定为解决权势日益扩大的君主与权势逐渐衰弱的教会之间权力分配问题的话，那么，曾经把罗马教廷迁徙到阿维农的法国，似乎更有机会成为反对罗马教廷的世界中心。从当时欧洲来看，共和政治思想的中心是爆发文艺复兴的意大利，而英国、法国的王权也要比德国的强大得多。为回答这个问题，我要对德国政治社会结构的特点进行分析。

第二，我将根据宗教改革直接导致整体社会制度变革的事实来说明它是社会改革、社会革命的一种有效方式。它最充分地反映出人们改变旧有制度的共同要求，却允许各个社会阶层基于自己的社会立场来选择符合自己动机和目标的思想模式和行为方式。这样，宗教改革自始至终就不是纯粹意义上的神学争论，它实际上是组建了一个新的替换型体系，用来取代已经过时了的封建秩序，以此来推动德国克服危机，走向近代。例如：当时德国的教会占有着大量土地和财富，并且拥有各种特权，这与诸侯建立中央集权化领地政府的目标形成冲突。同样，教会也是农民的封建领主，对农民进行非常过分的压迫。教会与农民之间产生了尖锐的矛盾。就资源来说，当时德国各个阶层都感到资源短缺：城市贵族需要资本原始积累，诸侯需要建立领地政府的资源，而农民更需要赖以生存的土地资源。由于教会拥有德国大量资源，并且还在进一步榨取德国财富，这就阻碍了德国的发展。再从教会拥有的各种特权看，教会已经成为阻碍德国政治进步的绊脚石。这些问题不解决，德国的发展是不可想象的。在这种情况下，反对罗马教廷、把教会的资源回归于世俗社会，已经成为当时德国各个社会阶层的共识。换言之，用宗教改革的方式解决社会问题，对当时德国，可以说是最直接、最得民心也最容易为各个阶层所接受的。因此，社会改革以宗教改革的形式来进行，实际上正是当时德国社会各种矛盾所提出来的问题。

社会结构提出的问题需要通过社会变化来加以解决，而社会变化又需要通过适当的社会运动来加以实现。就当时德国具体的状况看，很显然，是不可能走法国君主迁徙罗马教廷至阿维农，或英国君主公开与罗马教廷翻脸、自行宣布英国教会独立这样的自上而下的道路的。因此，在德国皇帝查理五世坚持天主教信仰立场、反对任何社会变革的情况下，德国的改革就只能由市民阶层发动、自下而上地来进行。这就导致了两个结果：城市和农村的普通人成为这场运动的发动者和参与者，从而把宗教改革引向普通人的大革命；另一方面，诸侯们出于自己权力集中的政治利益考虑和掠夺教会财产和资源的需要，在一定程度上会容忍甚至保护宗教改革家，尽管他们对普通人的革命绝不宽容。

第三，我将分析宗教改革运动与普通人革命之间的递进关系。宗教改革作为一场市民的改革运动，矛头直接指向封建主义的世界中心——罗马教廷。在国家层面，制止了罗马教廷对德国的控制和剥削；在宗教层面，通过关闭修道院、没收教会和修道院的财产，废除了教会凌驾于国家和民众之上的特权，部分恢复了国家的主权；在地方邦国的层面，形成了由诸侯邦国政府决定领地内宗教信仰、管理和处理宗教事务的制度。更为重要的是，宗教改革是在广大城市平民和广大农民的参与下进行的，这种参与不同寻常地把基督教的教义论争转变成为一场百姓的革命。结果，民众就用革命的方式改造了社会，自下而上地推动了德国政治的近代化。宗教改革和百姓革命表现出来的一些共同的方面很值得重视。我使用递进关系这个术语，既是强调宗教改革运动与普通人革命之间存在着联系，也是指前者对后者的一种影响，这种影响根植于反对封建的教会与进行社会制度改革的辩证关联之中。

第四，我强调观念转化的研究，即分析马丁·路德思想中的一些核心内容是如何被1525年的起义者通过词义转换而变成为革命理论的。闵采尔、盖斯迈尔、海尔高特等人大部分来自宗教改革家的阵营，但他们的思想更为革命，呼吁人民起来战斗，在更大范围内反抗封建压迫。他们的思想比马丁·路德要来得激进，但在很多时候，他们却通过转换（解释）马丁·路德的言论，使其成为激进政治纲领的理论依据。这样，就解释了宗教改革运动既与普通人革命之间存在联系又同后者具有不同的特征的问题。例如：宗教改革家马丁·路德提倡服从世俗政府，强调和平的斗争方式，对市民的利益格外关照，也在一定程度上支持了诸侯的领地政府。

与此不同的是，普通人的革命则要求抵制来自诸侯、地方贵族和城市贵族的压迫，动用武装斗争的手段反封建，甚至提出了废除私有财产、建立百姓共和国的理想。因此，实际上，普通人的革命是宗教改革运动的一种深化和超越，它指向社会内部制度的、组织的调整，以及各种形式的理念与社会实践的贯彻落实。

在分析宗教改革与德国近代化关系时，我在很大程度上借助了具体历史问题分析的方法论，而不是先定下一个近代化要素的框架，再拿它去比照当时的德国是否进行或完成了其中的某些要素。正如马克思所指出的："人们自己创造自己的历史，但是他们并不是随心所欲地创造，并不是在他们自己选定的条件下创造，而是在直接碰到的、既定的、从过去继承下来的条件下创造。"[①] 从当时德国的实际情况看，社会提出的基本目标是：维护德国国家的主权、实现德国的统一、建立良好的政治社会秩序、建立比以往更为平等、民主的机制，创建真正意义上的世俗社会和社会文化，并且在制度上保障德国的工商业和农业的迅速发展。这些，构成了宗教改革和普通人革命的基本奋斗目标。我必须从当时德国社会提出的基本需求出发，一项项地检验宗教改革与德国近代化的关系，以及这些目标是否落实。通过对这些目标的分析和检验，我试图解答宗教改革与德国近代化之间的关系，以及德国近代化的特点这个复杂的问题。

---

① ［德］马克思：《路易·波拿巴的雾月十八日》，《马克思恩格斯全集》第十一卷，人民出版社1995年版，第131—132页。

最后我要说的是，本书还期望能够完成两项任务。第一，对已有的“宗教改革分析模式”进行检验，具体来说，这涉及对一系列既有研究成果的批判性推进，包括：宗教改革运动与普通人革命之间究竟存在何种关系？马丁·路德是否为专制极权政治的提倡者？诸侯领地邦国在性质上是否就是“近代早期国家”？普通人在反抗地方领主的同时是否也在反抗诸侯政府和城市贵族的残暴压迫？这种反抗又是何种性质？如何正确理解1525年的起义者“没有私有财产”的共和国的性质？简而言之，对上述问题的分析，既能够保证本研究在前沿国际学术平台上进行，同时也能够对以往的研究成果表示一种尊重和出于善意的推进。

本书的另一项关键任务是对自己过去一些年反复推敲的观点进行陈述和总结，涉及对于德国政治近代化和德国农民战争性质的思考。在这个广泛范围内也包含了一些常见的主题，这就是重新把宗教改革理解为承载特定时期社会结构转型使命的近代化运动。本书也试图提出一种关于德国近代化道路的新的解释，也试图发展出一种新的词义转换分析模式，借以处理宗教改革与德国农民战争、与德国近代化关系的分析。本书的许多观点来自对1525年革命时期的传单、小册子的分析，这些原始材料的阅读和使用，让我反思并深化了书中的许多观点。

第一章

16世纪初期的德国社会

1500年前后的德国，其政治、经济、社会和思想文化都发生了剧变。帝国中央政府的软弱、地方诸侯的强大、商业经济的迅猛发展、城市内部的两极分化、农村经济秩序的危机、对天主教正统神学的普遍怀疑——所有这些，都使其时的德国处于暴风骤雨的前夜。时人并没有忽视这些变化的重要性，那时的传单和小册子常常显现出人们对于基督教福音的期盼和对当前动荡时局的忧虑，它显然是在传递一个非常清晰的信号：人们对于动荡的社会普遍不安，除非出现某种巨大的变化，否则充满不安和竞争的状态将持续下去。

一　政治结构

任何一个研究德国史的学者如果要对16世纪德国的政治状况进行评论的话，那么，其最概括的回答可能就是德国政治上的四分五裂。号称德意志民族的神圣罗马帝国，实际上只是二千五百多个独立地方政权的联合体。各种堡垒和地方势力遍布全国，其中有二千多个直属于皇帝的帝国骑士，占据了约二百五十平方英里的国土，在帝国议会中却无其代表参与。真正有势力的是五十个主教诸侯和三十个世俗诸侯，以及百余个伯爵、七十个高级教士（主教或修道院长）和六十六座帝国城市。

这些重要的政治力量，其强弱状况，可以根据某个特定时期各地向帝国缴纳的税额来加以估算。第一等实力最强大的当属奥地利大公和勃艮第公爵，他们各自要向帝国缴纳900古尔登的国税。其次是美因兹、特里尔、科隆、莱茵兰·普法尔茨、萨克森、勃兰登堡边侯这六大选帝侯以及巴伐利亚公爵、维腾贝格公爵、勒尔拉赫公爵和黑森伯爵，他们缴纳的税金是600古尔登。萨克森－德莱斯顿公爵、帕墨拉尼亚公爵、犹力克－可莱维公爵、勃兰登堡－库尔姆巴赫边侯、马登堡大主教、萨尔茨堡大主教和维尔茨堡主教属于第三等的地方实力派，每年缴纳的税金是500古尔登。其他缴纳金的诸侯从100—450古尔登不等。值得注意的是，在缴纳100—300古尔登的显贵中，世俗诸侯已经不多，却有十三位主教和二十六位修道院长跻身其中。缴纳税金低于100古尔登的有三位世俗诸侯、四十位修道院长及百余个伯爵。与此相比，城市的实力不可低估。例如：科隆、纽伦堡和乌尔姆缴纳的税金是600古尔登，与六位选帝侯缴纳税金的数额相同；斯特拉斯堡、吕贝克两城稍逊，向帝国缴纳550古尔登；奥格斯堡、法兰克福、梅斯缴纳的税金是500古尔登。此外，缴纳300古尔登的城市有十个，缴纳高于100古尔登税金的城市有四十个，只有少数城市缴纳的税金低于100古尔登。①

16世纪初期，德国之所以在政治上四分五裂，市民无法与德国皇帝结盟、建立统一的民族国家，是一个重要原因。但造成这种失败的首先是德国君主方面的原因：皇帝只是竭力从城市那里掠夺金钱，却并无筹建民族国家的诚意。在德国封建社会长期延续的历史中，发展出一种由七大选帝侯推举哈布斯堡家族成员为皇帝的制度。一旦当选后，其地位只能算是众多诸侯之一，往往便采取维护自己家族利益的方式来实行统治。作为神圣罗马帝国的皇帝，其基础是他自己领地上的实力和皇帝这一称号给他带来的政治优先权，其统治权中最有力的一部分就是基督教世界领袖与其哈布斯堡家族血缘混合而来的宗党观念。正因为这样，皇帝不是利用自己的君权为帝国服务，反而是利用帝国的君权为自己的诸侯国和家族利益服务。在一定的条件下，他也会利用自己的皇权来夺取城市和市民的财富。例如：皇帝马克西米利安一世统治时期（1493—1519）曾向城市大肆借款，用于他在欧洲的争霸战争。1518年，他以在奥地利开矿和销售食品为抵押，用长期贷款的方式，从投资者那里获得3 000 000古尔登；他从富格尔家族银行那里获得的借贷平均占到其年收入的四分之一。1519年他逝世

---

① Hajo Holborn，*A History of Modern Germany: The Reformation*，Princeton，New Jersey: Princeton University Press，1982，p. 39.

时，所欠债务高达几百万古尔登，包括从各城市政府那里借贷来的十多万古尔登：斯特拉斯堡和纽伦堡各25 000古尔登；巴塞尔15 500古尔登；奥格斯堡、弗莱堡各8 000—9 000古尔登；以及向施佩耶尔、沃尔姆斯、科隆、乌尔姆等城市借贷来的数额较小的债务。皇帝还欠奥格斯堡富格尔家族1 300 000古尔登，欠鲍姆加特尼（Paumgartner）公司230 000古尔登。[①] 此外，帝国城市还承担了20%—25%的帝国税务，尽管多年以来他们一直在抵制帝国以战争名义征收直接财产税（The Common Penny，1495）的计划。例如：为了意大利战争，马克西米利安一世要求1507年的康斯坦茨帝国议会批准他征税240 000古尔登，但议会只批准了120 000古尔登，仅为他所要求的一半。皇帝受挫后，即下令纽伦堡、奥格斯堡、拉文斯堡、梅明根的企业派代表来他所在的乌尔姆，命令他们给他一笔80 000古尔登的贷款，否则的话，就将在法庭上起诉他们。大部分企业代表拒绝了皇帝，只有纽伦堡的代表答应给予皇帝一笔礼金，因为害怕皇帝会用对待犹太人的方式来对待纽伦堡。[②] 皇帝用搜刮市民的金钱来扩充自己的势力，大肆进行对外战争，无意建立德意志民族国家，严重恶化了君主与市民阶层的关系。更严重的是，皇帝甚至无法守护已有的德国疆土，马克

① See Walter Holbling，“Maximilian I. und sein Verhaltuis”，Ph，D dissertation，Graz，1970，pp. 174-81; pp. 187-97; in Thomas A. Brady，Jr.，*Turning Swiss Cities and Empire 1450-1550*，Cambridge，New York: Cambridge University Press，1985，p. 82.

② Thomas A. Brady，Jr.，*Turning Swiss Cities and Empire 1450-1550*，Cambridge，New York，1985，pp. 82-83.

西米利安一世统治时期德国的版图在迅速萎缩。西北部，奥地利家族对瓦洛依（Valois）家族的取代弱化了德意志却强化了尼德兰；东北部，条顿骑士团的德国殖民区、辖区逐日转入波兰人之手；在南部，帝国在意大利的权威在逐年衰弱；1499年的士瓦本战争，更导致了瑞士从帝国中分离出去，成为独立的瑞士联邦。1497年选帝侯美因兹的伯贝特霍尔德发出感慨："眼看帝国在逐日衰败，真不知道它还将衰弱到何等地步？再这样下去，那么，我们只好眼睁睁地看到外国人进入我们的国家，用铁棒统治我们。"①

比较完备的政府组织，见之于诸侯的邦国。从14世纪起，诸侯们就开始在自己的邦国内建立中央集权化的政府。马克西米利安一世的帝国改革失败意味着中央再也无法对地方实行有效控制。诸侯领地政府在萨克森、巴伐利亚、蒂罗尔等地相继兴起，其力量来自对大量土地的控制，对地方贵族的宗主权，对寺院的管理权的掌控，拥有的雇佣军以及对全领地司法大权的掌握。对于领地财产和资源的高度控制，不仅使邦国政府的权力高度集中，也使邦国有了比较完善的政府机构。

领地政府的兴起改变了地方上的政治均势。通过推行罗马法、建立邦国领地法院等方式，政府的公权力遍布了整个领地，从而打击和削弱了地方贵族的领主权。地方贵族地位下降后失去了与邦国政府抗衡的能力，他们与帝国骑士一起走向败落。部分的地方贵族成了乡绅，与农民一样，成了政府管理下的"臣民"。邦国

① Thomas A.Brady，Jr.，*The Politics of the Reformation in Germany: Jacob Sturm(1489–1553) of Strasbourg*，New Jersey: Humanities Press，p. 9.

政府的管辖范围扩大后，其派出机构遍布城乡，从而动摇和威胁了城市和农村的自治地位，加剧了诸侯与城市、诸侯与乡村自治公社的矛盾。此外，诸侯也致力于掌控领地内的教会，一有机会，他们就想剥夺教会的特权和对教区的管理权，并且乘机吞没教会的财产。

例如：蒂罗尔是南部德国一个大的诸侯国。1525年时它的统治者是斐迪南大公，他是皇帝查理五世的兄弟。斐迪南大公的政府由政务院、财政部、司法部等组成，各个部门都通过雇佣的官吏进行管理。下设各级地方政府，由公爵的亲信来执掌权力。庞大的政府机构和雇佣军要求巨额财政拨款，斐迪南大公就通过政府法令征收赋税。蒂罗尔因为是大公的直辖领地，被置于严密的控制之下。罗马法和领地政府的控制向农村渗透，进一步破坏了农村原有的古之法和村社自治制度。从司法程序上看，蒂罗尔有60%的地方法庭相当腐败，因为法官和法庭的日常开支是从办案的罚金中提取的。①

同蒂罗尔相比，士瓦本的集权化领地政府没有得到充分发展。哈布斯堡王朝在这里只拥有一些分散的领地，而帝国修道院和自由贵族却拥有很大的权力。这里没有单个的领地集权政府。政治结构仍然建立在农业经济的秩序上，地方领主拥有很多特权。②

① Peter Blickle, *The Revolution of 1525: The German Peasants' War from a New Perspective*, Baltimore and London, 1985, p. 81.

② Peter Blickle, *The Revolution of 1525: The German Persants' War from a New Perspective*, Baltimore and London, 1985, p. 78.

有证据表明，在建立领地政府的时候，诸侯充分利用了地方领主，方法是向他们借贷并授予他们地方政府的管辖权作为回报。例如：在16世纪上半叶，黑森伯爵领地筹集到的钱款有1 000 000古尔登；1514年，巴伐利亚则筹集到750 000古尔登；1476年，巴拉丁选帝侯管区筹集到500 000古尔登；勃兰登堡－安斯巴赫－库姆巴赫地区筹集到的款项更是逐年递增，从1515年的250 000古尔登跃至1542年的700 000古尔登。这些钱款中的很大部分来自地方贵族的借贷：在维腾贝格占了80%；在巴拉丁占了24%；在勃兰登堡，贷款占了50%。作为回报，高级贵族把地产或职位抵押给地方贵族。例如：1450年，维尔茨堡主教管区几乎把所有的城镇和城堡都抵押给了地方贵族；不久，科隆大主教管区为得到一笔600 000古尔登的贷款，竟把绝大部分地方政府和地方法院的职位都抵押给了贵族。[①] 由此可见，从某种意义上看，诸侯领地政府是诸侯联合地方实力贵族共同建立起来的。

在剧烈的社会变动中，中小地方贵族的社会地位摇摇欲坠。他们的做法，就是动用一切手段，大肆剥夺农民，破坏农村的经济秩序。第一，是推行农奴制或再版农奴制。例如，在15世纪的魏因加腾，农民对于修道院长和神职人员的私人依附并没有被描述为“奴隶”(servility)或者“农奴”(serfdom)；那个时代的法律文件不偏不倚地把他们称之为“穷人”(poor folk)或者“属于修道院

① Tom Scott, *Society and Economy in Germany 1300–1600*, Hampshire and New York: Palgrave, 2002, p. 162.

的穷人”（poor folk who belong to the abbey）。第一次把“农奴”这个概念普遍用于魏因加腾依附民身上发生在16世纪。[①] 在把农民变成农奴后，不仅限制农奴自由结婚，而且在男女农奴死后还要征收死亡税之外的罚金，例如，魏因加腾修道院规定：修道院有权征收一个男性农奴和一个女性农奴死后财产的1/2到2/3，还要征收最好的牲畜和最好的衣服，作为普通的死亡税。[②] 在农业经济方面，领主也利用农奴制肆意掠夺农民的财产，方法之一就是也向拥有占地权的农民征收死亡税，以此兼并农民的土地。布瑞克教授指出：“中世纪晚期，农民们毫无疑问地拥有相当分量的土地。现存的16—18世纪的记录表明，农民在特特南拥有33%、在明德海姆有40%、在阿尔部拥有60%到70%的土地。无论如何，农民们自己占有土地的百分比在14、15世纪也许还会更高，因为我们知道几乎没有任何把领主土地变为农民份地的实例。”但是，这种情况到了近代早期就出现了大变化。因为在那个时候，“舒森利特、魏因加腾、韦塞瑙、沃西森豪森以及罗德修道院领地上，农民几乎没有份地了”。[③] 此外，领主们任意砍伐森林、限制农民捕鱼和使用公地，加派劳役，提高地租，直到把农民压迫到死亡的边缘。这些做法，不仅激起农民的无比愤慨，还成为引发德国农民战争

---

① Peter Blickle，*The Revolution of 1525: The German Peasants' War from a New Perspective*，Baltimore and London，1985，pp. 29–30.

② Peter Blickle，*The Revolution of 1525: The German Peasants' War from a New Perspective*，Baltimore and London，1985，p. 31.

③ Peter Blickle，*The Revolution of 1525: The German Peasants' War from a New Perspective*，Baltimore and London，1985，pp. 35–36.

的直接原因。

二 城乡自治社区制度

宗教改革运动爆发时，南部德国的社区正处于瓦解之中。上士瓦本的一本匿名小册子的作者在1525年为我们勾画了这么一幅画面："物质欲望和非基督教的傲慢和邪恶的势力，如此有力地统治了我们，致使我们完全丧失了基督教精神，我们从青年时代起，就走向邪恶、贪婪、享乐以及所有这些所造成的罪孽。我们深深地陷在这种非基督教生活方式的束缚之中，我们没有了对神的爱和敬畏，也没有了任何兄弟之爱。这样，真正的基督教信仰就从我们心中离去。"① 这段话真实反映了南部德国社区合作精神的破产，揭示了市民和农民起来进行社区宗教改革的原因。

社区是一种独特的组织，它通过成年男性的发誓而结为一个团体。它代表一个区域，或是一个乡村、一个城市，社区构成一个独立的自治单位。由社区居民选举政府成员，组成城市委员会或村政府，履行行政职责，政治上实行自治。12世纪起社区制度开始在欧洲许多国家中流行。在城市发达、君主控制薄弱的地区最为发展；如北部和中部的意大利、南部德国和尼德兰。

南部德国的社区虽然具有自治性质，但终究是成长在封建

---

① "An die Versammlung gemeiner Bauernschaft", in Adolf Laube, *Flugschriften der Bauernkriegs Zeit*, Koln: Bohlau Verlag, 1975, p. 114.

制度之下，在领主制的夹缝中生存。从垂直的角度看，市民、农民隶属诸侯和领主的统辖，从平行的角度看，市民、农民隶属社区，实现区域自治。社区的真正发展是帝国城市和自由城市的出现。帝国城市从皇帝那里得到自由许可状，自由城市从主教和其他诸侯那里得到自由许可状，从而成为被德国封建主承认的自治单位，内部实行社区自治，对外也俨然成为一个独立的政治势力。除了这些大、中城市外，其他2000多个城镇，人口在500—2000左右，既无完善严密的政治组织，也没有完全的独立自治；保留着依附和自治两者兼有的混合型特点。1500年时，南部德国的自由城市占到整个德国自由城市的78%。帝国的中心转到了南部德国，在纽伦堡、累根斯堡、施佩耶尔和沃尔姆斯举行过帝国会议。起领导作用的大城市是纽伦堡、奥格斯堡、斯特拉斯堡、乌尔姆、法兰克福等。中等城市可以举出沃姆斯、康斯坦茨、诺德林根等。这可以解释为什么市民力量在南部德国比较强大、政治状态比较活跃。社区制度在南部德国得以发展，同14、15世纪黑死病过后人口减少和劳动力价格提高有很大关系。这种经济结构的变化使中下层市民和行会的力量增强，社区内部矛盾缓和，贵族和穷人数量减少，社区制度因而有了广泛基础。当时市民的经济状况是比较富裕的。在15世纪参加法兰克福贸易会的335个商人中，有40%是来自市议会议员家庭，但大部分是来自一般的平民家庭。15世纪中叶纽伦堡的手工工匠也能参加在诺德林根举行的贸易会。平民的富裕，促使一些企业制定吸收小额投资的政策，例如：

1500年德国奥格斯堡的霍赫斯代特公司吸收10弗罗林左右的投资。

南部德国也是农村社区发展最好的地区。与城市不同，农村的社区制度是从中世纪后期的亲缘公社发展而来的。公社原是家庭间交换劳动力、亲族间解决纠纷的农民组织。1350年时的德国公社，据历史地理学家庞德所说，只是“农民的自给自足、紧密合作的组织”。[①]15世纪，亲缘公社中出现了一个新变化，产生了公社的管理机构——村政府，这样，亲缘制的公社就向政治化的公社转化，公社政府的官吏有行政官、法官、财务官等。这些公社官员通常被称为“长老”，是由村民们选举产生的。按照惯例，选举者必须是作为一户之长的男性，还必须是有地农民和公社的正式成员。妇女、儿童、无地者和外来农民则没有选举权。有的地方，公社政府的成立要经领主的批准，如士瓦本的厄普芬根村，官吏要对领主的管家发誓，保证履行领主规定的义务。公社政府控制乡村资源，为村中居民服务。一般的事情公社官员可以决定，特别重要的事情要通过各户家长参加的全体农民大会决定。公社政府具有复杂的行政功能，官吏们负责三圃制下的土地分配、草场划分和林木配给。有时他们以自己的名义，有时以领主的名义发布命令，保证乡村生活中必需的互助合作原则。[②]公社制订的规则一旦颁布，农民就要尽可能地服从，所以公社政府具有一定的

---

① Norman J. Pound，*An Historical Geography of Europe B.C.450–A.D.1330*，Cambridge，New York: Cambridge University Press，1973，p. 366.

② Peter Blickle，*The Revolution of 1525: The German Peasants' War from a New Perspective*，Baltimore and London，1985，p. 46.

公共权威。15世纪末，又产生了乡一级的大公社。大公社的政府不仅管理一个村子，有时管理几个村子及分散的零星居民点。公社政府的权力也越来越大，除农时安排、按劳分配、农田投资等重大事项外，它还组织宗教庆典，并负责司法及排解农民之间的纠纷，还负责各家农产品的分配。

城市社区和农村社区有类似之处：乡村的社区是由选举出来的长老管理的，城市是由选举出来的城市委员会或议会管理的；农民有自己的传统习俗，市民有自己的市民法；农民有自己的屋子，手工工匠有自己的作坊；农村和城市都有自己的团体（行会和公社）及其权利。除了60多个大的帝国城市和一些大的自由城市外，农村和城市也都隶属于诸侯领地政府的管辖。

城市社区和农村社区也有不同。首先，农民不仅隶属于诸侯，还隶属于地主或农奴主；他们要把30%左右的收入缴纳给诸侯和直接地主（农奴主）。一些农民是农奴，在婚姻和流动方面受到限制。其次，农村的社区范围比较小，往往以一个自然村或一个教区为单位，村和村之间联系不多。城市的社区比较大，层次比较多（如行会、城市委员会），城市社区之间也有联系（如城市同盟）。再次，城市可以在世界范围内贸易，那些小的乡村公社，只在很有限的空间中活动，履行一些管理乡村的传统权利，几乎没有创新的机会。尽管这样，城乡自治社区的存在，为民众运动的爆发，提供了组织支撑和社会保障。

三 社会变化和怨情陈述

16世纪初期的剧变，深刻地影响了各个社会阶层的生活稳定。一方面，德国的资本主义有所发展，野心勃勃的大资本家对城市加强控制，致使社会矛盾尖锐。另一方面，无论是德国的版图还是德国的经济都在走向萎缩，政治分裂的德国既无法与中央集权化的英、法等民族国家抗衡，又无法阻止大量金钱源源不断从德国流入罗马教廷，使德国成为“罗马的奶牛”。而且，为了使自己维持住起码的生存，许多地方势力也不得不在自己管辖的领地内实行更加严密的管理。“权力集中”“资本积累”的现象在各个邦国、各个城市中出现，加剧了社会分化和阶级对立。从当时的形势看，德国正处于恶劣政治环境下的畸形发展之中，各个社会阶层都感受到了空前的不安和动荡。由于各个社会阶层都力图在竞争中获胜，传统意义的“基督教兄弟之爱”和“公共利益”已经荡然无存。“实力”和“权力”现在成为弱肉强食、赢得社会竞争的主要工具。

大多数的城市精英都非常担心德国的经济，德国经济的落后和国际地位的动摇使他们确信自己会丧失权力和财富。当时德国的“农业远远落在英国和尼德兰之后，工业远远落在意大利、佛兰芒和英国之后，而在海外贸易中，英国人，尤其是荷兰人却已经开始排斥德国人”[①]。造成这种落后的原因却是政治性的:“当时英

① ［德］恩格斯:《德国农民战争》，人民出版社1962年版，第18—19页。

法两国工商业的成长促使整个国家中各种利益联成一气，因而促成政治上的中央集权；在德国，这个过程却只是环绕着一些地方中心按照省区归并成许多利益集团，因而只是促成政治上的分离。紧接着又因德国被排挤出世界贸易之外，于是这种分崩离析状态很快就巩固下来了。”[①]

人们也不断认识到，德国政治经济出现这种落后局面不能归咎于皇帝查理五世。从政治上看，查理五世完全没有建立德意志民族国家的愿望。从宗教上看，因为顶着一个神圣罗马帝国皇帝的身份，他根本无意与罗马天主教会进行切割。他的目标，是要与法国君主争夺意大利的领土，并且要当整个基督教世界的领袖。从文化感情而言，查理五世不会熟练地说德语，也常常不住在德国。皇帝放弃对德国的责任使所有的德国人深感失望。1540年马丁·路德这样总结道："查理是个忧郁又情绪化的人，毫无英雄气概。他根本不理解我们的事业，尽管有人向他朗读过我们的书籍。如果他是一位西庇阿、亚历山大或皮洛士，他一定会与教皇切割并搞定德国。他做事有头无尾：征服了突尼斯又放弃了它；征服了法国（在Pavia）又恢复了它。同样，他征服罗马（1527），但一事无成。谈判时他总是轻易退缩，却不是出于慷慨大度。叫我说什么好？德国没有首领，用梅兰希通的话说，德国是瞎了眼的波吕斐摩斯（独眼巨人）。没有一个统治者，这就是德国人承担的最大

① ［德］恩格斯：《德国农民战争》，人民出版社1962年版，第19页。

的负担。”①

但是，在这样严峻的局势下，德国的统治者皇帝、诸侯、地方领主和城市贵族却没有丝毫顾及民众的生计，给予他们必要的让步。与此相反，为了自己的利益，他们开始加重对百姓的盘剥。自然，在这幅悲惨的图景中，农民的情况是最为糟糕的：诸侯向百姓征收领地税，地方领主兴起了再版农奴制，城市资本家抬高物价，并且联合地方领主砍伐森林，掠夺乡村的资源。1525年2月上士瓦本农民在《十二条款》中抱怨自己受到不公正待遇："领主将我们作为他们的财产仍然还是一个习惯。这是非常可悲的。……《圣经》证实了我们是自由的，并且也想得到自由。……直到现在，任何一个平民都不能猎取猎物、野禽，或者在流动的水域中捕鱼仍然还是一个习惯，似乎打猎或者捕鱼对于我们所有人来讲都是不妥当、不符合兄弟之爱、自私的和违背上帝之言的。……存在着我们难以忍受的劳役负担，领主每天都在数量和种类上增加劳役。我们要求，应当适当地考察和减轻这些负担。应当允许我们像我们的先人那样，只是根据上帝的指示来服务。”农民们对于这些变本加厉的剥削怨声载道，他们警告领主："今后我们不会允许地主从我们身上压榨走更多的东西。"②

简言之，处于变化之中的上层人物——皇帝、诸侯、城市贵

① *Luthers Werke in Auswahl*，*Tischreden*，ed.，Otto Clemen，Berlin，1950，8，No. 5042，206.

② Peter Blickle，*The Revolution of 1525: The German Peasants' War from a New Perspective*，Baltimore and London，1985，pp. 197–198.

族、地方领主，显然注意到了他们自己正面临着来自外国和国内其他统治者的竞争，而他们采用的对策就是加紧压榨老百姓。在这种被高度扭曲了的社会关系中，皇帝和诸侯、诸侯和诸侯、诸侯和城市、诸侯和地方领主关系紧张，而他们与城市平民和农民的关系已经紧张到了白热化地步。秩序井然的社会已经崩溃，除了加紧掠夺之外，统治者们已经放弃了对国家、城邦和城乡社区应有的责任。政治分裂必然导致资源的分散和不足，各个阶层都感到自己的资源严重匮乏。城市贫富分化加剧，完全被城市贵族所控制，城市社区面临分崩离析。工商业的发展受到阻碍，德国在国际竞争中处于弱势。最后，社会矛盾空前尖锐：城市中出现大批无业游民，农村里出现大批无地农民。这种劳动者与生产资料相分离的状况，严重阻碍和制约了德国社会的发展。毫不奇怪，1500年时德国面临着许多需要解决的问题。这些问题如果得不到解决，那么，“礼崩乐坏”就将是当时德国社会的最真实写照。如何维护国家主权，建立起码的政治和社会秩序，缓和社会矛盾进而发展工商业，成了挽救德国崩溃的最为重要的砝码。然而，很显然，德国的统治者已经不能履行自己应尽的责任，除了担心越来越糟的政治形势和社会动乱会把自己吞没之外，他们对任何改革事项兴趣索然，更无意愿去建立一种防御性的机制，给予社会强有力的支持。结果，处境最悲惨的城市平民和农村农民现在不得不更加努力地付出，以维持自己的最基本的生存。他们发出呐喊：“彻底废除被称为死亡税的习俗。我们再也不会容忍它了，我们再也不允许孤儿寡母被耻辱地夺走了本属于他们的财产，而这种抢夺是以各种不同的方式进行的。这种抢夺本身就是在对抗上帝和所有可敬的人。正是那些应当守护和保卫我们财产的人剥夺和骗取了我们的财产。只要有任何最微不足道的合法借口，他们就会夺走一切。上帝不会再容忍这种行为了，他将消除所有这一切。今后，没有人会被迫缴纳死亡税了，无论是大死亡税还是小死亡税。”①

四 宗教改革

正是在这种政治、社会、经济剧变的背景下，宗教改革运动爆发了，这初看起来的确让人吃惊。如何才能真正获得灵魂得救的争论，似乎是远离现实的宗教问题，并不能成为剧变之中人们思想和行为的核心，并且引起他们的广泛关注。但是，在16世纪的德国，它确实吸引了全德国各个社会阶层甚至整个欧洲基督教世界的关注。当僧侣马丁·路德提出一整套新的神学主张的时候，一部分人支持他，另一部分人诋毁他，但几乎所有的人都视他为一个英雄，凭借虔诚信仰，敢于高举《福音书》来向罗马教皇挑战。

尽管人们也许不能立即理解路德神学的复杂含义，但1517年路德反对教皇代表在德国境内销售赎罪券的事件，至少在三个方

① Peter Blickle，*The Revolution of 1525: The German Peasants' War from a New Perspective*，Baltimore and London，1985，p. 200.

面触动了人们早已绷得很紧的神经。首先，这是一个涉外的国际性事件，矛头直指罗马教廷和教皇。其次，这是一个与经济有关的事件，因为德国民众反对罗马教廷掠夺德国财产早有传统，到了16世纪初期更是达到了顶峰。再次，这是涉及德国高级主教诸侯的事件，因为批准销售赎罪券的是霍亨佐伦的阿尔伯特（Albert of Hohenzollen），他的正式身份是马格德堡和美因兹大主教、德意志神圣罗马帝国的首相（Primate and Chanceller of the Holy Roman Empire in Germany）、选帝侯、哈尔伯斯塔特（Halberstadt）主教区主管、勃兰登堡侯爵和什切青（Stettin）公爵。[①] 毋庸置疑，这必然会引起巨大的社会反响，特别是在反对罗马教廷呼声高涨、政治经济秩序剧变、社会矛盾极其尖锐的混乱时期。

德国反对罗马教廷的呼声经历了漫长而复杂的发展过程。1438年在匿名作者撰写的《皇帝西格蒙（1410—1437）改革》这一文献里，就提到对罗马教廷的诸多不满。其文道："教皇被冠以神圣之名，是因为他掌管神圣之事。"然而，把自己比作基督教的教皇们却干尽贪婪之事，由于他们大多出身于修道院，以致于什一税和其他收入都流入修道院，而教区的教堂神父却穷得像乞丐。又如，罗马教廷规定凡官方公文必须盖章才能通行，结果，就出现了盖章收费的现象，成为一种敛财的手段：不仅罗马教廷的各个部门盖章都得付钱，更为严重的是上行下效，各地的主教

① "Summary Instruction", issued by Albert of Hohenzollen; in Hans J. Hillerbrand, ed., *The Reformation: A Narrative History Related by Contemporary Observers and Participants*, Michigan: Baker Book House, 1985, p. 37.

和高级僧侣也都把加盖印章视为敛财的手段，以此来获取巨额钱财。[①] 对罗马教廷的抱怨在20年后变成了德国教士对罗马教廷的控诉，1457年，美因兹大主教的协助管理宗教事务的司祭马丁·迈尔（Martin Mair，Chancellor to Archbishop of Mainz）致函枢机主教恩尼·西尔维奥·皮科劳米尼（Enea Silvio Piccolomini），即次年担任教皇的庇护二世（Pope Pius Ⅱ，1458—1464），坦陈："神父的俸禄被枢机主教扣留，你自己就占有了德国三个省的俸禄。候选教士的位置被任意颁布。罗马不中断地征收每年度和半年度的纳款，谁都知道这大大超过我们应当缴纳的额度。教士的位置给了那些不称职的人，只因为他们出价最高。新的赎罪券日复一日地被发明出来，一切只考虑罗马的利润。以讨伐土耳其人为名义的征税现在是无休止地征收。本来应当由我们来审判的案子却被移交罗马审判。有一千种方式被发明了出来，专门从我们这里夺取钱财。"[②]

正是在这种经济、社会、政治和思想剧变的背景下，路德反对在德国境内销售赎罪券的事件迅速发展成为一场社会运动，这初看起来的确让人吃惊。作为一个虔诚的僧侣，路德反对销售赎罪券也许出于神学上的考虑，似乎不能引起德国各个阶层的广泛

① "The Reformation of the Emperor Sigsmund (c. 1438)", in Gerald Strauss, ed., *Manifestations of Discontent in Germany on the Eve of the Reformation*, Bloomington: Indiana University Press, 1985, pp. 8–9.

② "Martin Mair's Letter", in Gerald Strauss, ed., *Manifestations of Discontent in Germany on the Eve of the Reformation: A Collection of Documents*, selected, translated, and introduced by Gerald Strauss, Bloomington: Indiana University Press, 1985, pp. 37–38.

关注。但是，在路德事件发生后，它的确引起了上自诸侯下至农民的兴趣。社会迅速分裂成为两个阵营：一部分人倡导波及整个德国的宗教运动，另一部分人（主要是皇帝和高级宗教贵族）则诋毁它。路德事件引发的争论对当时德国乃至欧洲的思想家们来说至关重要。在欧洲变化莫测的历史中，也许没有哪个国家会像16世纪的德国那样，宗教问题成为整个社会的中心。换言之，路德事件只是星火燎原的导火线，真正使它变为社会运动的，是德国尖锐的社会矛盾和各种社会力量之间高度的紧张关系。假如有证据表明：市民、农民、贵族、诸侯都在根据自己的需要使用甚至歪曲路德的观点，那么，也必须承认，正是这样的“词义转换”赋予了路德事件非凡活力，正是路德朦胧的反抗提供了力量，帮助各种社会力量汇拢到了一起。总体而言，这一过程进展得相当顺利，因为路德事件带来一种强烈的“社会”冲击，让人反思被路德谴责的教会传统是否真如他所说的那么糟糕。不过，至少有一件事是可以肯定的：路德事件暴露了包括罗马教廷在内的现世社会与《圣经》中的上帝教导之间的巨大差异。马丁·路德从对《圣经》的理解中找到了信仰，开始呼吁民众和贵族支持自己的行动。既然蒙恩、得救和基督教信仰都告诉自己解除罗马教廷的压迫势在必行，那么，这种反抗也能够在社会群体中找到共鸣。一场关系到德国向何处去的社会运动，不仅就此拉开了帷幕，还因为得到民众的支持而正式登堂入室了。

第二章

宗教改革的过程

当德国的政治、经济体制发生变化并向近代社会迈进时，德国爆发了震撼欧洲的宗教改革运动。马丁·路德提出“因信称义”的信仰学说，得到了市民、农民和部分诸侯的支持。宗教改革以后产生新的教派被统称为基督新教，奠基者有马丁·路德（1483—1546）、乌尔里希·茨温格利（1484—1531）和加尔文（1509—1564）等人，从而开创了新教的历史，引起社会诸多变化。正如美国著名神学思想史家奥尔森所言：马丁·路德“自视为卑微的修士与神学教授，却使整个世界天翻地覆”。①

一 德国爆发宗教改革的政治经济原因

1517年10月31日万圣节，德国的僧侣马丁·路德在维腾贝格的卡斯特教堂墙上贴上了《九十五条论纲》，引起了德国民众的广泛关注。这场反对销售赎罪券的运动，在罗马教廷看来，不过是

① ［美］奥尔森：《基督教神学思想史》，北京大学出版社2003年版，第404页。

一个偶然事件，至多不过是德国又出现了另一个胡斯，只要沿用镇压异端的办法就可以解决问题。但是，路德事件成为点燃欧洲革命的导火线，却与当时德国社会、政治、经济和思想变化这个大背景息息相关。如果缺乏这种背景，凭借一人之力，即使是路德那样对基督教神学有过深入研究的杰出教士，也完全是不可能成功的。路德来自农民、矿主、僧侣、教授四个阶层，他将自己一生中的大部分时间用于宗教体验，因此很能够代表德国民众的意愿。路德从一开始就得到德国的市民、人文主义者、帝国骑士乃至于萨克森选帝侯的支持，说明他的举动在当时人的眼里颇合法度。《九十五条论纲》能够成为新教思想传播的起点，在于时人注意到它的内容完全针砭时弊，反映出变革德国社会秩序、物质世界和道德秩序的要求。除了拥有双重身份的高级宗教贵族（主教诸侯）和少数与教会利益不可切割的受益者外，每个人似乎都期望路德引发的运动给自己带来一些应得的东西。这些东西是否能够获得，却取决于对现有的社会制度进行改革的程度。

德国教会的起源要早于神圣罗马帝国的建立，甚至早过日耳曼王国时期。从地理上看，教堂是根据圣徒的圣骨匣所在地来分布的，每个教堂或修道院中都有存放圣骨匣的圣物柜。1000年时，德国开始以省区来划分教区，从而形成大主教区和主教区的基本格局。1400年时，德国共有美因兹、科隆、特里尔、萨尔茨堡、贝藏松、不莱梅、马格德堡、布拉格（1350年时归入自成体系的波西米亚主教区）、里加九个大主教管区，每个大主教区又下辖若干个主教区。例如：美因兹下辖十一个主教区，萨尔茨堡八个，科隆六个，马格德堡五个，特里尔和不莱梅各三个，贝藏松和布拉格各两个。此外，还有五个主教区是罗马的直辖区，甚至还存在九个分散在五个大主教管辖区的主教区，从任何方面看，它们都既不属于帝国，又不属于德国。各主教区使用的语言也是五花八门：六个主教区说的是法语，三个说法语和德语，三个说意大利语，三个说意大利语和德语，一个说丹麦语和德语，七个说斯拉夫语（Slavic）和德语，剩下的主教区都说德语。①

德国教会在整个罗马教会体系中无疑地位特殊，因为即使是在封建社会的鼎盛时期，德国也不曾像其他欧洲王国那样，成为罗马教会封建体系中的附庸国。相反，德国皇帝在整个教会中具有特殊地位和作用，他不是神职人员，却是教会的保护人。这种教会护法者的崇高地位，使皇帝实际上成了整个基督教世界的领袖。

与其他欧洲国家不同，教会问题在德国就是政治问题，德国的高级教士不仅是灵魂之剑的掌握者，同样也是世俗之剑的掌握者，他们都拥有大量的领地。在15世纪的德国不仅55个大主教、主教都拥有着领地，而且其他75位帝国修道院长、条顿骑士团和圣·约翰骑士团的首领也拥有领地。高级神职人员占有的土地达到帝国所有土地面积的15%。像勃兰登堡、库尔、梅斯、西昂、库尔克、拉凡特、塞克考、梅泽堡、纳姆堡的主教们，要么拥有着

① Thomas A. Brady，Jr.，*German Histories in the Age of Reformations，1400–1650*，Cambridge and New York：Cambridge University Press，2009，pp. 15–16.

小块领地，要么曾经拥有的领地被其他诸侯兼并。乌尔茨堡、班贝格、萨尔茨堡、明斯特、帕德博恩主教们则统治着广袤的土地，并且拥有中央集权，与最大的世俗领主的统治毫无区别。[①] 自从高级宗教贵族有了领地上的完全主人、罗马教廷的德国代理人和皇帝麾下的地方统治者三重身份，可以想象，由皇帝或者由德国诸侯来发动宗教改革，就变成完全不可能的事情。正如《皇帝西格蒙（1410—1437）改革》的匿名作者所言："看现在这些主教们在干些什么。他们发动战争，在世界各地制造动乱，他们的所作所为与世俗领主毫无二致。"[②]

这种既掌管宗教又掌管世俗政务的教会制度，不仅使德国的主教们有了控制百姓的更多机会，而且也使大量的德国钱款流向了罗马。例如：僧侣是免税的，修道院占有大量德国的地产，这使想得到租地的农民和想夺取这些地产的贵族们深感不满。教会宽容乞丐行乞，把盈利活动说成犯罪，这也使正在壮大着的商人阶层大为不满。教会又向农民征收什一税，致使本来就缺地少粮的农民十分愤怒。教廷对德国课以重税，任意干预教职任命，据估计，每年从德国流向罗马的现金达三十万古尔登以上，德国的高级教士在就职时都要向教廷缴纳一万到二万古尔登。德国的教

---

① Thoms A. Brady, Jr., *German Histories in the Age of Reformations, 1400–1650*, Cambridge and New York: Cambridge University Press, 2009, p. 56.

② "The Reformation of the Emperor Sigsmund (c. 1438)", in Gerald Strauss, ed., *Manifestations of Discontent in Germany on the Eve of the Reformation*, Bloomington: Indiana University Press, 1985, pp. 8–9.

会腐败成风，而且教廷办事时的奢侈浪费程度也令人吃惊。罗马教廷还常常收取每一个新任主教第一年的所有俸禄和辖区内的全部收入，作为批准其担任主教的回报。甚至还出现主教职务虚悬的情况，教皇不急于委派该地区的主教，却收取那里的税金，期限超过一年以上。这就导致了德国各阶层对罗马教会的仇恨。

皇帝和主教诸侯们的这种优势强烈地冲击世俗诸侯们，因为这不仅扰乱了传统的等级秩序，也加剧了诸侯建立集权化的诸侯领地邦国的困难。诸侯正在兴建大权独揽的邦国，但分布在其领地内的主教们无法与其合作，致使主教区、主教领地和修道院成了国中之国、成为诸侯建立领地邦国的保障。这就不难想象控制领地内的教区、夺取教会财产，成为诸侯们扩张其政治势力和经济实力的必不可少的步骤。在有实力的诸侯那里，通过让自己的儿子担任主教，或者通过赎买的方式，宗教改革之前就有不少诸侯获得了教区的控制权。另一项举措是废除教士免税的政策：1480年阿尔伯特·阿基里斯侯爵就以奥托曼战争为由向他所在的法兰克尼亚的教士征税。班贝格和维尔茨堡的主教诸侯反对这项行动，认为违背了教士免税的传统。但阿尔伯特却说："如果上帝要人服从一把剑，那么，他应该只制造一把剑而不是两把。"①他召集教士的代表，对他们吼道："你们称呼我为领主和诸侯，这不错，

① Julius von Minutoli，ed.，*Das kaiserliche Buch des Markgrafen Albrecht Achilles，kurfurstliche Periode 1470–1486*，p. 347; in Thomas A. Brady，Jr.，*German Histories in the Age of Reformations，1400–1650*，Cambridge and New York：Cambridge University Press，2009，p. 59.

因为我就是你们的主人。你们知道我为你们做了什么？我为其他的诸侯树立了榜样，他们也会像我一样来对待他们的部下。”[①] 对此，班贝格主教区的总神父只得惊叹：“连这个老狐狸、这个老不死的都敢这么干，那么，还不知道以后他的那些高个子儿子们会干出什么?”[②] 自然，诸侯废除教士税务豁免权只是一个开端，长远来看，世俗之剑凌驾于精神之剑之上，会是一种趋势。

教会掠夺社会资源、干涉世俗社会的政务和司法也加剧了与城市的矛盾。最值得注意的是商人们对教会普遍不满。冲突首先来自教会限制商人们经商营利，因为随着这一时期商业的发展，商人们的地位也得以上升，教会却以非法营利为借口，对商人们的商务活动进行干预。在帝国层面，尽管商人们的成就应当得到赞扬，但他们仍然被定位在社会的底层，如城市只能参加帝国议会并且向帝国议会纳税，却没有在议会中的投票权，因而不能对德国的政治决策产生重要影响。更加令人啼笑皆非的是，在中世纪晚期，教会深深卷入世俗社会的经济投机活动之中。法兰西斯·拉普在1974年出版《宗教改革家和斯特拉斯堡的宗教改革》一

---

① Julius von Minutoli, ed., *Das kaiserliche Buch des Markgrafen Albrecht Achilles, kurfurstliche Periode 1470–1486*, p. 347; in Thomas A. Brady, Jr., *German Histories in the Age of Reformations, 1400–1650*, Cambridge and New York: Cambridge University Press, 2009, p. 59.

② Julius von Minutoli, ed., *Das kaiserliche Buch des Markgrafen Albrecht Achilles, kurfurstliche Periode 1470–1486*, p. 347; in Thomas A. Brady, Jr., *German Histories in the Age of Reformations, 1400–1650*, Cambridge and New York: Cambridge University Press, 2009, p. 59.

书，认为教会无法进行自我改革的原因，不在于教士的腐败或缺乏改革的愿望，而在于教会本身已经深深陷入当时的经济关系之中，因而失去了任何改革的机会。教会最重要的经济基础来自神父的有俸职位（Benefice）体系和教会所拥有的巨额财产，这使教会职位如此具有吸引力，致使贵族、市民的子女都想跻身于教会，以便为自己和家族谋得教会土地、收入和资本的控制权。

教会和修道院早就卷入经济活动之中，例如斯特拉斯堡附近的修道院靠低价囤积粮食、在荒年中又高价抛出赚取利润。他们就是靠这个办法度过了14世纪农业危机的毁灭性打击。1460年后，教会已成为农民的永久性的债主。教会与城市关系的进一步紧张还表现在对司法的掌握方面，教会大权独揽，通过公证人和教会法庭审判一切案子，阻止人们去城市的世俗法庭提交案件申请。这样，无论从经济上还是从干涉世俗权力上看，教会都通过世俗化而成了市政府和市民们的死敌。①

从某种程度上说，教会的服务现在也变成了市民们精神上的一项沉重负担。教会可以凭借信徒的认罪和解罪来获取金钱收入。教会重视人的道德问题或许并不令人惊奇，但即便是最典型的刑事案例也以违背宗教戒律的理由而加以惩处，足以看出教会控制人们思想、行为和财产的严重性了。由于各教堂的神父都乐于积极撰写这样的小册子，他们把各种罪行公布于众，让所有的人都

① Francis Rapp，*Reformes et Strasbourg: Eqlise et societe dans le diocese de Strasbourg (1450–1525)*，Paris，1974.

不寒而栗。

详细解释教会惩罚事项的是匿名者于1470年所写的《罪人之镜》，而这只不过是众多忏悔便览之一。该书以是否符合神的戒律为核心，断言人与神的背离程度决定了自己的命运：

> 你是否荣耀世俗统治者和领主胜过了荣耀上帝、圣母或者圣礼？你的祈祷、施舍和宗教活动是否盖过你犯下的罪行？你给别人留下的印象是否胜过了你让上帝喜欢？你是否爱亲戚、朋友或其他人胜过爱上帝？你是否对圣经、圣礼、地狱、死后生活、最后的审判、上帝是万物的创造者表示怀疑？你是否亲近过被绝罚了的人？你有无相信和实施过魔术？这些都是违背了第一戒的罪行。
>
> 在赌博输了的时候，你是否质疑过上帝的力量和美好？你是否因为坏天气、疾病、贫穷，子女或者亲朋死亡而暗自责怪上帝？你有无因为恶人得意好人毁灭而暗自反对上帝？在法庭上你是否伏罪？是否以上帝或者圣徒的名义发誓去做你不愿意做的事情？这些是违背了第二戒的罪行。①

《罪人之镜》在此给出了一系列论断人的罪行的标准，包括了人因看重世俗名利胜过对上帝膜拜的主要错误。这个文本强调，对

① "Der Spiegel des Sunders, Augsburg, 1470", in Steven E. Ozment, *The Reformation in the Cities*, New Heaven and London, 1975, pp. 24–25.

世俗事情的过多关心，必然会损害同神的关系。因此，即便只是在过着尘世的生活，人也应当热切地检查自己的行为是否会遭致神的愤怒。这样，人的所有方面都受到了教会的监视，教会不仅能够看到人的所有行为，而且还能够制定出对罪进行惩处的标准，只要世人付出钱财，就能够将功赎罪。

接下来是对其他犯罪事项的一番简述，主要包括编出理由不去做礼拜日的礼拜和不参加节日的庆典，不在礼拜日反思自己的过错和思考赎罪、天堂、地狱、死亡，反而去做生意、打扮入时（特别是女性）、唱歌、跳性感舞以致于通奸（凡在礼拜日犯此项罪的人应该加倍计算）、窥视妇女、用色迷迷的眼光看妇女等，这些都犯了第三条的戒律；违背第四戒律的罪行包括侮辱父母或诅咒他们死亡、侮辱教士或诅咒他们死亡、不为不在身边的父母祈祷或做弥撒；再接下来是犯了第五戒律的罪行，包括杀人，为惩处无辜者的人做伪证，堕胎，因工作、玩耍和性事过度而导致流产，内心诅咒他人死亡，不给饥饿者食物，引诱人犯罪以消灭其灵魂等；犯下第六戒的罪行包括在别人院子里偷鸡摸狗、采摘水果、侵犯别人田地、妻子欣赏丈夫偷盗别人的财物、销售兑了水的酒、垄断交易、没有道理地征收赋税、抢掠去罗马的朝拜者、劫财济友、非法继承财产、用暴力或欺骗手段强奸妇女、挪用公款、偷盗圣物等；犯下第七罪的包括意淫、通奸、乱伦等。[①] 很难想象，

① "Der Spiegel des Sunders，Augsburg，1470"，in Steven E. Ozment，*The Reformation in the Cities*，New Heaven and London，1975，pp. 24–25.

在这样的关照和监督下，市民们还能拥有“基督徒的自由”，而这种自由又恰恰是维系城市共和体制的根本所在。

在这种情况下，社会上出现了反对教会的虔诚者宗教福音运动，这在1520年时的德国非常流行。福音是指《福音书》，即《圣经》中不加修饰的上帝之言，正好用来抵抗一切违背《圣经》教导的人和事。这涉及对基督教的理解和重新解释。福音还意味着人们在教会之外寻找信仰的道路。更为重要的是，福音是一面有号召力的旗帜，宗教改革家、人文主义者和普通民众都可以在这面旗帜下联合起来。路德可以宣布自己是按《圣经》行事，基督教的权威是《圣经》而不是教皇；伊拉斯谟自称是《圣经》主义者，而不是一个神学家或者哲学家。福音运动的影响有两个方面：其一是反对罗马教会和反对僧侣，神父和僧侣常常被认为是福音书的敌人。其二是人民现在不再需要僧侣来帮助他们得救，因为真正的基督徒能够通过阅读《圣经》与上帝沟通，从而接近真理。

科学的进步也使得《福音书》的传播成为可能。活字印刷术使《圣经》大量出版，在人民之中广为流行。不过，当时识字的人仅占德国人口5%左右，所以，宗教思想的传播主要靠的还是布道者的口述方式。随着福音的传播，福音运动蓬勃高涨。福音的传播者往往是些激进的社会改革家，他们把福音布道和社会改革联系了起来。“纯粹的上帝之言”彰显了一种新的人与上帝接近的方式。在14世纪末15世纪初爆发的农民鞋会运动中，起义者制造了一面军旗，上书“上帝的正义至高无上”，斗争因此具有了替天行道的道德色彩。在参加起义之前，起义者们还要举行仪式，要祈祷五次，求得圣母玛丽亚的保护，同时行跪拜礼。五次祈祷，是为了纪念基督受刑后身上留下的五个伤口。通过这样的仪式，起义者获得一种神圣的力量，相信自己会刀枪不入、取得胜利。这场农民鞋会起义的保护者是圣母玛丽亚和圣·约翰，而行动的口号和暗号似乎也和宗教有关：问“你叫什么名字？”答“该死的神父”。

简言之，宗教改革运动爆发之时，德国已经变成了一个集各种社会矛盾于一身的火山口。值得注意的是，路德在反对罗马教廷权威时，却显示出与民间福音运动中表现出来的重视《圣经》权威的相同的兴趣。路德的宗教思想中包括含有“信徒皆祭司”的平等思想，与强调等级制的中世纪“僧侣的社会”很不一样。路德的行为得到民众认可，不仅因为他坚持虔诚的信仰，而且还在于他努力促使社会整体的道德质量发生改变，使世俗社会的秩序趋于稳定。人们注意到宗教改革运动前后社会发生的变化：在这之前，这是一个充满危机的等级社会，处于其中的教士处处钳制人们的活动、剥夺人们的财产，禁锢人们的思想，干涉人们的自由。宗教改革以后，一种更加积极的生活开始了：僧侣统治的社会转变成了僧侣服务民众的社会，人们对于社会的贡献成为标准，取代了人严格奉行戒律、圣礼和遵守等级制度的习惯。毫无疑问，在路德看来，与所有其他人一样，教士也是一种职业，他讲解《圣经》，推动着人们去学习并在实践中行善——事实上，这也是荣耀上帝的方式。现在行善不再是灵魂得救的前提，但行善的道德价值，却为世俗社会所认可。特别重要的是，人们看重家庭、教会和国家，愿意为家庭、社区、教会和国家服务。这些变化都是非常值得肯定的。

二 路德其人

最先发起宗教改革运动的是马丁·路德，出于对以往的灵魂得救方式的深深失望。他开始用一种虔诚的态度来钻研《圣经》和奥古斯丁的神学。他的研究结果是惊人的。在一本1520年出版的《致德意志基督教贵族公开书》的论著中，他宣布：教廷借以保护其权力的三座罗马护墙都被推倒了。因为一切信徒皆为祭司，所谓属灵等级高于世俗等级纯属无稽之谈；信徒皆为祭司这一真理又推倒了第二座护墙，即唯有教皇有权解释《圣经》；它同时也摧毁了第三座护墙，即除教皇外，其他任何人无权召开教会的公会议。旨在改革教会的“真正自由的公会议”，应由世俗当局来召开。其后，他又列举了一系列需要解决的实际问题：教皇的管理不善，其神职任命、税收需要加以限制；累赘的职务应予撤销；德国教会的利益应由一位“德意志总主教”来管理；允许神职人员结婚；宗教节日太多不利于过勤劳庄重的生活，应予以减少；包括托钵修会在内的沿街乞讨应加以制止；妓院应关闭；奢侈挥霍应受到限制；大学的神学教育也应改革。[①]所有这些都是民众关心的问题，自然就引发了全国性的大辩论。德国民众和部分诸侯支持路德，整个德国甚至整个欧洲的基督教世界都被震撼了。或许路德本人始料不及，一场被称为宗教改革的运动终于爆发。

路德于1483年11月10日出生于图林根和萨克森之间的艾斯莱本，父亲汉斯·路德原是一个农民，因图林根法律规定只有幼子才拥有继承家庭农场的权利，不是幼子的汉斯放弃农业，在路德出生数月后举家迁往曼斯菲尔德居住，后来发家致富，最终成为一个黄铜矿的冶炼主。据路德自己声称："我是农民的儿子。我的曾祖父、祖父和父亲都是农民。如他（梅兰希通）所言，我原本应当成为一个监管者，一个类似于乡村地主管家似的角色，一个有点小权的管家。然而父亲却移居到了曼斯菲尔德，并且成了一个矿业主。"[②]1530年路德的父亲与世长辞时，留下1250古尔登的财产，还留下一些矿产企业。从这些情况看，路德熟知农民和市民的生活，加之其后又成为僧侣和教授，可以说是一位从农民、市民、教士、知识分子四大阶层中脱颖而出的精英分子。

晚年的汉斯颇惧贫穷降临，对子女的教育从不放松。他希望路德接受良好的教育，成为一名律师。与同时代人很早就跻身实业不同，路德得天独厚地度过一个漫长的学生时代。少年时代，

① ［美］威利斯顿·沃尔克：《基督教会史》，孙善玲、段琦、朱代强译，朱代强校，中国社会科学出版社1991年版，第389页。

② *D. Martin Luthers Werke*，*Tischreden*，5，No. 6250，Weimar，1883–1929.

路德先后在曼斯菲尔德、马格德堡和爱森那赫接受初期教育，虽然学有所成，却饱受体罚之苦。尤其是，他的父母经常打他，甚至事出莫名，仅仅只是为了一个苹果而对他体罚。1501年，路德进入埃尔福特大学学习，该校建立于1392年，在德国享有盛名。大学坐落在图林根著名的商业中心，气氛比较活跃，奥卡姆派的经院哲学相当流行，对托马斯·阿奎那的正宗神学却采取批判态度。路德颇受老师的影响，对中世纪神学持怀疑态度，一度成为奥卡姆主义者。后来路德强调信仰和理性的区别，散布唯有信仰才能认识真理的言论，从某种意义上看，受到奥卡姆的影响。对于托马斯·阿奎那企图调和理性和信仰、人类作用和上帝意愿的观点，路德表示怀疑。在学期间，路德兴趣广泛，但重点放在古典文学的研究方面，不仅修习了古代罗马文学和新派拉丁文诗篇，还去旁听诗论和相关的文学课程。尽管这样，路德受“已开始在埃尔福特大学兴起的人文主义运动影响甚微”。[①] 究其原因，是路德心系钻研神学，据当时编年史记载，他的格言是“热爱祈祷相当于学习了一半”。[②]1502年路德获得了学士学位，1505年，又获得了文学硕士学位。路德的成绩在17人的班级中名列第二，是位名副其实的优等生。

---

① ［美］威利斯顿·沃尔克：《基督教会史》，孙善玲、段琦、朱代强译，朱代强校，中国社会科学出版社1991年版，第382页。

② Johann Mathesius，*History*，p.1，in Hans J. Hillerbrand，ed.，*The Reformation: A Narrative History Related by Contemporary Observes and Participants*，Michigan，1985，p. 23.

1505年是路德生涯的一个转折点，他选择了进入修院道当一个僧侣。在获得硕士学位后，父亲希望路德学习法律，但是，在进行了三个月专修法学的特别准备后，路德却突然离开学校，并于1505年7月16日进入了埃尔福特城中的奥古斯丁隐修院当了僧侣。据路德后来回忆：入修道院的原因是对自己灵魂得救问题感到焦虑。一个朋友的突然去世让他深受刺激，而1505年7月2日在从曼斯菲尔德回埃尔福特途中亲身经历的特别恐怖的雷击，又令他想到魔鬼、地狱和最后的审判等问题。在惊恐之时，路德呼唤圣徒安妮之名以求佑护，并发誓进入修道院当僧侣作为回报。① 7月15日，路德和朋友们相约，次日相伴他去修道院。7月16日，朋友们把他送到修道院，当朋友们劝他打消出家的念头时，路德却心意已决。据路德后来回忆，他当时对朋友们说的话是："今天是你们见到我的最后的日子。""朋友们热泪盈眶，我的父亲更是大怒，但是我固执己见。我从来没有想到我会离开修道院，对于尘世来说，我已经是死了心。"②

对于路德来说，进入修道院是希望通过严格的训练而进入上帝的世界。当时的埃尔福特约有二十座修道院，路德选择的是教规最严、学风最著名的奥古斯丁隐修院。奥古斯丁会创立于13世纪的意大利，不久传到德国，16世纪时该教派在德国拥有了多达一百座的布道教堂。1477年，该教派在萨克森、图林根的负责人

① *D. Martin Luthers Werke*，*Tischreden*，4，No. 4707，Weimar，1883–1929.

② *D. Martin Luthers Werke*，*Tischreden*，4，No. 4707，Weimar，1883–1929.

安德烈亚斯·普洛列斯（1429—1503）把三十个教堂加以合并，进行改革。而埃尔福特的奥古斯丁隐修院在约翰·冯·斯陶皮兹（？—1524）的督理下，已成为修道院的完美典型。路德进入这所修道院后得到斯陶皮兹的指点。同时，斯陶皮兹的虔诚和慈爱，对路德的思想发展产生了很大影响。

奥古斯丁修道院流行的神学观点是继承奥古斯丁的宗教见解，重视讲道，但颇具神秘倾向。修道院并且同埃尔福特大学有着密切的联系。僧侣有时也去大学听课。奥卡姆派的教授在大学里教导只要热爱和服从上帝，就能得到上帝的慈爱的理论。修道院生活强调教规和仪式的重要性，路德则竭尽全力争取当好一个僧侣。据他后来回忆，他是一个最虔诚、最具献身精神的僧侣，如果有谁能够进天堂，那他一定身列其中。尽管如此，路德仍怀疑这样做是否可以灵魂得救。由于路德表现出色、知识渊博，深得周围僧侣的赞赏。1507年，路德正式成为该教会的一名布道神父。

一个月后，路德成功主持了他当神父后的第一次弥撒。路德的布道和主持的弥撒备受称道。路德回到了维腾贝格城，被任命为一个修道院的副院长，并在维腾贝格大学神学教授斯陶皮兹等人的鼓励下，为获得博士学位并为将来在该校任教做准备，奥古斯丁会在那个大学持有两项教职：《圣经》的教授职位和亚里士多德伦理学课程的讲师职位。大学坐落在一个小镇上，居民仅有二千多人。路德在那里度过了他一生的大部分日子。大学是萨克森选帝侯“智者”弗里德里希三世创办的，由皇帝马克西米利安一世亲自颁布敕令。入学伊始，路德给朋友写信，说自己为学习之事忙得不亦乐乎，特别是哲学课程令他头痛，自己一开始就想把学哲学换成学神学，因为“神学能从坚果中挑出核仁，从粮食中挑出谷粒，从骨头中挑出骨髓。然而上帝就是上帝，而人的看法，即便不总是，却经常会犯错”。[①]1509年，路德获得了神学学士学位。1512年，又获得了神学博士学位，并且成为该校教授，开始在该校讲授《圣经》。

这里有趣的是，1510年底或1511年初的一次罗马之行，造成路德思想的变化，甚至对他今后与罗马教廷公开抵触造成很大影响。那时，奥古斯丁会正在德国组建一个全德性的机构，想把所有的奥古斯丁派修道院统一起来。但是，有几个修道院，包括埃尔福特的修道院都反对这项计划。路德等人于是去罗马向教廷陈述意见。刚到罗马之时，路德的心中充满神圣，他遍访了几乎所有的教堂和陵寝，对耳闻目睹的任何事情，包括谎言和错误，都仍深信不疑：“我在罗马举行了好几次弥撒，几乎遗憾我的父母仍然活着，否则的话，我的弥撒、善事和祈祷声就能够让他们从炼狱里升华。套用罗马流行的话，就是‘那礼拜六在圣·约翰教堂主持弥撒的人的母亲必在天国享福’。我确信我能够使母亲享受福报。”[②]然而，路德不久就发现事与愿违。他后来这么写道：“我再不会兑换货币去罗马。否则的话，我就是不相信自己亲眼目睹之事。

---

① *D. Martin Luthers Werke*，*Br.* I，16–17，Weimar，1883–1929.

② Martin Luther，*Auslegung des117. Psalms*，1530，*WA* 31，1，226.

那里充满着亵渎神灵的邪恶无耻之事。没有人对神敬畏，没有人对人彬彬有礼。到那里的人即便是个虔诚者，但从意大利回来时却已经变成了不敬神者。”①

1512年起，路德的主要工作就是在维腾贝格大学讲解《圣经》。威利斯顿·沃尔克告诉我们：他“从1513年到1515年讲《诗篇》，然后讲《罗马书》至1516年下半年，接着讲《加拉太书》《希伯来书》及《提多书》。1515年，他的办事才干得到赏识，被任命为他所在隐修院的教务长，兼任区牧，主管十一所奥古斯丁会隐修院。早在此之前，他就开始着手讲道，从一开始便大显奇才。在奥古斯丁会里，他以非凡的虔诚、忠心和热心隐修而闻名。”②

这段时期，尽管路德显得格外平静，但内心深处却深感不安。对于路德来说有几个特别关心的问题：行善对于得救究竟有效与否，隐修的行为是否有助于抵御人性深刻的罪和恶孽，以及人的行为与上帝律法之间的关系问题。这些问题最后集中到上帝的义是如何显示的问题上。对《圣经》的刻苦钻研不无收获，路德从保罗、奥古斯丁以及德国神秘主义那里吸收了许多养料，他由此渐渐摆脱经院哲学的桎梏。据路德后来说，当时的他憎恨“神的义”这个词，因为按照博士们的习惯性教导，他理应从哲学层面上去理解义的意思。义有正规的形式，它证明上帝是义的，它也是处

---

① *WA*，*TR*3，No. 3582A.

② ［美］威利斯顿·沃尔克：《基督教会史》，孙善玲、段琦、朱代强译，朱代强校，中国社会科学出版社1991年版，第383页。

罚罪人和不义的标准。路德感到：面对上帝自己是个罪人，而上帝却总是以义的标准对罪人进行处罚。这种焦灼状态一直困惑着路德，直到他读到：上帝的义在“因信称义”中被揭示。路德开始感到：义乃是上帝的恩惠，存在于福音中。这样，处罚罪人的上帝就变成了仁慈、爱人的上帝，而得救就是与上帝建立新的关系，它的基础不是人所行的善功，而是绝对信赖上帝的应许。① 据沃尔克解释：路德的这种对于救赎的理解根本在于得救赎的人一方面仍是罪人，另一方面却已得到白白的完全的赦免。“这是对保罗教导中一个重要方面的再强调，但又不全是保罗的思想。保罗认为，基督徒从根本上而言是获得新生的有德行的人；而路德的看法是，基督徒首先是得赦免的罪人。但二人同样主张，得救在本质上是个人与上帝建立一种正当的关系。这种关系的基础和保证乃是上帝的仁慈，从基督代人类受难中彰显出来。基督承担了我们的罪，我们则得到他的义。”②路德完成了从惧怕上帝到爱上帝的转变，感到上帝用是仁慈的眼光来考虑人的皈依问题。上帝并不统计人的功过，只看重人的信仰，灵魂得救则完全依赖上帝的恩赐。这些思想，后来成为他宗教改革的理论基础。

---

① *D. Martin Luthers Werke*，54，183f，Weimar，1883–1929.

② ［美］威利斯顿·沃尔克：《基督教会史》，孙善玲、段琦、朱代强译，朱代强校，中国社会科学出版社1991年版，第384页。

三 宗教改革的过程

1517年10月31日万圣节，路德在维腾贝格的卡斯特教堂中贴出了以拉丁文写成的《九十五条论纲》，反对销售赎罪券。路德谴责教皇说：如果他真想拯救德国人民的话，那么，就会宁可让圣·彼得大教堂倒在尘埃中也不会以信徒的血肉来重建它。更重要的是，路德对销售赎罪券的神学基础表示怀疑，因而引发出教皇是否拥有掌管人们进入天国的钥匙的怀疑。此外，赎罪券诱使人们产生犯罪后可以用金钱来赎罪的错误心理，这将使罪人逃避惩罚。路德的这些质疑引起维腾贝格大学教师们的争论，迅速成为引发德国宗教改革运动的导火线。

被路德攻击的人名为约翰·台彻尔（1470—1519），是一个能说会道的多米尼克会修士，当时正在维腾贝格附近兜售赎罪券。这次活动，由教皇利奥十世宣布、美因兹大主教阿尔伯特承包的为期十年的赎罪券买卖，其名义是为了修缮圣·彼得大教堂，实际上却是利奥十世和阿尔伯特之间进行的一场政治、经济交易。阿尔伯特出身德意志名门霍亨佐伦家族，1513年，年仅23岁的他就获得了重要的马格德堡大主教的职位，不久，又兼任了哈尔贝斯塔特主教的教职，违反了教廷担任教廷要职的年龄规定。1514年，他又谋求当时空缺的美因兹大主教职位，这一职位将使他成为有权选举神圣罗马帝国皇帝的七大选帝侯之一。靠着奥格斯堡一家银行的二万九千金币的贷款，阿尔伯特打通了教廷关节，于1514

年8月获得了此职。阿尔伯特变本加厉，决定把修建圣·彼得教堂的赎罪券买卖扩大到他所管辖的三个教区。期望靠买卖赎罪券收入50万古尔登金币，得到的钱一半归自己，另一半交给罗马供兴建圣·彼得大教堂所用。

在路德时代，赎罪券已同它原有含义大相径庭。赎罪券起于11世纪，它同以苦行赎罪的宗教思想相关联。它有两项含义：如何解决人的犯罪问题和如何宽恕人的罪行。传统的理论认为：上帝可以通过僧侣来给人以宽恕。犯罪的人必须见到僧侣，由僧侣听取他的忏悔，给他以宽恕。赦免罪行的途径主要是建立功德，如进行斋戒、请著名的僧侣来为他祈祷、向穷人施舍等。

通过做好事（善功）和把基督和圣徒的功德转化为人的功德（功德转让）最后却被引向了为教会做好事。教皇曾宣称，参加十字军的人可以建立宗教上的功德，不参加十字军的人在家里也可以建立同样的功德，只要他们愿意为十字军捐献财物或干其他功德之事。如果一个人犯了罪，也可以通过给教会捐款而获得赦免。教会把赎罪券定义为用赎罪券的办法来代替惩罚。教会提出的理由是教会本身具有功德，自然可以把功德转让给所有的男女，增加他们的功德。16世纪时，赎罪券和以苦行赎罪的宗教仪式之间的联系已经被人冷落。赎罪券甚至发展到了可以为已死之人的罪行进行赦免的程度。这时的教会为了自己的财政需要，往往大肆销售赎罪券。在教会财政有了困难时，赎罪券就成为搜刮钱财的一种途径。刚开始的时候，销售赎罪券需要有特殊的背景，如十字军东征、兴建教堂等。后来，教会的腐败加剧，主教们也开始出售赎罪券。这样，本来作为纯洁和精神象征的教会，就成了为利益而进行金钱交易的世俗机构。路德认为，这是基督教本身出现的重大错误，并非是对神学理解出现偏差的失误问题。

路德认为，赎罪券涉及何谓真正基督教的问题。如果赎罪券的基础是功德可以转让，那么教会就具有这种转换功德的功能。然而，根据保罗、奥古斯丁和《圣经》的“唯信仰称义”的说法，上帝和个人之间不应当存在作为中介的教会。路德于是开始怀疑教会在灵魂得救中的作用。

对路德来说，反对销售赎罪券是在坚持真正的信仰，然而对于德国诸侯来说，这却迎合了他们扩展势力的需要。路德提倡宗教是一种个人的信仰，提倡人应当服从世俗的统治者，这些，使他无法不卷入罗马教皇和他的德国支持者之间的纠纷之中去。

赎罪券问题掀起轩然大波。在动荡不安的德国，一位受尊敬的神学领袖竟然出来谴责教会，成为一件惊天动地的事情。为了报复路德的《九十五条论纲》，罗马教会鼓动康拉德·温皮纳（？—1531）和埃克的约翰·梅尔（1486—1543）来和路德进行论战。特别是埃克，这是一个享有盛誉的神学教授，他撰写《方尖塔》这本著名的小册子，谴责路德传播异端。1518年年初，美因兹大主教阿尔布雷希特和多米尼克会修士向罗马控告路德，结果，奥古斯丁会的会长受命制止这场争论，路德被传唤到海德堡，4月，路德在该会的大会上受到审问。在会议上，路德抨击亚里士多德哲学，得到一些人的支持。路德还阐述了自己关于赎罪券的观点。

路德案件引起教皇的重视。1518年，教皇利奥十世命令路德去罗马受审，8月，传票到达路德手里。教皇的书籍检查官断言路德有攻击教会的嫌疑，认为路德从神学角度反对赎罪券实际上是要否认教皇有为人赎罪的权力。这时，萨克森选帝侯智者弗里德里希出来保护路德，他为自己大学中有路德这样的教授而感到自豪，对罗马以异端名义审判路德的行为感到反感。他用政治手段进行干预，使路德可以不去罗马，改由教廷驻奥格斯堡帝国会议的使节来发落。在萨克森选帝侯的保护下，路德于1518年10月和1519年6月两次与教皇的代表进行公开辩论。路德认为，教皇并非上帝的代表，宗教会议的决议也可能犯错误。这样，路德就被罗马教廷认为不仅是反对教皇，而且反对整个教廷。不过，路德却得到广大人民包括商人、骑士、农民、人文主义者、贵族和僧侣的支持，一些诸侯写信向路德致意，赞赏他反对罗马教廷掠夺德国。更为重要的是，萨克森的选帝侯弗里德里希也同时成了最大的英雄。他做了路德的保护人，得到民众的拥护。他的行动进一步影响了其他诸侯，在领地范围，诸侯们早就期望能成为领地中真正的主人。路德取消教会和帝国神圣性的做法，在诸侯们看来，正好能够成为扩张自己势力的理论依据。大领地上的诸侯借宗教改革问题同领地以外的势力——如皇帝和教会的势力进行斗争。另一方面，在自己的领地里，他们开始消灭与之抗衡的地方势力，包括兼并地方领主的土地和没收教会、修道院的财产。诸侯支持宗教改革，目的在于希望建立统一的诸侯领地政府，使自己成为真正的邦国君主：在领地范围内没有一种力量能够与自己抗衡，也不存在敢于向自己君主地位挑战的政治力量。

1520年后，路德连续发表《致德意志基督教贵族公开书》《教会的巴比伦之囚》和《论基督教徒的自由》三篇重要论文。这些文章除了公开同罗马教廷决裂外，还反映出路德的神学观念已经成熟。

路德掀起的反对罗马教廷的运动使皇帝查理五世感到担忧。1521年4月，查理召开沃尔姆斯帝国会议，要求路德忏悔。路德来到皇帝跟前，对皇帝宣称："我在这里，我别无选择，上帝保佑我，阿门。"这意味着路德宣扬一种新的政治道德：在精神上服从基督教信念胜过服从世俗权威。路德被罗马教廷开除出教，1521年的沃尔姆斯帝国会议也宣布他有罪，路德成为被通缉之人。但是萨克森选帝侯弗里德里希把他保护起来，路德在萨克森领地的瓦特堡隐居，从事《圣经·新约》的德语翻译工作。以后，路德版德语《圣经·新约》在德国广为流行。

虽然1521年沃尔姆斯会议正式谴责了路德派，但路德却得到了许多城市和一些诸侯的支持，皇帝查理五世忙于欧洲事务，也无法采取断然措施镇压路德宗教改革。这样，路德派教会就进一步发展了起来。

路德宗教改革运动激发起人民反对贵族的热情，在一些地方，宗教改革运动趋于激进。路德回到维腾贝格后，发现那里的人们正在进行更为激进的宗教改革运动，如没收教会财产等。路德的老同事卡尔斯塔特否认教育的价值，拒绝承认基督身临圣餐的教义，号召破坏圣像。比卡尔斯塔特更加激进的是托马斯·闵采尔，他也是路德的朋友，当时正在各地呼吁建立没有剥削、没有压迫的人间天国。1525年，伟大的农民战争在德国南部爆发，冲击了德国的封建秩序。随着德国农民战争的被镇压，在德国掀起一股反对路德宗教改革的势力。贵族指责路德支持农民叛乱，路德则宣称是农民误解了他的宗教，他提倡的是服从世俗权威的观念；又说宗教改革运动完全是精神化的运动，而不是农民所理解的“物欲”之实现。路德对农民所持的这种保守态度，导致路德运动脱离了人民革命运动，两者之间产生了裂痕。信奉天主教的北部诸侯利用这种机会，以萨克森公爵乔治为首，着手组建了天主教同盟，以便反对新教改革，乔治联合其他天主教诸侯于1525年7月在德绍开会，正式建立了天主教同盟。

德国的宗教问题终于导致1526年6月斯邦耶帝国会议的召开。在这个会议上，支持路德的诸侯建立了一个联盟，并且还得到了一些信奉天主教的诸侯的同情。斐迪南大公代表他的兄弟查理五世，颁布了一个临时约法，规定在基督教宗教会议召开之前，每个诸侯可以对自己领地中的宗教事务负全部责任，实际上承认了新教诸侯在自己领地中奉行新教的做法。1526年帝国会议的直接结果就是路德教会的领地化，路德派诸侯和一些大城市的代表把帝国会议的决议解释成法律准许他们制定自己认为合适的教会章程。在这个决议的庇护下，路德派领地教会迅速发展起来。

路德派势力的发展使查理五世和天主教诸侯不安。1529年2月1日，皇帝查理五世召开了第二次斯邦耶帝国会议，皇帝自己仍然没有出席会议，但提出重申沃尔姆斯会议反对路德派的要求。由于参加会议的成员中天主教诸侯占了大多数，选举结果是皇帝的提议得以通过。支持路德教的诸侯成为少数派，他们坚持1526年斯邦耶会议的精神。他们的要求没有被通过。他们向大会提交了一份抗议书，从此就有“抗议派”之称。支持抗议派的有萨克森的选帝侯约翰、黑森的菲利普、吕纳堡的厄恩斯特、勃兰登堡-安斯巴赫的乔治、安哈尔特的沃尔夫冈和斯特拉斯堡、乌尔姆、康斯坦茨、纽伦堡、林道、肯普滕、梅明根、诺德林根、海尔布隆、伊斯内、圣加伦、罗伊特林根、魏恩斯贝格、温得谢姆等帝国城市。结果，1529年的斯邦耶会议成了天主教会讨伐路德派的场所，会议甚至规定可以在信奉路德派的诸侯领地上举行罗马天主教的仪式，允许所有罗马天主教会的机关和修会享有以前的权力、产业和收入。

自1529年起，抗议派诸侯团结在黑森伯爵菲利普身边，组建成了抗议派同盟。1531年2月27日，他们在施马尔卡登开会，正式成立了施马尔卡登新教同盟。这个同盟主要由黑森的菲利普牵头，成员有路德的支持者萨克森选帝侯约翰，另外一些诸侯和不莱梅、斯特拉斯堡、康斯坦茨等城市。由于路德和茨温格利在圣餐性质上存有争论，施马尔卡登新教同盟排斥了茨温格利派。1532年新教同盟势力强大，对查理五世施加压力，迫使他对路德教采取了宽容态度。1534年，黑森的菲利普领导人民打败了帝国的军队，帮助路德派诸侯符腾堡公爵乌尔里希恢复了其在1525年失去的符腾堡统治权。在北部德国，又有一些诸侯和城市倒向了路德派。

然而，新教力量却因新教诸侯的个人事件而遭到削弱。1540年黑森的菲利普在没有离婚的情况下娶了第二个妻子，这使他名誉扫地。其他的新教诸侯谴责他道德败坏，这一事件影响了新教同盟的声誉。由于菲利普违背了德国法律，致使查理五世有机会处置他。查理五世提出条件：要他限制同盟的发展。1544年，查理五世又召开了一次斯邦耶会议，同意一切宗教问题应该在德国宗教大会上加以解决，并许诺届时允许路德派充分阐述自己的意见。1545年在累根斯堡召开了宗教会议，但会议没有解决问题，反而激化了新教联盟与天主教会之间的矛盾，宗教战争于是一触即发。1546年，查理五世得到菲利普的女婿新教诸侯马瑞斯公爵的支持，起初，新教诸侯获胜，但在1547年，皇帝的军队俘虏了萨克森选帝侯约翰·弗里德里希（选帝侯坚定者约翰的儿子），不久又俘虏了黑森的菲利普，形势出现变化，迫使新教诸侯们不再反对皇帝。查理五世又迫使一些新教诸侯如科隆大主教回到天主教的阵营，另外一些新教诸侯也承认了查理五世的权威。在这样的基础之上，查理五世明智地采取宗教宽容政策。1548年召开了奥格斯堡帝国会议，颁布了一个奥格斯堡协议，对于新教的存在（包括僧侣结婚）予以特许。新教的诸侯接受了这个协议，但仍有很大保留，尤其是菲利普的女婿马瑞斯公爵不满意他的岳父被扣留，于是在1551年组织了一个新的新教同盟，并且得到了法国的支持。这个新教同盟的斗争获得成功，查理五世被迫释放黑森的菲利普和萨克森选帝侯，并且颁布条件更为宽厚的宗教宽容政策。以后，查理五世厌倦了德国的事务，把德国的事务都交给他的兄弟斐迪南大公管理，自己移居尼德兰。至此，德国的宗教改革运动告一段落。

四 关于信仰和善功的争论

路德对于神学的解释令人震惊：它既终结了教会的神圣性，又结束了帝国的神圣性。路德改教后，基督教的信仰转到了上帝和《圣经》方面，否认了罗马教廷的神圣性，使包括德国在内的多个国家从罗马教会的干涉中解放了出来。这种改变的意义深远，因为以后所有的宗教思想，都无法绕开路德新教而自行其是。在路德那里，思想变成革命，一种新的宗教观破天荒地被放置在理性的天平上进行衡量。更为重要的是，就德国来说，宗教的批判也就是政治的批判，对罗马教会的批判，摇动了由教皇加冕的“神圣罗马帝国”的根基。

路德教和天主教的主要区别在于前者拒绝罗马教会的世界性权威，否认罗马教会有独一无二解释《圣经》的权力。新教认为，人和上帝之间有一种直接的关系，掌管人精神的是上帝。新教认为基督教的依据是《圣经》，拒绝承认罗马教会的传统具有同《圣经》相等的权威。虽然改革家对神学的解释不尽一致，但都认为上帝之言是唯一的权威。基督教的原则是统一的，原始基督教的原理对16世纪的基督徒也同样适用，只要是根据上帝之言。新教认为，凡是《圣经》中没有提到的宗教仪式都应该废除，但《圣经》提到的洗礼和圣餐礼则需要保留。

对于路德来说，圣·保罗是最好的真理解释者。保罗认为人是不完美的，这就决定了人的努力永远无法达到上帝要求的程度。既然如此，人就应当通过与上帝建立关系来得到完善。得救不是依赖宗教仪式、善功、朝圣、惩罚和忏悔，而是要依赖信仰基督，因为是他赐予了信仰者恩惠。灵魂得救并不依靠人的善功，也不是教会的工作，而完全是上帝的工作。人对上帝的信仰其实也来自上帝的赐予。在信仰问题上，路德不同于中世纪后期的经院哲学，特别不同于托马斯·阿奎那的理性逻辑证明。路德认为：信仰就是信仰，不是学术研究和学术证明。出自孩童般的天性虔诚，凭着对上帝的信仰，人接受仁慈上帝的恩惠，从而获得拯救。

路德的教义一般被人称为“因信称义”。其实，“因信称义”这个说法并不完全，因为路德主张真正的信仰是纯粹的，没有任何功利的目的。信仰是人对上帝的皈依，而得救是上帝对人的慈悲，人的得救因此完全取决于上帝的意愿，甚至是前定的。路德要求摆正人和神的位置。由于原罪的缘故，人类变得傲慢、自私，竟崇拜自己，相信凭着自己的善功就可以换来灵魂得救。这样，人就背离了上帝而成为“撒旦”的信徒。路德认为：由于人类的堕落，人类甚至不明白上帝的意志，也不服从上帝的意志。灵魂得救不是依靠个人的功德，而是完全依靠上帝。只要信仰上帝，接受上帝的恩赐，才能成为基督徒，其中有些人可以因为上帝的仁慈而获得拯救。

路德的神学基础是《圣经》。路德是一个卓越的《圣经》研究者，他认为《圣经》具有至高无上的权威，尽管他不承认罗马教会制定的宗教传统和仪式规范具有权威性。路德系统讲授过《圣经》，他从研究《圣经》中感到的彻悟，与一般流行的神学大相径庭。例如：维腾贝格大学神学课程，主要不是讲授《圣经》，而是讲授经院哲学和托马斯主义。路德的同事、神学院院长卡尔斯塔特曾说：尽管他是一个神学博士，却从来没有钻研过完整的《圣经》。在维腾贝格大学，路德与亚里士多德派进行斗争，他曾经根据《圣经》提出过一百五十二条拉丁文论纲，旨在批判亚里士多德，捍卫奥古斯丁的前定论和上帝的慈爱论。他不无高兴地看到在维腾贝格大学，亚里士多德的影响变得越来越小。他又在维腾贝格大学发现了灵魂得救的正确途径。不过，在反对销售赎罪券事件发生之前，他的这些想法，并没有引起人们的重视。

路德提出了“基督徒自由”的概念。他认为这种基督徒的自由可以分两个时期，即现世和来世，而完全的自由只能在天国中才能找到。那么，人们对于现世的生活该持有何种态度呢？路德认为现世的基督徒有两种属性。首先，基督徒具有“精神的”属性，在精神方面，即使是在现世，他们也是自由的，只服从于上帝，而不服从世俗的秩序。基督徒要敢于同一切限制人们信仰上帝的行为进行非暴力的斗争，在信仰问题上没有妥协之处，尽管这种“抵制暴君”的权力只局限于在“精神”方面。他指出当政府在精神问题上违背了上帝时，凡人都具有反抗的权力；但是这种反抗须是被动的和个人的，不能是集体的、积极的造反。路德的理由是神法认为人们“必须服从父母”，即使他们“否认上帝，抛弃上帝之言”。

的确，现世的基督徒还具有“肉体的”属性，因此在物质方面，现世的基督徒也和其他的人们一样，应当服从世俗秩序：他需要服从世俗权威，可以当兵，可以嫁娶，可以过任何世俗的生活。这样，路德就还给了基督徒精神的自由和世俗生活的自由。此岸和彼岸的关系得到协调，人们不再受禁欲主义的煎熬。可以认为，路德神学是对罗马天主教神学的革命性的修正。路德的敏感和博学使他能够概括出中世纪教会问题所在。路德神学的诞生也是路德经过对灵魂得救问题的长期研究得出的结论。他曾一次次地煎熬着自己的灵魂，每一次都发现自己的无望，这使他开始怀疑罗马教会教导的灵魂得救方式的正确性，开始对教会的整个神学体系产生怀疑。

在路德的思想中，存在着从体制上根本解决教会腐败问题的方案。路德力图证明僧侣只不过是从事一种职业的僧人，因此教会本身不应当占有财产。路德在构建他的体系时，直接围绕着一个现实情况，即中世纪后期修道院的僧侣的纯洁运动于事无补，因为是否获得“纯洁”，归根结底是个人财产的分配问题，而不是什么精神克制问题。中世纪后期的修道院宗教改革有两个目标：一是指出罗马教会的做法是不符合基督教传统的（如圣职买卖、蜡烛费、十字军攻击基督徒），需要改革的；二是希望找到一种纠正腐败的途径（如宗教会议、推行内部纯洁、禁欲、派好的神父任地方教职）。这样的改革的理论基础是基督教的传统，它主要在于废除一些不符合基督教传统的由罗马教会发明的新的弊端，而不能改造整个基督教体系和教会体系。中世纪后期的宗教改革因此只局限于地方性的、反对个别腐败行为的范围，因而不能同16世纪的宗教改革运动相提并论。路德的宗教改革也提出两个目标：一是指出了教会的传统本身是存在严重问题的，它不仅不能有助于人的得救，而且还对灵魂得救有害；二是解释了教会腐败的途径，并且期望通过把教会拥有的财产和世俗权力交还给世俗权威，以此来解决使“精神和肉体”对立的矛盾。为了实现这个目标，路德和16世纪的新教僧侣在《圣经》中寻找依据，力图说明这是上帝的意愿，以此来断绝因教廷的错误而导致的腐败。

同样，为了从根本上解决教会的腐败，路德提出必须让基督徒在身心两面都获得自由的观点。对路德来说，人的精神化问题，根本无法通过天主教会的内部纯洁运动或对异端的镇压加以解决，因为在15、16世纪，罗马教会已经把自己变成了一种世俗权力，因此在宗教、经济、政治方面实际上都在根据它自己的世俗利益来进行安排。这样，罗马教会就显然无法领导放弃世俗利益的改革。

路德新教，仍然是基督教的一种，尽管它导致了教会的分裂和教派历史的兴起。在最初的第一个时代中，正如奥尔森所言，“新教的基督教神学产生四个不同的流派。这四种神学至今都仍健在，但即使在这四个流派里也曾再度分裂过。这四个流派，自昔至今一直是：路德宗（在德国为Evangelische）、改革宗（对路德而言，就是‘瑞士人’）、再洗礼派（Anabaptist，为激进的宗教改革主要流派）与安立甘宗（Anglican，即英国教会）。这四种神学，各有它们跟其他教派不同的独特重点，同时也都有共通三个新教的主要原则(唯独恩典与信心、唯独《圣经》、信徒皆祭司)。”[①] 宗教改革以后，路德教及茨温格利教、加尔文教、英国教会都被冠以新教之名，以别于罗马教会管辖的罗马天主教。新教各派仍然承认神为上帝、圣灵和基督三位一体所组成；承认基督的神的性质和人的性质；人的堕落和原罪说；以及仍然承认《圣经·旧约》《圣经·新约》为基督教的经典。

路德改革使其成为罗马教廷的真正敌人。1545年路德病重，意大利开始流传路德死亡的谣言：“马丁·路德生病时还渴望着耶稣基督的身体仪式。可是，还没有等他领受，他就死了。当他知道自己的病非常严重即将死亡时，他要求人们把自己的身体移到祭坛，让人们像神一样膜拜。但是，天意要阻止这个错误，叫他永远闭嘴。路德宣称：这种神奇仪式是非常有必要的，如果放弃

① ［美］奥尔森:《基督教神学思想史》，北京大学出版社2003年版，第402页。

将是一个大的错误，因为腐败充满着世界。不久，他的尸体被放入墓里，可怕的声音响起，就像魔鬼在崩溃。所有的场面都非常可怕，令人恐惧。晚上，人们听到埋葬路德尸体的地方还在发出巨大响声。人们惊恐万分，天亮后人们打开坟墓，却看到肉骨和衣服全无，只有一股硫磺的气味，让所有在场的人都患了病。”

对此，路德说了这么一段话：“我，路德，确认和发表声明。我知道了这个狂暴的、说我3月21日死亡的故事。我非常乐意读到它，因为它如此亵渎神圣的威严。否则，我不会理会这事。魔鬼和他的门徒教皇和教皇派，竟是如此仇恨我。愿上帝让他们摆脱邪恶!”①

五 为改变命运而宗教改革

德国宗教改革爆发，与德国复杂的政治背景密切相关。在历史上，教皇奥托一世时，德国皇帝曾经取得过主教任命权，作为帝国的代理人，皇帝在主教死后可以收回其土地，成为增进皇帝力量的一个支柱。但其后教皇却取得了胜利，主教同时隶属于皇帝和教皇，具有双重隶属关系。1519年1月皇帝马克西米利安一世去世，德国出现竞争皇位的动乱。作为意大利诸侯之一的教皇利奥十世认为，如果让西班牙国王查理或法兰西国王法兰西斯当选，

---

① Hans J. Hillerbrand，ed.，*The Reformation: A Narrative History Related by Contemporary Observers and participants*，London: SCM Press，1964，p. 404.

势必会扩大外国对意大利的影响，因而不赞成他们做候选人。他因此谋求与萨克森的选帝侯弗里德里希亲善，乐意他当选皇帝。[①]后来新继位的查理五世，虽然他是一位天主教徒，但对教皇并无好感，当时正为意大利领地而卷入同法国的冲突之中。当教皇逼迫他处置路德而萨克森选帝侯和民众又支持路德之时，他在两派意见间犹豫不决。据沃尔克说："他一方面深信路德是该受诅咒的异端分子，另一方面又有足够的政治头脑，不至于过分拂逆德国的舆情；同时，他意识到利用路德的命运作为一种手段促使教皇在反对法国斗争中支持自己的可能性。这样的好处，他是不会放过的。"[②]这无疑是给了路德发动宗教改革运动的时间和可能。

宗教改革也正好迎合了部分诸侯在领地范围内集中权力的要求。在领地范围内，诸侯的权势不断发展，成为领地的真正主人。大领地上的诸侯和领主于是同领地外的势力，如皇帝和教会的势力，进行斗争。消灭僧侣地主，夺取教会财产，可以大大增加诸侯的经济实力，并能使诸侯摆脱主教和修道院长权势的干涉，特别是这些高级僧侣往往还是教皇和皇帝在领地中的代表。部分诸侯支持宗教改革，希望建立一种新的宗教、社会秩序，要人们不服从罗马教会和神圣帝国，却服从于领地诸侯。

帝国城市与以皇帝查理五世为首的哈布斯堡王朝矛盾激化。

① ［美］威利斯顿·沃尔克：《基督教会史》，孙善玲、段琦、朱代强译、朱代强校，中国社会科学出版社1991年版，第388页。

② ［美］威利斯顿·沃尔克：《基督教会史》，孙善玲、段琦、朱代强译、朱代强校，中国社会科学出版社1991年版，第392页。

从德国政治发展的大趋势看，随着封建关系（领主附庸制、农奴制）的瓦解或松懈，帝国中央对帝国城市的保护能力和对地方诸侯的控制能力都大幅度下降，就出现了彼得·布瑞克教授所说的“政治权力从帝国转入领地手中”[①]的长达三百年的变化（1200—1500）。到了路德宗教改革时，德国已经进入了一个被现代史学家称之为“既非封建又非专制”[②]的时代，帝国城市转变成“由市民们自治的城市”，而诸侯领地则开始向具有中央集权性质的近代诸侯领地邦国转化。尤其值得一提的是，与全力建立民族国家的英国、法国君主不同，1519年即位的新皇帝查理五世（1519—1558在位）只在乎保卫他自己的领地及满足自己成为基督教世界领袖的欲望，对德国的事物却表现出少有的漠不关心。事实上，正是查理五世的这种立场切断了德国与帝国城市的结盟，因为他决不能保护帝国城市，更不能为他们提供其亟须的秩序，相反，他只想掠夺城市的资本，用来维护自己的王室领地和满足自己谋取欧洲霸权的欲望。

真正推动城市宗教改革的是城市中的中下层市民，因为他们从宗教改革传递的信息中得到鼓舞：既然“信徒皆祭司”，那么，宗教改革就是所有平民信徒的运动。这一提法从根本上符合城市

---

① Peter Blickle，“Reformation and Commuanl Spirit”，in C. Scott Dixon，ed.，*The German Reformation*，Oxford and Massachusetts，1999，p.138.

② Thomas A. Brady，Jr.，“The Reformer’s Teaching in Social Setting”，in James D. Tracy，ed.，*Luther and the Modern State in Germany*，Ann Arbor，Michigan: Edwards Brothers，1986，p. 38.

的社区传统，即作为组织来说，城市是全体市民为实现“公共利益”而结合起来的社区，众市民都应该是平等的。这意味着，进行宗教改革，就可以恢复和发扬市民自由言论、自由聚会、不被随意逮捕关押、参与政治机构、城市委员会要对市民负责等传统。在城市分化、所有权力日益为城市贵族所掌控的时刻，宗教改革运动却能够帮助市民恢复和找回他们失去的权力。市民们感到，现在在城市里有的已经不是市民与市民间的和谐平等关系，而是城市贵族对于市民的统治和被统治关系。“信徒皆祭司”与城市社区传统——为公共利益而结成的市民共同体因此不谋而合，成为市民起来反对城市贵族的思想武器。这是因为，“信徒皆祭司”体现的是所有基督徒之间的平等和合作，尤其1522年路德的教区牧师由社区全体基督教会众或会众大会推举的说法，更是符合了市民共和体的脾胃。难怪，新教运动兴起后，城市成为它的最得力的支持者。“信徒皆祭司”“基督教兄弟之爱”与强调“公共利益”“市民共和体”的社区传统一经结合，就奠定了市民支持宗教改革运动的基础。此外，路德取消教会特权的思想也深得市民欢心，因为他们早就对神职人员司法独立，不缴纳帝国税、消费税，不履行市民值班工作表示不满，而宗教改革无疑能够废除教士的上述特权。宗教改革运动还赋予了市民解释传布“上帝之言”的权利，普通百姓能够根据自己的理解诠释和讲解《圣经》，这是市民们期盼已久的一项权利，既可以用来反对不称职的神职人员，又能够为自己社会和经济要求的提出，奠定基础理论。[①]

同样，通过牧师，神法和《福音书》从城镇走进了农村，把农民战争变成了一场普通人的革命。“市民、农民和矿工之间本来就存在着一些共同的利益，并且还有类似的农业问题（例如，在小城镇的农业工人和农村雇工阶层之间），类似的税务负担（如军事和主教献祭税）以及同样遭到统治者对城镇、乡村和矿区公共自治权的侵犯。不过，现在对一个更加公正和更加基督教的世界的共同渴望强化了这种共同利益。”[②]

① See R. W. Scribrner，*The German Reformation*，Hampshire and London: The Macmillan Press Ltd.，1986，pp. 38–39.

② See Peter Blickle，*The Revolution of 1525: The German Peasants' War from a New Perspective*，Baltimore and London，1985，pp. 188–189.

第三章

世俗秩序的重建

人们通常把路德的神学看成是对胡斯思想的一种继承。在莱比锡会议上，当罗马教廷的代表埃克追问路德是否承认自己为胡斯信徒时，路德对此并不否认。现代学者对于路德的这种态度颇为赞赏，以为只要像胡斯那样，路德就是维护德国国家主权、建立德国民族教会的改革者。持此说的人还认为，假如一个宗教改革家不是民族主义者的话，那么，他就一定不是一个近代改革家。因为近代的政治，正是以维护民族国家的主权为前提的。

无论路德对维护德国国家主权产生过什么积极影响，把他说成是“又一个胡斯”和另一个民族教会的提出者，都不是准确的表达。事实上，当人们尝试把路德和德国民族教会联系起来的时候，很多材料却证明：在莱比锡辩论时，路德尚未做好脱离罗马教廷的准备。正如路德所言，他反对罗马人并非是反对“贪婪的意大利僧侣”，而是反对“地狱的王公们”（the princes of Hell）。[①]正如布雷迪所言：“路德与罗马教廷的对立，不是德国人与罗马意大利人的对立，而是具有信仰的基督徒与信奉魔鬼的罗马人的对立，他们的冲突不是权力、理性、历史、法律的冲突，而是信仰之争。”[②]在基督教历史上，路德神学作为一个真正的转折点，与其说是民族教会的提倡者，毋宁说是在建构基督教知识王国时正确区分了上帝的主体角色和人类的客体角色。

路德是这样一位神学家，他最明确、彻底地抛弃了中世纪神学家、托马斯主义者和人文主义者所共享的观念（人能够理解神的意愿，能够自我赎罪，甚至能够按照神的意愿代替神行政、成为万物之灵），进而支持日益发展起来的世俗社会。路德要求基督徒区分人的王国和上帝之国，并要求他们对世俗世界的责任作出积极的反应。无论如何，在阐述神学思想的时候，路德确实地知道上帝与人类的关系乃是造物主和被造物的关系，后者根本无法逾越这种差异，去感知、去模仿比他更高的存在——上帝。正因为这样，路德在否认教会具有神性的同时，把建立世俗世界秩序当成了基督徒的责任。这种主张导致了对教廷神性的否定，并引导出这样一个主张，即人有为社会服务的责任，世俗世界的管理权因此需要从教会手里转到世俗政府那里。

---

① Martin Luther，*Three Treaties*，Trans. Charles M. Jacobs and James Atkinson，2nd ed.，Philadelphia: Fortress Press，1970，p. 10.

② Thomas A. Brady，Jr.，*German Histories in the Age of Reformatinons，1400–1650*，Cambridge and New York：Cambridge University Press，2009，p. 151.

一 人的王国和神的王国

在中世纪教会传统中，虽然神学家们承认得救需要依靠上帝的恩惠，但是人的行善依然被视为基督徒得救的一种主要方法。如果我们只是列举出基督徒的行为，那么我们只能得到一幅人们在教会神性照耀下积累善功的图画：按时去教堂进行礼拜，服从七大圣礼，向教会缴纳“什一税”，再加上努力遵守教会各项规定和做各种善事，那么做这些事情的人几乎就能够等同于一个好的基督徒。

中世纪的神学家通常并不十分认真对待人间与天国的严格区分，这是因为，在上帝的拯救和人的努力之间似乎存在着同一的目标，而教会正是帮助人们实现这一目标的桥梁。当然，表达这种同一性的最便捷的途径就是指出人与神有着相近的特点：包括人能够领悟神的意愿，能够通过行善得到完善，以及在行善的过程中人能够做到超凡入圣——从一个平凡的俗人转变成为一个圣徒。确切地说，所有这些都是在阐述人和神相近的特点：一方面，人能够按照神的意愿来完善自己；另一方面，人又能够通过积累“善功”来摆脱“罪性”，甚至克服从亚当那里继承下来的原罪。这种人神相近论通常会带来非常严重的后果：它缩短了人和神的距离，夸大了人自救的能力，同时也夸大了教会在人得救过程中的作用。简言之，这个人神合作的理论不要求把得救视为严格意义上的上帝的拯救，而更鼓励从教会的教导中去汲取灵感，例如相信教会能够代表上帝的意志，教皇、主教和神父以及他们所施行的仪式都是神圣的，通过具有神性的教会活动人就可以得救。

并非所有的宗教都认为人是有罪的，尽管几乎所有宗教都有“劝人为善”的含义。基督教强调人的罪性，致使赎罪成为基督徒生活中最为重要的内容。人想要向神回归，其方法就是赎罪。但是，这种赎罪又必须在教会指导下进行，教会因而也就成了人与神沟通的中介。教会的神性特别表现在神父具有裁决罪者的权力，例如在基督徒忏悔后，神父有权给予罪者惩罚，并且通过惩罚，神父能够赦免罪者。此外，有罪必罚，但这种惩罚有时可以通过做公益活动，甚至用捐钱来完成。长久以来，教会的权力会随着它自封的神性增强而增强，这就有了通过购买赎罪券使人免遭天谴的行为。尽管这是一项关乎赎罪的大事，教会的神职人员最终却保持了他们解释的优先权，这种解释通常会受到教会利益和金钱的影响。当这些解释在基督徒的实际生活中发生影响时，承认教会的神性和服从教会的安排便成为世人赎罪的途径。在相当的程度上，人们相信，教会教导的这些法门能够使自己完成得救的任务。

在公开反对买卖赎罪券之前，路德就认真思考过赎罪的问题。路德认为：迄今为止，人类的赎罪途径其实是在千方百计增进教会的威望，却使上帝的威望遭到了损害。路德试图引导人们把注意力从崇拜教会转向阅读《圣经》。路德宣称：得救并非是接受上帝恩惠并且多做善事的结果，而只能是完全依靠上帝的恩惠。进一步说，得救只是一个被神拯救的过程，人的善功在得救问题上不起作用。路德的思想同样涉及对教廷神性的彻底否定。这个特点在路德那里是以三个主要的原则来表示的，即唯独恩典与信心（救恩本乎恩典，也因着信心）；唯独《圣经》（《圣经》高过所有基督教信仰和习俗的权威）；以及信徒皆祭司。[①] 大多数情况下，这三个原则都能够使信徒直接与上帝沟通，从而完全取消了教会的神性和自封的中介地位。人接受神的恩典、阅读《圣经》、信奉上帝，使人成为上帝恩典的接受者。这种没有教会参与的人神关系与通过教皇和教廷才能与神沟通的方法形成对照，因为在路德那里，教会的领袖是基督，而不是教皇或者教会。归根结底，人的得救并不是赎罪的问题而是被神宽恕的问题，而得救，则是上帝无偿赐予人类的礼物。

路德追随奥古斯丁，寻求真理，分辨圣俗。布雷迪告诉我们：1510—1520年间，路德对奥卡姆的研究追溯到了奥古斯丁，又从对奥古斯丁的研究追溯到圣・保罗，并且通过对奥古斯丁二元论（精神与肉体、永恒和暂时、天堂和人世、将来和现时、隐蔽和公开、不可见与可见、内部和外部、福音和法律）的探索，发展出自己的两个王国理论。[②] 路德指出：

---

① ［美］奥尔森：《基督教神学思想史》，北京大学出版社2003年版，第400页。

② Thomas A. Brady，Jr.，“Luther and the State：The Reformer’s Teaching in its Social Setting”，in James D. Tracy，ed.，*Luther and the Modern State in Germany*，Ann Arbor，Michigan: Edwards Brothers，1986，P. 33.

> 世俗的世界，由宝剑统治，能够被眼睛看到；精神的世界，由恩典统治，并宽恕罪。[①]

上帝建立了两个世界：精神的和世俗的。精神的世界只在真正的基督徒中实施，它的领袖是基督。这个世界充满着爱和相互服务的精神，一切的基督徒都完全平等。信徒们享受基督徒的自由，世界上的法律、权威都不能高过基督徒的天良。对上帝的爱，也不是强迫的，而是自愿的。这个精神世界也是一个真正的教堂，不同于尘世中任何的外在的教堂——它是完全精神的、福音的世界。

另外一个是尘世的或世俗的世界。这个世界与自由平等的上帝之国完全不同。世俗世界中有一个政府，那政府也是上帝建立的，目的是进行控制，防止人们相互之间的撕裂。因为尘世中充满着罪恶，必须要有一种力量来维持秩序。这种力量就是世俗统治者，他们掌管着上帝神授的权力之“剑”。真正的基督徒是生活在精神王国之中的，因此不需要世俗的政府，但为了他的邻居，他应当支持这个世俗政府，甚至应当接受像士兵那样的公职。如果统治者的法律和命令违背了《圣经》中的原则——神法，基督徒必须拒绝服从。但是，基督徒的精神地位使他们只能拒绝而不能

---

① Martin Luther，“Uber das 1 Buch Mose，Predigten”，in *WA* 24:6，II.1–3. For orientation，see Thomas A. Brady，Jr.，“Luther and the State: The Reformer’s Teaching in its Social Setting”，in James D. Tracy，ed.，*Luther and the Modern State in Germany*，Ann Arbor，Michigan: Edwards Brothers，1986，P. 33.

反抗，因为“剑”的权柄来自神的授予，基督徒因此不能用暴力去反对统治者。在尘世中应当承认等级：低位者应该服从高位者。

1523至1525年间，路德提出了“三种秩序”的理论。路德认为：在人间有三种基本秩序是不可侵犯的，分别是政府、教会和家庭。政府必须掌握在诸侯和贵族手里，家庭必须对政府服从，教会又分为“不可见的教会”和“可见教会”，前者存在于天国之中和信仰者的心灵之中，是绝对精神性的、不可见的，后者存在于人间，但只是一种世俗的组织，如同政府和家庭一样，是信仰者学习《圣经》的地方，归世俗政府管理。

1528年，路德发展了他的理论，指出这三种秩序是由上帝所建，因此具有神圣性质：“这三种神圣的正式机构由上帝所建，它们是教会、经婚姻缔结的家庭和世俗权威……这三种机构或者秩序，是按照神的旨意建立的。”①

路德要求每个人在世俗的秩序中找到自己的位置。“第一，你们必须成为家庭的一分子，或父亲、或母亲、或子女、或奴仆、或婢女。第二，你们须在城市或农村以一个公民、臣民或统治者的身份生活。第三，你们要成为教会的一个成员，或牧师、或助理、或教堂司事，或其他什么的教会仆人，假如你要了解上帝之言的话。”②

---

① “Vom Abendmahl Christi. Bekenntnis (1528)”，in *WA* p. 26: 504，ll. 31; p. 505，1.10.

② *WA TR* 6:266，ll. 16–27，No. 6913(English：Forell，Faith，123).

在肯定了人是被救而不是自救后，路德就把行善归结为人的世俗活动，与灵魂得救并无关系。不过，路德既没有否定行善的必要性，也没有否认行善对于社会的作用，他只不过强调人的行善并不是得救的基础。按照路德的说法，似乎整个事情应当反转过来：做好事的人不一定就是好的基督徒，但好的基督徒一定会做好事。行善在本质上是一种利他的、处于本性的善的结果，唯有认识到这种行为的非功利性，才能够显示出它的正当性。况且，人得救的问题必须同上帝联系起来才可能成立：因为荣耀上帝，基督徒会在日常生活中多多行善。同样，当人在行善时，不应当考虑是否在行善，而只应该考虑人如何服从和荣耀上帝。换言之，如果行善只是为了自我得救，那么，人荣耀的也就只是他自己——这无疑是一种违背神意的自私行为，体现出人的傲慢和对上帝缺乏敬畏。

二 诸侯领地政府的兴起

路德两个王国理论中所说的故事，既反映出同中世纪世界分别由僧俗两把剑统治观念的深刻对立，也在理论上取消了教会凭神性统治世界的合法性。事实上，这会对教会的行政权、司法权、财产权造成巨大冲击。但是，教会是已经掌握了对世俗世界的统治权的，并且也绝不会自动把权力拱手让人，因此，需要通过争夺才能进行权力转换。这里，政治的变化很像是在重复中世纪两把剑的博弈，它包含了两个潜在的互相矛盾的力量：一是正在衰落的、多年积聚起来的教会统治权；一是通过权力集中和扩张增强起来的新生力量（例如诸侯的领地政府）。从路德理论那里引发出来的现实政治力量的变动很像是在这两者之间进行，彼消此长。长远地看，这种博弈将导致神权统治世界观念的淡化，并引导出这样一个主张，即谁的实力最强，谁就将最优先、最完整地获得对世界的统治权。然而，在当时的德国，这种权力究竟会落入谁手呢?

教会的确在德国拥有远远超乎人们想象的权力。在16世纪初期，诸如“神的仆人”“牧羊人”的那个概念不清的术语已被诸如“神圣教皇”“神圣教廷”和“圣徒”等更为清晰的术语所取代。这一概念的变化，标志着政治秩序的结构变化：教会不但拥有精神上的统治权，也获得了对于世俗世界的统治权。在欧洲，罗马教廷早已成为凌驾于民族国家之上的基督教世界的最高统治者。在德国，教会已有500年的传统并且已经高度组织化。例如：德国已经被划分为美因兹、科隆、特里尔、萨尔茨堡、贝藏松、不莱梅、马格德堡、布拉格、里加九个大主教区，其下各辖若干个主教区。诚然，这种庞大的教会体系甚至连同它的复杂性都阻止世俗权威对它的掌控，因为任何一个诸侯，甚至皇帝，要想凭借一己之力来接管这么庞大的教会，是不可能成功的。但是，这里至少还存在着另外一种方法，即各地的世俗统治者分别接管自己领地中的教会。在当时的德国，甚至找不到任何一种比这种方法更为保险的权力转换方式。

诸侯似乎很有必要对教会的权势采取行动。教会省区的设立与诸侯的邦国并存，以及成为诸侯邦国之中“国中之国”的格局，早已成为诸侯的心病和软肋。换一角度看，路德宗教改革也是克服世俗社会被宗教机构统治这一德国秩序危机的努力。假如我们排除相当数量的德国主教同时拥有世俗诸侯身份这个特殊因素的话，那么其余被教会占有的世俗权力可以分为三类：一、领主权和大量的土地占有；二、主教司法权；三、向来由教会征收的“什一税”。事实上，诸侯邦国中普遍存在着自成体系的主教区，这成为威胁和分享世俗政府政治权力的最为重要的手段。尽管诸侯对此非常不满，但因循于教会的权势他们还是接受了这种传统的安排，因为单一诸侯并无可能在与统一的教会抗衡中获得胜算。但是，现在宗教改革运动已经使德国的中产阶级和下等人都起来反抗教会，这给了诸侯以宗教改革的名义接管教会权力的大好机会。如果我们能够根据上述类别来确定宗教机构在世俗社会中所有拥有分量的话，那么我们就会得出一种印象：宗教组织对德国世俗社会的控制严重程度与“神圣罗马帝国”这一称号所反映的宗教含义基本上是吻合的。

路德呼吁德国世俗权威起来反对罗马教廷以便维护真正的基督教信仰，借此，他总的来说是小心翼翼地把他关于得救方式的神学与他的以“两个王国”“三种秩序”为基础的世界秩序论联系起来。但是，必须承认，诸侯们愿意利用这些新教思想只不过是因为他们期望去获得更广泛的权力。对大多数的诸侯们来说，也许路德的思想太过于深奥了；而他们却更加看重现实的需要，即如何在自己的领地里收回被教会侵占的权力。因此，他们首先就看到了宗教改革运动向他们提供的机会。这种机会，正如布莱希克所言，“第一，宗教改革为（诸侯）国家提供了增进自己权力的机会；第二，运动给予国家在行政上管辖教会的权力；第三，宗教改革增进了国家的权威性，从而提高了其质量。如果国家拒绝宗教改革给予的机会的话，无疑就是违背了自己的发展原则。”[①]同样，宗教改革运动也需要得到诸侯们的帮助，这可以解释为什么萨克森的选帝侯智者弗里德里希会出来保护路德，也可以解释为什么许多诸侯为了自己的利益会义无反顾地支持宗教改革。我们可以假设，宗教改革运动与罗马教廷的德国教派运动和诸侯建立集权化的领地政府运动会合到了一起，会导致取消“两把剑”的理论和由世俗政府管理国家的结果。最终它推动人们去学习并在实践中尝试近代政治。

诸侯主要通过交换土地、任命新主教等方法逐渐掌握了对领地内教会的控制权。例如：在宗教改革运动的冲击下，有三个萨克森的主教区处于动荡不安状态，这给了诸侯机会。1559年，马森主教不得不用占自己领地一半的斯多本交换萨克森的穆尔贝格

① Karlheinz Blaschke，“The Reformation and the Rise of the Territorial State”, in James D. Tracy，ed.，*Luther and the Modern State in Germany*，Ann Arbor，Michigan：Edwards Brothers，1986，p. 67.

区，在新交换地区里他只是一个地主，而没有领主权。1581年他不再担任主教，其在乌镇和穆根的其余地区也落入萨克森领地。1545年，诸侯势力进入梅泽堡主教管辖区，说服了天主教会选举萨克森的诸侯奥古斯特（后来的选帝侯）为主教区的行政官。继1547—1561年间由天主教主教统治教区后，已经成为选帝侯的奥古斯特利用主教逝世等机会，开始了进一步控制教会的计划。在他授意下，他的年仅八岁的儿子亚历山大被选为教区的行政官，梅泽堡主教区由此永久性地并入了萨克森领地。诺姆堡也是如此。1542年选帝侯遴选了一位新教徒担任主教，尽管在1547年查理五世胜利后他被迫去职，但1564年，新任主教却把主教区完全并入了萨克森。在诸侯政府统治下，原主教区的政治权力和行政权力中的绝大部分被剥夺。宗教改革运动由此就支持了诸侯领地邦国的发展，为诸侯领地邦国兴起奠定基础。①

对领地内教会的控制给了诸侯没收修道院土地、获得教会财产的可能。其中最典型的例子来自符腾堡公爵，在1534年新教军队帮助他恢复公爵统治权后，两年间他就没收了所有修道院的土地，数额为自己收入的两倍，接着，他又掠夺了四分之三的教会财产，甚至到了把圣像上的黄金刮下来充当己用的地步。② 黑森伯

① Karlheinz Blaschke, "The Reformation and the Rise of the Territorial State", in James D. Tracy, ed., *Luther and the Modern State in Germany*, Ann Arbor, Michigan: Edwards Brothers, 1986, p. 63.

② Euan Cameron, *The European Reformation*, Oxford: Clarendon Press, 1992, p. 294.

爵在1527—1540年间仅仅从没收修道院的财产中就获得了75 000古尔登；1565年时，从修道院土地中得来的财产占据了该地当年总收入的七分之一。萨克森选帝侯把从教会那里得来的财产用于支付其债务，其数额超过了其他各项支付债务的总和。勃兰登堡选帝侯们把从教会那里得来的财产购买原由中小贵族掌控的土地，从而大大扩充了自己的领地。[1] 把教会的财产用来扩充自己的领地政府，是诸侯们所认为的明智之举。

更为重要的是，这给予了诸侯神化自己权力的机会。事实上，在某些时刻——正如路德希望诸侯能够尽其力支持宗教改革运动那样——诸侯显然摆出了这样的姿态：自己不仅是一个世俗的统治者，也是一个领地内最高的宗教统治者。这种双重的身份在1527年萨克森选帝侯的一次教会巡视活动中表现得最为明显：当萨克森选帝侯巡视领地内教会时，路德称他为基督教的“非常时期的主教”(emergency bishop)，并且认为是普遍神父制度的一个象征：在这特定的巡视时期，选帝侯就不是一个世俗的统治者，而是一位“非常时期的主教”。路德的朋友梅兰希通对此心领神会，他更进一步发展了路德的观点，提出诸侯就是教会首领（chief member of the Church）的观点，用来增进宗教改革的权威性。这些努力最终导致了政府接管教会制度的诞生。在信奉路德宗的领地里，路

① Euan Cameron，*The European Reformation*，Oxford: Clarendon Press，1992，p. 295.

德宗教会最后成了政府的一个非常庞大的部门。[①] 宗教改革家通过支持诸侯管理教会，最后把教会的管辖权完全送到了诸侯的手里。

上述的例子非常清楚地说明，宗教改革造成的后果就是：整个世俗世界是由世俗统治者来实行统治的。有趣的是，路德从未断然否认上天的某种作用，而仅仅是否认罗马教廷管理教会的权力。在路德那里，精神化的教会的首领是基督，而人间的、可见的教会则应当由世俗的统治者来管理。因此，路德在他非常著名的三个秩序的论述中，得出这样的结论：教会的领袖为基督，人们应当服从上帝给予他的任何命运安排——实际上，就是不再去服从罗马教廷管辖。通过对精神教会的论述，路德要人相信个人能够通过直接与神的交流而“尊奉天意”。而现世的、物质化的教会应由世俗政府统治。

诸侯领地政府的兴起，是在领主附庸制度瓦解之后，统治阶级内部矛盾斗争的结果，所凭借的是中央政府对德国的管控失败、中小地方领主的衰弱和诸侯依靠自己的力量进行的改革。诸侯拥有广阔领地，有世袭的稳固领主地位，经过多年的经营，制定了法律，兴办了学校，掌握了开矿等新兴产业的大权，建立了地方秩序，而且有了独立的外交，俨然成为一方霸主。把自己的领地建设成为名副其实的邦国，是其维持生存的必经之道。从客观效

① Euan Cameron，*The European Reformation*，Oxford: Clarendon Press，1992，p. 153.

果看，这是诸侯在特定历史时期的一种自救措施，据险自守，以避衰败之运。

关于16世纪诸侯领地政府的性质，近年来，西方的一些学者都冠以“近代早期国家”之名。[①] 这种说法，是缺乏说服力的。首先，诸侯的领地政府，维护的是各自邦国的利益，但并未能代表国家，更没有以此来建立统一的德意志民族国家的愿望。其次，这种邦国也不是与市民阶级结盟的产物，相反，它是靠掠夺城市的财富来维护自己利益的。更为重要的是，诸侯的邦国政府的基础是诸侯的领主权，诸侯依靠自己的这种权力，一方面并吞城市，另一方面兼并地方贵族，致使统治阶级内部矛盾、诸侯和城市贵族之间矛盾激化。邦国政府以公权力的名义征收领地税，更是加重了普通市民和广大农民的负担，起到恶化经济的作用。最后，诸侯领地邦国的普遍出现的时间是在17世纪和18世纪，在16世纪初期，仅仅只有巴伐利亚等少数地区建立起了较成规模的诸侯邦国。从这些方面看，与其说诸侯的领地政府即是“近代早期国家”，毋宁说这是一种从封建制度向近代政治转化中的半封建、半近代性质的政府，正好符合过渡期转化型政治组织的特点。

---

① For example，see Peter Blickle，“Alternatives to Feudalism Based on the Early Modern State: The Constitution of Territorial Assemblies”，in his *The Revolution of 1525: The German Peasants’ War from a New Perspective*，Baltimore and London，1985，pp. 137–144.

三 世俗社会的去神圣化

在历史发展的这个阶段，世俗主义的蔓延必将面临两大障碍。首先，我们要考虑神的位置，这在欧洲已经有了千年以上的历史，况且中古欧洲的基督教文明基础也是以此为中心的；其次，我们要考虑教会的位置，因为它在整个中世纪里都是在“神的名义”下君临世界。十五六世纪的欧洲人其实是非常清楚教会内在的不和谐性的：一方面，它必须直接代表精神；另一方面，它又不时透出世俗感官欲望。这种矛盾不仅使人们对教会是否真有“精神性”感到怀疑，而且也对它的种种世俗举止深感厌恶。这样，教会就遭到了远比世俗的权威更为猛烈的攻击，因为世俗权威从一开始就被认为是浅薄和坦诚的，尽管那些大小贵族们一直在巧取豪夺，他们却从来没有公开地掩饰自己的行为。正因为如此，人们似乎更加愿意宽容世俗权威的存在，但并不能宽容教会在神的旗帜下训练有素地贯彻相当彻底的世俗主义。

我们可以发现，在特定的历史背景中路德的宗教改革的作用将具有以下可能：

(1)纯粹神学意义上的，也就是说这种变化仅停留在宗教和精神的领域，以致于它更多的是造成许多思想上的混乱，而没有什么建设性的东西；

(2)包括一种社会改革的内容，它将影响人们现实的生活方式，并且将会在欧洲的历史发展中刻下鲜明印记。

（3）在制度和结构的层面上进行改革，它将同德国社会的近代化相联系，成为欧洲近代社会兴起的巨大推动力。

首先考虑第一点：在宗教和神学意义上使用路德的新教概念。要想进一步了解究竟什么是路德的宗教改革的影响，我们必须研究那个被路德推倒了的东西是什么。要知道这个，那么首先就要认识自从路德宣布罗马的教廷不是宗教上的无上主宰而只是一种最为世俗的力量时，他就用了一根特殊的拐杖，把神圣罗马帝国的屋顶掀开了一半，同时又把罗马教廷的围墙拆掉了一面。这两种拆除都直接粉碎了世间天国的传说，那就等于他在“基督教世界”中留下了一个巨大的空间，等待世俗的权威——真正在世俗世界中长出来的根芽，去填补路德在世上拆除了神圣教廷和神圣罗马两尊神像而留下来的空白。现在，纯粹的精神已经上升到了天上的王国中去，那么世俗世界中的一切就都只是世俗的。最高的神圣既然是在天国中召唤人的灵魂，那么，人间就要完全交付给脚踏实地的世人手里，即“神谕”吩咐人要按照世俗的原则来进行管理。这样的话，本来由着抽象概念管理的世界便十足地透出了世俗意志的光辉，而它所追求的目的，只是如何在一种有限中获得满足。这种把上帝放在天国中进行崇拜的做法充分显示出它的威力，每每使人感到世俗世界的原则只不过是物质和财产，并且在利益和欲望驱使下的行为，不再受到良心和神谴的压迫，另外，既然权力和财富已成为最美好的东西，所以凭借实力来将它们进行重新分配，就是合理的和不会令人感到惊奇的事情。

宗教改革时期，德国的社会风气，有较大的变化。一方面，它不再要求人在世俗世界里过神圣的生活，或是像人文主义者提倡的那样，尽量把人间与天国靠拢，去建立所谓的“人间天国”。另一方面，路德新教要求世人过好上天为他安排的正常生活，包括提倡修女还俗，废除偶像，关闭修道院，简化僧侣的结婚和宗教仪式。这一系列的活动，对德国和欧洲都产生巨大影响。尽管路德的“两个王国”理论要比我们想象的更加复杂，但他的最终的寓意却和今天的人们在本质上是相同的：人总是在致力于履行社会赋予他的道德原则和社会使命，而忽视外在命运的确定指令。路德当然不再埋头于苦修或做善事，以期获得上天的奖赏，而这恰是中世纪教会所鼓励的做法。

对于罗马教会来说，信徒品德端正、乐善好施、服从圣事、积累功德，就能够得到上帝的恩惠，成为义人。这种理论突出信徒的品德修为和功德积累：只要功德圆满，就有结果，能够得到上帝的认可和帮助。事实上，“称义”被解释为是人和上帝之间互动合作的结果：为了“称义”，信徒竭尽所能，然后上帝的恩惠才会降临于他。基督徒为了实现这一目标，常常奋不顾身，不惜牺牲，以为通过禁欲苦修、虔诚敬拜、爱人助人，就能够为上帝所接受。但是，不论是宗教的教义，或是宗教的仪式，都必须按照罗马教廷规定的方式行事。用路德的话来说，人的得救现在必须依赖于教会而不是依赖上帝，因为罗马教廷现在掌管了世人进入天堂的钥匙。

路德认为：苦修的方式，做好事的方式，都只是俗世的工作，与属灵的事情没有关系。路德强调，人帮助邻居，那只是对邻居有帮助；人在世界上行善，那也只是对世俗世界有所裨益，与能否得救没有关系。更为重要的是，既然人和上帝之间只是信仰关系，那么，关键是要看人是否具有信仰，而不是看人有没有功德。人在世界上所行的善功，纯粹为世俗世界的业绩，并不有助于人的得救。以己意行事，却把这说成是上帝的意愿，是人不信靠上帝的表现。路德认为行善积累起来的尘世功德，不是“称义”的条件，反而是人的一种骄傲。路德提倡“因信称义”，要讲究人对上帝的信靠和上帝对人的救赎关系。“因信称义”就是要阐明人是不可能依靠自己的功德来自救的，要把人自己完完全全地交给上帝。简言之，“因信称义”分离了善功和得救，只有这样，人才能恢复在上帝面前的谦卑心，才能明白“称义”完全是出自上帝的恩惠，完全出自上帝的救赎。

路德“称义”思想的某些方面，也可以证明他和中世纪神圣教会的观念的对立。为了确认人不能够通过积累自己的功德来掌握自己的命运，路德否认了人间所有“神圣机构”的神圣性。路德坚持认为：无论是教皇还是罗马教廷，还是大主教、主教、教区神父和修道院的僧侣，都只具有俗人性质而没有神圣的性质。现在，天主教的弥撒和不被《圣经》认可的其他宗教仪式也不再具有神性；如果与《圣经》的教导相悖，甚至教堂中的圣像崇拜也有不是之处。神职人员参与的听人忏悔、赦免人罪恶的权力也需要重新界定。推而广之，无论是俗人的结婚，还是僧侣的独身，以至于在人逝世之时由神父施加的涂油礼，都不会具有神性。路德认为，教会和神职人员不再是高于社会的特殊存在，因此必须服从世俗政府的管辖。

对罗马教会最普遍的指责是揭露它的非法性：它披着神圣的外衣，却行世俗之事。路德试图令人信服，人的能力是有局限性的，并不能认识上帝的意愿。因为，归根究底人总是在按照人自己的意愿去行事。按照这个原则，神性只能归上帝所有，除此之外，不存在超乎上帝为人设定范围内的人的圣化。人的这种非神圣性是由人的自然属性决定的：上帝为人类圈定了生存之地，正义就是不违背上帝的意愿而去过好人的世俗生活。假如人过分强调自己的意志并认为自己能够与神相似时，他的做法就是错的。就人的本性来说，人身上没有也不可能具有神性——神圣的事物只属于神，只同上帝的本质有关。

但是现在最大的问题看来在于，这种理论性的神学探讨会对现实的社会起到什么作用。许多人也为路德的“因信称义”如何作为一种得救的实践方式感到烦恼。路德要求人们成为世俗社会（人的王国）中的善良居民，他的这种观点首先影响的是世俗的社会，因为他非常坚定地鼓励人们要为推进社会的善而努力。作为神学、社会学和现实政治力量综合的结果，路德的观念成为一种难以抵抗的变革因素。路德教会在萨克森选帝侯领地得以建立，既含有宗教虔诚的理想种子，又把教会转变成为世俗政府的一个部门，似乎在向人暗示，只有世俗统治者才能够给人们带来政治、道德秩序。

不错，正是这种安排极大地改变了德国教会的命运。1525年萨克森选帝侯智者弗里德里希逝世，他的兄弟公爵约翰继承了选帝侯位，并且在其领地内建立了路德派教会。路德宗教会旋即取消了拉丁文的宗教弥撒，换用路德宗的弥撒仪式。教会还取消了过去的主教制度，改为设宗教裁判所来处理教会事项。两个神学家和两个选举产生的执事成为教会宗教裁判所的首领，拥有聘请、撤销教士职务的权力，并能够决定宗教崇拜的仪式和规定。这种形式，后来在各地新教的教会中被普遍采用。宗教裁判所的人员是由地方政府或者城市委员会来确定的，保证了世俗政府对教会的领导权。

另一方面，路德主张教会是信徒的组织，因此信徒享有任命和罢免自己的牧师的权力，从此开了教会事务民主化的先例，同时，作为一个重要的补充，路德也认为世俗统治者有推进福音传播的职责。因为宗教改革运动的深入日益遭到皇帝和天主教诸侯的反对，路德转而进一步依赖新教诸侯，寻求他们的支持。他放弃自由教会，主张教会严格地服从诸侯的政府。这样，在新教地区，教会实际上是由领地诸侯来领导的：诸侯决定自己的领地中的人们应当信仰怎样的宗教。诸侯政府还为教会提供经费，在新教地区，诸侯政府需要承担维持教会的开支和兴办教育。

路德的改教为世俗的人们赢得一种人的自由，即把人重新置入人的社会，或者说，置入路德所称道的三种秩序之中。路德在社会方面的观点，即是他的“两个王国”“三种秩序”的理论，这也就是他的神学社会观。两个王国是指天国和人间，这个概念直接来自奥古斯丁，只不过路德更强调上帝之国是在天上，不是指人间的教会。在这基础上，形成了路德的二元哲学，就是将来与现在、永恒与暂时、灵与肉、可见与不可见、天国和尘世、福音和法律；那三种秩序则是专指人间的结构，即国家、教会、家庭。路德认为每个人都会拥有三种身份，对于国家来说，他是臣民；对于教会来说，他是基督徒；对于家庭来说，他是丈夫或妻子。路德进而认为这三种秩序之间没有等级排列，因为它们都是直接来源于上帝的安排，彼此之间就不分先后。路德这样说：“第一，你必须是家庭中的一个成员，父亲或母亲，孩子、仆人或女佣。第二，你必须是城乡的一员，或者是统治者，或者是人民。第三，你是教会的一员，你是一位牧师，一位助理教务，一位教堂中的司事，或者有一个别的什么位置，或者，你仅仅是为了去聆听上帝之言。”

路德派的教会只是人们学习《圣经》的地方，尽管这样的教会还得有受过专门教育的牧师来主持。教会不再是具有神圣的性质，它成了一种世俗的机构。1517年路德就已考虑过这个问题。1519年莱比锡争论时，他提出教会是世俗机构的论点，把教会看作世俗机构，而灵魂得救是靠信仰，不是依赖罗马教皇和自称神圣的教会。1520年他发表《罗马的教皇》一文，称教皇为基督教王国一切异端的根源，不能逃脱入地狱的惩罚。路德认为人和上帝是直接沟通的，所以他提出“每个人都是祭司”的观点。路德认为教士的布道只是一种职业，而不是宗教仪式。他认为最高的权威是《圣经》本身。这些观点在1517年后得到广泛的流行。世俗之人完全可以通过直接阅读《圣经》而同上帝沟通。既然教会是一种世俗机构，那么为了防止这种机构的腐败，他就应当服从世俗权威的管辖。路德希望把教会置于世俗的法律制度下。在《教会的巴比伦之囚》一文中，路德提出信仰的重要性和废除以往的奇迹。路德认为僧侣之间、性别之间没有高低之分，在精神上都是平等的。在世俗社会中，则需要服从世俗权威的统治。

对于路德革命，恩格斯进行过非常中肯的评价，他说：“只要国家和教会还是实现人的本质的普遍规定性的唯一形式，就根本谈不到社会的历史。因此，古代和中世纪也表明不可能有任何的社会发展；只有宗教改革——这种还带有成见、还有点含糊的反抗中世纪的初次尝试，才引起了社会变革，才把农奴变成了‘自由的’劳动者。但是，这个变革在大陆还没有那么持久的影响，其实这种变革在这里只是经过18世纪的革命才告完成。而在英国，随着宗教改革，当时所有的农奴变成vilains，bordars，cottars，从而变成享有人身自由的劳动者阶级。”[①] 尽管路德点燃起来的火炬，到18世纪才结出硕果，但纵观这个发展过程，宗教改革无疑是对

① ［德］恩格斯：《英国状况》，见《马克思恩格斯选集》第一卷，人民出版社1995年版，第23页。

社会无序和道德腐败进行近代革命的最初综合蓝图。

四 路德是否拥戴极权政治的问题

围绕着路德两个王国理论展开的争论涉及对于路德政治思想的评价。当然，人们对路德是否拥戴极权统治的问题更感兴趣。在路德“服从世俗权威”理论出现后，人们关注宗教改革对于国家组织的影响问题。这首先是权力的归属问题。各种行政权力、各种机关、各种义务和权利，开始变为国家的所有物。那些封建主的权力即便不是一概被取消，也是大大地被削弱了。宗教改革运动结束了教会与国家之间的长期对立，实现了和谐，用黑格尔的话说，就是“国家和教会之间的这种和谐，现在得到了直接的实现”。[①]学者们在解释他们给予路德改革正面评价的同时也表现出他们对政治极权的担忧。这种担忧的声音，集中体现在路德是否拥戴极权政治的争辩中。

第一种职责是批评其“服从世俗权威”的立场，指责路德事实上成了帮助统治者教化人民服从诸侯的代表人物。的确，在政治倾向上，马丁·路德无疑是支持世俗统治者的。1533年他这么写道：

> 我，马丁·路德博士，教导和做过的任何其他的事情都无法比我赞美世俗政府及让它变得具有吸引力来得更为出色，为

① ［德］黑格尔:《历史哲学》，王造时译，上海书店出版社1999年版，第436页。

此统治者们应当感谢我。……自使徒时代以来，没有哪位神学家或法律学家要比我更为出色、更为清楚地肯定、教导和安抚这些统治者了。在神恩的特别感召下，我做到了这些。①

看来，在政治四分五裂——世俗权力被教会侵占而社会矛盾又极其尖锐的时刻——路德却表现了对诸侯邦国政府的一种更大的关注，向社会宣传把权力交给诸侯的必要，从而导致新教内部分裂的出现，即宗教改革运动的民众的成分发生改变。并且，也许更扼要地说，路德以为支持诸侯的政府，可使社会秩序恢复稳定。

布雷迪教授指出:“路德在这里所说的‘神恩的感召’，其实是指圣徒保罗在《圣经·罗马书》第13章第1—7节中说的一段话:‘在上有权柄的，人人当顺从他，因为没有权柄不是出于神的。凡掌权的都是神所任命的。所以抗拒掌权的就是抗拒神的命令；抗拒必自取刑罚。’”②路德认为：统治者的权柄来自上帝的授权，他们因而拥有惩罚罪人、传播上帝话语的责任。神法不直接应用于人世，因为它是精神性的；上帝是天堂的主宰，也不直接颁布世间的法律。这样，只有世俗的统治者拥有维护世间秩序的责任。人们因此应当服从他们的统治。统治者未必是好人，但他们是混乱

① Martin Luther，*D. Martin Luthers Werke*，Kritische Gesamtausgabe，Schiriften，vol. 38:102，line 30，to 103，line 9.

② Thomas A. Brady，Jr.，“Luther and the State: The Reformer’s Teaching in its Social Setting”，in James D. Tracy，ed.，*Luther and the Modern State in Germany*，Ann Arbor，Michigan: Edwards Brothers，1986，P. 33.

之中的秩序，因此也就不可以否定或者推翻他们。

第二种指责是指路德在政治上的保守。路德在政治上转向支持诸侯的同时，新教在对待新教教会人员任命的问题上也发生了一种微妙而重要的变化。在宗教改革运动的初期，路德赞成通过人民选举产生教会牧师的做法，但现在路德把神职人员的任命权交给了世俗政府。与运动前期不同的是，路德越来越强调宗教改革运动与诸侯领地政府发展的运动之间的同步性，从而减少了宗教改革运动初期的民主成分。

路德处理激进派改革的态度也证明了这一点。据史家记载，1521年圣诞节，路德的同事比路德更为激进的改革家卡尔斯塔特在维腾贝格城堡教堂举行圣餐礼仪时，他不穿神父服装，不高举饼酒献祭，并且让平信徒领杯。秘密忏悔和各种斋戒都被废止。卡尔斯塔特进而提出神职人员应当结婚，他自己于1522年1月娶了妻子。不久他又反对在公共崇拜中使用圣像、风琴。在他的领导下，维腾贝格市政府解散了当地各古老的宗教团体，没收了它们的财产，规定一律用德语举行礼拜，教堂里禁用圣像，禁止行乞，确需帮助的穷人由市政府部门予以救济。[①] 这些改革的根本精神与路德的原则并无相悖，但却引起了萨克森选帝侯智者弗里德里希的不满。1522年3月6日，路德从瓦特堡回到维腾贝格，对那里因激进传教士领导而变得失序的宗教改革运动加以控制。路德进行

① ［美］威利斯顿·沃尔克:《基督教会史》，孙善玲、段琦、朱代强译，朱代强校，中国社会科学出版社1991年版，第394页。

了八天的布道，谴责那里的宗教改革者们："秩序在哪儿?"1522年3月9日他在一次宗教布道中说："这里的一切都杂乱无章、没有秩序。人们对邻居进行诽谤。这里的人首先应当为此而祈祷，然后应当同政府进行磋商。这样人们才能确信他们的改革是符合神意的。"① 路德宣告，福音的要旨在于认识罪恶，在于通过基督赦罪，在于爱邻如己。社会变革应当有秩序地逐步加以实现。这场变故造成了卡尔斯塔特离开维腾贝格，过去崇拜的仪式也大体恢复。② 由此可见，路德正在逐步地把民众的改革运动转化为政府控制下的改革运动。这样一种策略并不能获得民众和官方的满意，而只会导致宗教改革运动内部的分裂，而且最终还是失去了运动最广泛的社会基础。

更为严重的是，当1525年德国农民战争爆发之时，路德显然是站在反对的立场上。他说："暴民是一种魔鬼。上帝像对待其他魔鬼一样对他们进行惩罚。大众所以反叛，就是上帝使他们心中没有了对权威的恐惧和顾虑。"③ 因此，他宣称："我一直反对造反者，我不管他们的理由有多么正义。因为没有一种动乱不伤无辜，使他们流血。"④ 路德暗示，对于那些相信新教神学引发农民战争的

---

① "Invocavitpredigten"(1522), in *WA*/III: 9, ii, pp. 10–13.

② ［美］威利斯顿·沃尔克:《基督教会史》，孙善玲、段琦、朱代强译，朱代强校，中国社会科学出版社1991年版，第395页。

③ *WA* TR 2:314, no. 2982. See Thomas A. Brady, Jr., "Luther and the State: The Reformer's Teaching in its Social Setting", in James D. Tracy, ed., *Luther and the Modern State in Germany*, Ann Arbor, Michigan: Edwards Brothers, 1986, P. 39.

④ "Eine Treue Vermahnung zu allen Christen", in *WA*: 690, English: LW45: 63.

人来说，他至少自己表明了与“造反者”完全不同的态度。

而且，对于德国农民战争发展的过程路德是十分清楚的。他无疑是收到了农民向他呈送的上士瓦本地区的《十二条款》，他的反应是《和平的呼吁》一文。他还知道士瓦本同盟和康斯坦茨湖联盟4月17日订立的《魏因加腾条款》，他认为这个条款很重要，是一种和平解决冲突的典范。他把文件重印了几次，还加上前言在5月初出版。

路德写过有关德国农民战争的文章多篇，还不包括其他的提及农民战争的著作。主要有:(1)写于1525年4月底的《呼吁和平》，在这篇文章中他要求贵族同情和考虑农民的要求，并要求农民克制，停止战斗。(2)路德关于《魏因加腾条款》的按语，正式印刷发表于4月22日。(3)5月6日他发表反对农民的宣言——《反对农民的抢劫和屠杀行径》。(4)闵采尔被俘之后他的一些著作和信件落入贵族之手，路德从别人那儿得到抄本，阅读之后加入自己的按语编成文集出版，即为《一个恐怖的故事和上帝对托马斯·闵采尔的审判》。(5)在路德的《反对农民的抢劫屠杀行径》一文出版后，其他改革家都认为路德过于偏激，要求他修正自己的观点，然而路德坚决不改初衷，在7月中旬，他写了《关于坚决反对农民的公开信》。在这书中他详细地叙述了他的反对农民起义的观点。这是他关于农民战争最后一篇论文。

《呼吁和平》一文比较温和，没有激烈地反对农民。他解释《呼吁和平》一文的写作动机时说：“因为我是这个世界上享有盛誉的《圣经》的解释者，特别是农民们指名要我作答，我就有勇气和信心来谈我的观点。我是在友好的、基督教的精神鼓舞下写作的，我出于一种兄弟之爱。”不过，路德坚决不赞成推翻诸侯、贵族的统治。路德认为农民的行为没有同他倡导的福音相吻合，他借口说福音的本质是和平，而农民的行为是造反。因此农民的造反行为是不合神法和宗教原则的。路德向农民呼吁和平，但却向贵族呼吁镇压。他要贵族像打疯狗似的镇压任何一个胆敢反抗的农民。果然，一个月后，贵族就采取行动，使用暴力残酷屠杀了起义军。

“当统治者成为暴君的时候，人民没有权利反对他们？”路德认为：对世俗统治者的服从是绝对的，即使统治者多行不义也要对他们服从。但是，德国农民战争时期传单《致全体德国农民大会书》的作者却认为，把“服从”一词的含义扩展得无边无际，就是把它变成了一种虚伪玩偶，更把人民变成了傻瓜。宣传服从本身是一个戴着面具的稻草人，有人却在狂欢舞会上把它挥动个不停。这些人确实引用了《圣经》和法律书，不过上帝从来没有赋予他们足够的仁爱，使他们明白究竟什么才是一个真正的政府。

农民怎样看待路德的行为呢？《致全体德国农民大会书》的作者说：“不要被那些血腥的家伙误导，他们诅咒你们是‘背信弃义的造反者’，说你们反对你们世袭的领主。不要被他们的辱骂折服。这一小撮家伙舍此之外别无伎俩。”“总之，让他们随心去说吧。没有基督徒和好的统治者会遭到他臣民的反叛。起义的发生总是针对那些罪恶的、不敬神的暴君。我们需要的是公正地统治你的人民的智慧和分辨是非的能力，否则，谁能审理和统治你的伟大的人民？”对基督教自由真正产生误解的因此是路德，而不是1525年的革命者。路德把他的宗教改革运动与人民的革命对立了起来，以为后者会危害到他的改教运动。不过，还有比这更为深刻的原因。路德的目标是：宗教改革需要得到诸侯的批准，通过诸侯建立社会秩序。正是这种目标，使他在1525年革命中站到了诸侯的一边。

路德的这种为世俗统治者辩护的立场经常被说成是拥戴极权统治。固然，路德反对使用武力，期望用和平的手段在社会秩序的框架内进行变革，但这纯粹是出于方法和方式的考虑，并非是缺乏革新的能力和拥戴极权政治。况且，路德身处的年代，只能说是封建主义瓦解、近代国家产生的时期，极权统治在德国并不存在，自然，路德也不可能超越时代而去提倡极权政治。因此，路德既要求改革又希望维护政治秩序的立场，只有从当时他身处的社会背景中才能找到一种解释。例如：路德所在的萨克森是一个既不完全封建割据，又没有专制集权制度的社会。同时，那里也没有充分发展了的农民村社自治组织。路德虽然知道在瑞士有“有许多普通人自己在统治自己”，但总的来说，他还是认为社会应由诸侯、城市贵族来统治。他说：“人与人是不能平等的，一些是自由的，一些是被人奴役的，一些是领主，另一些是臣民。”这正是他所身处的萨克森地区社会的真实写照。最重要的是：皇帝对路德宗教改革运动持反对态度，而真正积极支持他的正是诸侯和贵族。

如果探讨路德的政治立场和1525年起义者的政治目标的关系，我们就可以更清楚地看到两者之间具有差异，但却不是根本性的对立，而是范畴、速度和方式的区别。农民把写好的《十二条款》和《致全体德国农民大会书》都寄给路德，希望得到道义上或者理论上的支持。但是，作为市民阶层的代表，路德并不想将宗教改革运动解释成为解决阶级之间的冲突、根除剥削与被剥削关系的社会革命。与其说路德是要维护当时尚不存在的极权政治，不如说路德是想在现存的社会结构内进行宗教改革，而不是要去反对这种结构。正确的理解是：路德的宗教改革释放了社会的不满和失望，而这些不满和失望又将社会下层的民众召集到了一起，企图通过革命的手段来改变其政治和经济地位，从而产生了路德改革与人民革命的差异。路德宗教改革在意识形态上提高和扩大了普通人的政治意识和开展社会活动的空间，从而激发了社会上具有创造性、政治上具有积极性的普通人的革命运动。

路德不拥戴极权政治的立场，还反映在他有限抵制暴君的观念中。作为一个僧侣，他主要考虑的还是如何根治教会的腐败和寻找正确的得救之道。这里有意义的是路德把宗教问题和政治问题进行了切割，把“抵制暴君”局限在“精神”的范畴：当政府在宗教问题上违背了上帝时，人民有反抗的权利，尽管这种反抗应当是和平的和个人化的，不是集体性的造反，理由是神法要求人“必须服从父母”，即使父母们说的是“否认上帝、抛弃上帝之言”。

但是，路德也看到统治者的不义行为，并且，“为了神的缘故”，必须对其进行抵制。例如：当皇帝的军队准备侵犯萨克森的时候，路德就说根据神法萨克森诸侯可以用武力来保卫自己。同时，路德又十分强调这是世俗统治者之间的事，而不是人民的事，以免人们采用过激的手段，违背了服从世俗权威的原则。

虽然攻击罗马教会的人们不少，但只有路德构筑了一个清晰易懂、便于实际操作的体系：一方面刻意消除人间教会的神圣性质，另一方面又主张应当由世俗政府来掌管宗教事务，以便回应来自罗马教廷的挑战。也正是在这里，路德的宗教改革运动与诸侯建立中央集权化领地政府的运动结合到了一起。这样，路德就以一种非常独特的方式，与领地邦国的君主结盟，参与了构建近代早期国家的进程。对于路德来说，这种结盟体系包含着一种内在的冲突，这导致了他绝对的内心纯洁的宗教改革与以利益为驱动力的诸侯的改革之间的矛盾。为了解决这个矛盾，路德在两个方面对诸侯的权力进行限制：首先，他坚持授予诸侯权柄的基础并非是来自善，恰恰相反，正是因为世间的邪恶，才需要有世俗的统治者来对此加以限制。对于路德和他的支持者来说，世俗政府紧扣的重点在于让世界避开邪恶并由此来确保社会的安宁。的确，路德在主张限制权贵权力时是大胆的：他把掌握权力的世俗统治归于邪恶一类，尽管他不主张运用暴力手段来反对或推翻他们。其次，路德不是一个人文主义者，因此他认为不可能建立人间的基督教王国或“人间天国”。在路德眼里，人间充满着撕裂和争斗，必须由傲慢的、专横的统治者来统治，以免彻底落到魔鬼手里。路德说："当政府没有声望的时候，和平就不能取得。没有和平，就没有人可以生活和做事，这时人人愤怒，小偷、强盗、暴力等各种邪恶就出来了，人们更不会教导上帝之言，宣扬敬畏上帝。"这种以邪恶来界定世俗政府必须存在的观念，也反证了路德思想中具有公正性和正当性，并非是极权政治的拥护者。

另一种限制世俗统治者权力的办法是指望统治者在获得利益的同时也获得道德完善，统治者必须尽力尽职地履行其对民众的责任，像"父亲"般地爱护他们。路德避而不谈世俗统治者与被统治的民众之间的压迫、剥削关系，只是在道德方面对统治者进行规劝，以避免统治者与被统治者之间的矛盾激化。在路德那里，统治者的统治方式被精心地附属于一种严格的道德规训之下。路德提供了一种包罗万象的社会意识形态，它适用于各种社会阶层。路德以为只要各个阶层之间能够合作，就能够获得互惠互利。这种统治者和民众的互惠关系，是通过道德和国家制度来保障的。正是在这一点上，路德学说体现了近代国家的一些性质：国家和统治者个人并非是等同物，国家具有超越的功能，它能够确保不同身份不同集团的人们的政治依存和社会依赖。

抛开与世俗政府结盟来建立社会秩序，在路德看来是不可想象的，而人民运动却早就越过了路德所设的底线。很明显，路德所说的政府，不是指皇帝，而是指邦国中的诸侯领地政府和城市中的城市委员会。1529年路德写道："领主处于父亲的位置上来行使父亲般的权力；所以《圣经》把他们称为‘父亲’，因为他们以父亲的身份掌握权力，像父亲一样关照人民。正如许多年前，罗马人和其他的人把家庭中的领主和贵夫人称为‘家里的父亲和母亲’，所以，人们也称他们的诸侯和统治者为‘他们国家的父亲们’。”路德所赞成的政府是“父亲们的统治”，这是对传统社会等级制的维护。可以说，路德的“父亲般”的统治者就是指诸侯和城市权贵，他认为其统治地位是必需的，因此不可侵犯。

值得注意的是，尽管路德不是极权政治的拥戴者，但是，由于他政治上的保守立场，他的“服从统治者”的宗教改革，以及他对农民战争的态度，都说明了城市市民在反对封建主义的斗争中立场不够坚决。这样，路德所创立的新教，在一定程度上就成为适合专制君主制（主要是诸侯的中央集权制的邦国）的宗教。路德的思想可以说是市民的思想，但并非就是下层民众的革命理想——这使他的宗教改革有别于1525年的起义者：路德致力于用“两个世界”的理论来说明精神上的自由不能等同于人们不服从世俗统治者；而1525年的起义者则认为，神法和《福音书》的教导意味着人民的共和国取代诸侯和贵族的统治，而人民的幸福只能在公有制的人民共和国里才能够得到实现。这种根本性的分歧导致路德的宗教改革与1525年的起义者们最后分道扬镳。

第四章

人民的宗教改革

近年来，宗教改革研究走上了细致描写和系统分析的轨道。学者们努力探讨运动兴起地区不同的社会、政治、经济状况，避免用一般性的结论来概括不同性质和目标的宗教改革运动。这样，宗教改革运动的多元性就充分显示出来。

在所有的宗教改革流派中，最值得注意的是下层市民和农民的宗教改革。这种改革的目标是建立“基督教社区”，以便“首先考虑上帝的荣耀，其次考虑公共利益”①。盖斯迈尔说：“你们要消灭和驱逐一切不敬神者，因为他们歪曲上帝之言，压迫平民百姓，危害公共利益。”“你们将建立一个完整的基督教秩序，在任何事情上它都以上帝的圣言为基础，并完全以此来行事。”②

德国历史学家布瑞克把这种改革定名为“社区宗教改革”，并

① “Michael Gaismairs Tiroler Landesordnung”，in Adolf Laube，*Flugschriften der Bauernkriegs Zeit*，Koln: Bohlau Verlag，1957，p. 139.

② “Michael Gaismairs Tiroler Landesordnung”，in Adolf Laube，*Flugschriften der Bauernkriegs Zeit*，Koln: Bohlau Verlag，1957，p. 139.

且认为这是一条由普通人推动、由下而上，通过社区、议会、共和国三个步骤来建立近代国家的道路。本章拟以南部德国为例，讨论社区宗教改革在这一地区的命运成败。首先讨论南部德国的社区危机，然后讨论普通人的基督教社区理想[①]，最后讨论这一改革目标如何与帝国、诸侯和城市资产阶级发生冲突。

一　南部德国的社区危机

16世纪初，南部德国的社区发生危机。首先是大的帝国城市，其次是中小城市，都出现城市贵族践踏社区原则的现象。在纽伦堡，一个商业贵族阶级紧紧控制着政权，在斯特拉斯堡和乌尔姆，商人贵族和行会的行头们共同执政。在巴塞尔，行头们夺取领导权。不管何种形态，财富和权力走到了一起，只有富人才能当选为市政府成员，因为只有他们才能支付得起在政府任职的费用。这原来是经济发展、社区内部分化所引起的不可避免的结果，但直接对中下层市民构成威胁。城市委员会已经不再是社区的公仆，而是城市领主的奴仆。城市贵族对市民自由做了各种控制，如制定穷人法规、教士管理法规、出版法规和劳工法规。

城市还受到围墙外贵族和诸侯的威胁。贵族常组织武装，对城市进行威胁，要求城市商人为他们服务。诸侯是社区自由的顽凶。帝国为削弱诸侯，计划将其领地分割为诸多的行政区，诸侯

① 普通人系指有工作的城市平民和有地的乡村农民。

对此很不甘心，企图筹建诸侯领地政府。他们希望通过对城市和农村的直接控制，来实现自己建立诸侯领地政府的计划。有的城市因此失去了自由，如美因兹、埃尔福特；有的一度失去自由，如累根斯堡和沃尔姆斯。

社区真正危险是来自围墙内部，这就是社区的剧烈分化。1450年后，人口恢复、价格革命等因素使得劳动力工资实际下跌，商品价格提高，严重打击了普通市民和中等阶级。在制衣业发达的城市如梅明根和康斯坦茨，1460年，2%的富人拥有需要纳税的财产的39%，而61%的穷人只拥有2%。在另一个制衣业发达的城市圣·加伦，纳税少于100弗罗林的穷人从1471年的65%增加至1520年的73%。纳税1000弗罗林以上的富人数却从7%增加到10%。奥格斯堡、纽伦堡都出现少数富裕贵族和众多的穷人的分化。根据威廉·阿贝尔统计，16世纪初期在施特拉尔松城，穷人在城市人口中占到了55.3%以上，在罗斯托克城占63.6%。[①]

这些危机给人民生活带来困难，也使市民内部各阶层之间矛盾激化。各种政治、经济利益于是按照阶级来进行分配，不再考虑“公共利益”。城市贵族控制城市政府，行会领袖、作坊主、中小商人渐渐丧失了经济力量和政治上的发言权，从公民地位向臣民身份转化。这使贵族和中等阶级之间出现了一条鸿沟。在中等阶级之下是有工作的人。由于就业机会的竞争，贵族的恶意宣传，

---

① Wilhel Abel，*Agricultural Fluctuation in Europe from the Thirteenth to the Twentieth Centuries*，New York，1980，p. 138.

他们同无业者之间也出现一条鸿沟：有工作的下层平民才称得上是“普通人”，他们有工作，但没有财产和权势；他们之下的是没有工作的穷人，被称为“坏人”“流氓”“乞丐”和“罪犯”。城市中的这种穷人不断增加。

师傅和工匠之间关系恶化直接影响城市社区的团结。14—15世纪工资高的时候，这两个阶层都属于同一个团体的成员，工匠因此支持行头要求参政的斗争。16世纪时，工资下跌使得师傅和工匠之间的联盟中断，工匠和计时工人因此都从社会生活中退了出来。如斯特拉斯堡是一个衣服、皮革制造中心，这些商品的生产和销售养活许多工匠的家庭。然而工资的下降和商品价格、特别是面包价格的提高，使得工匠的生活水平急剧下跌。师傅和工匠在经济打击面前关系开始紧张，这样作坊内的合作也无法进行下去。这种关系破裂在德国西南部的城市中是很普遍的。师傅和工匠联盟的破裂使得城市政府能够制定出严厉的法规，用来对付外来者、穷人和工资工人。

没有工作的穷人处于城市社区的最底层。16世纪20年代，德国城市中穷人的数量迅速增加，而统治阶级为了维持秩序，颁布了新的穷人法规，这些举措在德国和尼德兰的城市中屡见不鲜。[1]工匠和计时工成为潜在的穷人，只要作坊一出现经济问题，他们就会沦为真正的穷人。穷人仍占了城市人口的一半以上，纽伦堡、

① Catharina Lis and Hugo Soly, *Poverty and Capitalism in Pre-Lndustrial Europe*, Chapter 3, New Jersey, 1979.

斯特拉斯堡、法兰克福、科隆等城市在16世纪上半叶都颁布了穷人法规，反映了穷人问题的严重性。

社区危机使广大市民、农民深感不安，他们赖以生存的社区正濒临瓦解，他们的公民身份在丧失，完全无力抵制诸侯和城市贵族的剥削和压迫。愈是大的城市，内部分化就愈厉害，社区的瓦解愈彻底，城市的内聚力也愈弱。而那些中小城市，因其落后，社区体系反而得到相对延续。面临丧失自由的危险，市民和农民起来进行社区宗教改革，期望建立基督教社区来摆脱危机，使一切重新走上轨道。

二 普通人的理想：基督教社区

路德事件发生时，南部德国的市民们正卷入一场自发性质的福音运动之中。运动的目标是以神圣的《福音书》为依据，建立基督教社区。这是一场挽救社区瓦解，阻止诸侯、贵族侵入社区的斗争。它以神法为原则，宣扬神法高于世俗政府，社会要实现神的旨意即公共利益、基督教兄弟之爱、众人平等。这场运动，表现出普通人不仅要求进行宗教改革，还要求进行社会和政治改革的愿望。

宗教改革运动和社区复兴运动相连产生了市民、农民的社区宗教改革。他们认为“上帝之言”同社区制度是相通的，因为基督教倡导的是人人平等、互相帮助，没有人可以高过其他人。1522

年路德提出基督徒的团体可以有权任命和解聘自己的牧师，被市民们认为社区应当管理教会，每个基督徒本着信仰和基督教兄弟之爱要为邻居做好事的观点更是同社区公共利益的观念相通。市民们因此宣布选举制高于世袭制，自治政府是上帝所喜欢的，而上帝的法律必须高于世俗的法律。他们开始要求自由集会、自由讲演、反对专横逮捕、自由参与政治等公民权利。神法和“公共利益”是同贵族政治相对立的，一切自私的专横统治被认为是《福音书》的敌人。

市民们认为僧侣的特权需要废除。他们对旧教会极为不满，因为教士和教会一直同社区生活作对，把自己放在上帝的仆人的神圣位置上。路德的“一切信仰者都是牧师”的理论给了市民武器，用来废除僧侣的特权。市民们要求僧侣交税，履行公共义务。市民们还根据《圣经》宣称普通人才是最好的基督徒，因为《福音书》对穷人有许多赞美之词，所以只有普通人才是真正的和最好的基督徒。普通人要比僧侣更加理解“上帝之言”，是上帝福音的真正贯彻者。这样，普通人承担起在人间推进福音传播的神圣使命。

市民的这些宗教改革、社会改革的要求，在大的帝国城市中很难实现。帝国城市至多只能接受路德派的不触动社会结构和城市贵族权威的温和改革，而无法容忍普通人的“社区宗教改革”。奥格斯堡的宗教改革可以用来说明帝国城市改革运动的一般情况。奥格斯堡是欧洲最繁荣的一个金融、商业中心。少数富裕商人、银行家为上层人士，最为著名的就是富格尔家族。在这些大商人、金融家之下的是呢绒、衣服、书籍、制鞋等行业的制造商，构成行头阶层，在他们之下是工匠和学徒。工匠们非常仇恨行会中的师傅，师傅与工匠又和商人对立，矛盾主要集中在价格、市场、原料等问题上。宗教改革爆发后，大商人支持天主教，坚决反对路德教。粗斜纹布的制造商们倾向于路德教，印书商出版路德翻译的《圣经》和他的著作。一个法兰西斯派的僧侣宣传反对罗马教廷，反对富格尔家族引起的高物价，在市政委员会驱逐这位僧侣时，1800个纺织工人和工匠在市政厅抗议。路德派同天主教的斗争，于是就变成人民同富格尔家族的斗争。[①]

另一个帝国城市梅明根，由于人民的推动一度成为革命派的堡垒，但同样由于城市资产阶级的保守性，基督教社区理想不能实现。梅明根主要是制衣业城市，具有织工起义的传统。该城城市贵族的垄断统治已被取消，但工人仍然很贫穷。从1450—1521年间的纳税情况来看，富裕行会成员的人数减少了一半。城市的书记官说城市的议员们无法控制内部的稳定，因为“人民期望的是掌握大权，它不会带来好的结果”。[②]

梅明根的宗教改革领导人是圣·马丁教堂牧师克里斯托弗·夏普勒博士。他的活动早在1516年就被议员们注意，认为其传教内容激进，有鼓励穷人造反之嫌。博士不断向市议员们报告穷人受

---

① Eugene F. Rice，Jr.，*The Foundations of Early Modern Europe，1460–1559*，New York，1979，p. 152.

② Peter Blickle，*The Revolution of 1525: The German Peasants' War from a New Perspective*，Baltimore and London，1985，p. 106.

到压迫的问题，但富人对此却不予理睬。1521年，他号召人民起来造反；1524年，又提出改革要求，如只有犯了重罪的人才能被逮捕，要不加变动地传播上帝之言，议员不得私吞人民付给牧师的什一税等。城市贵族一直要找机会惩罚侮辱夏普勒神父等人，但正值宗教改革运动高涨，只好同意宗教改革的一些要求，但议会加强了对政府和教堂的守卫。

1525年士瓦本农民起义者进军梅明根，市民和农民在起义宣传和激进的宗教改革的旗帜下团结起来。在人民起义高涨之时，由城市贵族把持的议会也只好暂时同意市民和农民起义者的要求，表面上倒向起义军。

同年3月基督教同盟在这里召开第三次大会，表明农民和市民的联系十分密切。起义军要求议会提供军备，但议会坚决拒绝为农民军提供大炮。这说明尽管在表面上议会让了步，但在关键问题上城市贵族镇压人民起义的决心早已下定。3月20日议会首次要求农民在城门口放下武器，威胁要对起义军进行镇压。但在士瓦本同盟军队中的梅明根军团的指挥官因受到革命影响，拒绝向农民军开战，同盟的总司令特鲁赫泽斯指责他的城市是一个激进派的据点，要他为开小差负责。[①] 在议会策划下，士瓦本同盟的军队被召到梅明根，并在6月占领了城市，夏普勒带队撤离。议会和士瓦本同盟的军队对起义人士大肆屠杀。城市改革至此完全失败，

---

① Peter Blickle，*The Revolution of 1525: The German Peasants' War from a New Perspective*，Baltimore and London，1985，p. 109.

旧势力卷土重来。

社区宗教改革在中小城市得到发展的原因，是这些城市社区没有完全瓦解，内部分化不如大城市那样彻底，人民比较自由。这样的城市可以举出明斯特，瑞士的大部分城市，还有南部德国的蒂罗尔地区的布里克森。如1534年建成公社的明斯特，城市的政治秩序是由公民意愿决定的，市民们把自己当作参与政治的公民而不是市政委员会统治下的臣民。平时由城市委员会管理城市，在异常时刻，行会联合会对城市委员会的决定具有否决权。平时所有公民都服从城市委员会的领导，但在非常时刻选民也有罢免市府官员的权力。在1533年，随着宗教改革运动的推进，城市委员会的20个委员被撤换，那些一贯掌权的贵族家族被比较富裕的行会首领所取代。从这里可以看出，社区的发展程度正是激进宗教改革在那里发生的前提。① 真正建成新教"上帝之城"的瑞士日内瓦城，据威廉·鲍斯曼的研究，也是经济、文化相对落后的城市。日内瓦城受到诸侯萨夫尔公爵势力侵入的威胁，公爵想收回城市的自由委任状。城市于是同新教城市伯尔尼联盟。日内瓦自己没有新教传统，没有什么新教改革家，也没有很多新教书籍传播。但由于形势的需要，便从外面引入宗教改革。最后加尔文能在这里建成"上帝之城"，不是因为这个城市有高度发达的工商业和资

① James M. Stayer, "Christianity in One City, An Ahaptist Monster 1534–1535", in Hans J. Hillerbrand, ed., *Radical Tendencies in the Reformation: Divergent Perspectives*, *Sixteenth Century Essays & Studies*, vol. 9, 1986, p. 119.

产阶级，而是因为它的文化落后，并受到诸侯威胁的缘故。[1]

在农村，基督教社区理想得到广泛的支持，并且在1525年出现农民军进军城市、推动城市宗教改革的动人场面。农民的宗教改革可以从地域和改革内容两个方面来考察。如果以农民要求聆听“新的福音布道”为标志的话，农民宗教改革最先发生在1522年的瑞士苏黎世市的农村。改革运动发展很快，从那里传到高地和上莱茵地区，如阿尔萨斯、布瑞斯、上士瓦本和蒂罗尔。1525年宗教改革浪潮蔓延到从富尔达至特伦特、从萨尔茨堡到斯特拉斯堡的广大地区。在神圣罗马帝国，约有1/3的农民卷入了宗教改革运动。

农民参加宗教改革运动不是个人的，而是社区性的。在农村到处有农民的改革呼声，这在1525年德国农民战争时达到高潮。农民宗教改革主要有两个内容：对基督教神学做出新解释和对教会组织做出新安排。具体表现为要求进行纯洁的福音布道、社区选举牧师、什一税用于维持牧师生活和建立公共利益、废除或限制教会的司法权等。

农民要求根据“纯粹的上帝之言”来进行社会改革。福音的意思是没有人类添加物的《圣经》原文，它不仅是灵魂得救的重要依赖，还是指导人们建立人间天国的理论基础。所以，农民的纯粹福音是与公共利益和基督教兄弟之爱相联系的，是一种用神法

---

① William J. Bouwsma, “The Peculiarity of the Re-formation in Geneva”, in Steven Ozment, ed., *Religion & Culture in the Reformation*, *Sixteenth Century Essays & Studies*, vol. 11, 1987, pp. 65-77.

来改革社会的企图，农民在政治上的理想就是建立一个基督教的共和国。农民基督教理论鼓舞人们进行尘世社会的改革。人间和天堂都是由上帝直接统治的，人间的基督教化正是上帝计划实现的重要一环。世界通过宣扬神法、消灭不敬神者而发生根本改变。建立“人间天国”的过程也就是“灵魂得救”的过程。用盖斯迈尔的话来说，天国就是一个“全体基督徒的秩序，这里的所有东西都是按照神的话语来建立，完全地照神的话语来行事的”。

农村社区宗教改革一个重要的内容，是希望由社区来管理教会。如社区成员选举牧师，掌管什一税，社区有解释教义之权，教会的司法权力也应转到社区手里。这些目标都在于强化社区的权力。社区选举牧师是农民宗教改革的重要内容，这个要求在整个德国的高地地区是一致的。选举社区牧师是为了能够保证传布纯粹的福音。农民主张所有的神学教导都以《圣经》为基础，上帝言语应在社区具有完全权威。反对教会权威、强调社区权威的做法，就是要求由社区来控制教会，特别是教会的收入及什一税。农民这么做的目的是把教会控制在自己手里，以便强化社区功能，为农民们提供宗教生活。如果灵魂得救需要纯粹福音的布道，那就应该有本村的神父。牧师应做的事情有主持受洗、丧葬、婚姻等，不能多收费用，他要为社区服务而不能为自己谋取利益。在农村社区中，村长、委员会和审判法庭都是选举产生的，牧师也要由社区选举，社区拥有判断什么是真正上帝之言的权力。这样，政治和教会结构都同社区制度相一致。这个要求是同农村社区的存在分不开的。因为从劳役制向货币地租的转化是发生在中世纪后期，农村地区有所发展。发展农村中的社区教会，也是农民的一个长期的要求。例如，在1424年巴尔加哈村的农民自己建立了一所教堂，他们雇佣马巴赫教区的一位神父每周来村里举行弥撒。作为回报，乡村服从教区的领导。1437年该村有了自己的牧师，1515年巴尔加哈的村民们获得在自己礼拜堂举行洗礼的权利，1521年他们自己的教堂成为一个独立教区，一个世纪以后，农村社区终于获得了自己的教会。[①] 在东瑞士，教区神父和乡村牧师已经达到1∶1的比例。牧师中的许多人是由乡村供养的，在45个牧师中，有55%的人是靠乡村捐钱供养，宗教仪式活动可以在每个村中举行。这表明乡村有一种脱离教区的倾向。

1525年革命时，基督教社区思想得到最系统的表达，分别见之于闵采尔、盖斯迈尔、海尔高特等的著作中。上士瓦本的农民要求通过宗教改革来完成基督教社区联盟。这里政治势力是分散多元的，诸侯、领主和城市之间互相制约，又互相争夺，同时农村公社的势力比较发达。在这里要实现“基督教政府”，就容易走上公社联盟的道路。这里的农村公社不仅是1525年革命的组织者，也是起义者军需供应的大后方。在《致全体德国农民大会书》中，作者呼吁建立基督教公社联盟。在斗争环境十分艰苦的情况下，起义者也不断利用贵族、诸侯、城市之间的矛盾。他们要求贵族

---

① Hans Von Rutte，“Marbach”，in Peter Blickle，ed.，*Zugange，Franziska Conrad，Zur Rezcption reformatorischer Theologie im Elsass*，Mainz，1984，pp. 74–75.

对《十二条款》起誓，帮助农民或对农民不抱敌视态度，只有这样才能免于被打击。农民革命的纲领如《十二条款》或《致全体德国农民大会书》始终对贵族留有余地，只提出反对残暴的贵族，没有提出要消灭一切贵族的口号。原因在于公社联盟制度要在诸侯、城市、贵族、地主的尚未完全形成的势力围困中找到一种发展途径，就必须现实地考虑与谁联盟的问题。实际上，公社联盟制度是一种富有弹性的政治形式，尚有向纵深发展的余地。

在盖斯迈尔所在的蒂罗尔，情况有所不同，主要是“领地道路”。这里诸侯势力已经压倒了一切，诸侯领地的政府、议会等机构的机制及法令、法律已经十分健全，臣民附属关系业已形成。盖斯迈尔本人就曾是诸侯领地政府的一个核心人物，其才干为大家所公认。这种情况下不要说公社制度已经衰微。就是有人民参加的议会，也无法成为一种组织人民进行革命的机构。像蒂罗尔这样有强大领地政府存在的地方，人民要起来保卫自己，就无法定公社联盟的道路。蒂罗尔的做法是“议会斗争”和“武装革命”，后者是前者失败后的手段。《蒂罗尔宪章》远比《致全体德国农民大会书》来得激进，对贵族的态度也毫无暧昧之处，就是这个道理。

在法兰克尼亚，纽伦堡的印书商海尔高特曾著《向基督教新生活的转化》一文，宣扬建立144个自然村的“人民基督教共和国”。法兰克尼亚是一个工业发达的地区，纽伦堡更是一个重要城市，这里路德的新教势力十分强大。海尔高特建立基督教社区的道路是“人民的宗教改革”，它的成功，不是反映在海尔高特的小册子中，而是反映在1534年由再浸礼派教徒所建立的明斯特公社。该城人民以传播激进宗教为媒介，组织人民驱逐封建主，建立了为时14个月的人民政权。明斯特公社的措施包括没收私人的财产充为公物，均分粮食、衣服、生活用具等，严禁高利贷和投机活动，但手工业者的生产资料仍归私人所有。这些政策，是和海尔高特基督教社区理想一脉相承的。人民宗教改革道路就是以传教来组织民众，进行市民农民起义的道路。这一革命模式，一般产生于城市和手工业比较发达的地区。

各地的基督教社区蓝图虽然形式不同，但从它们的共性看，具有地方自治的性质。这表现为：一、它是一种选举产生的官吏体制；二、它独立自主地管理地区行政和司法；三、政府领袖的地位完全不同于中世纪封建制度下的领主贵族；四、按照基督教的道德原则来组织社区，实现公共利益、神法和基督教兄弟之爱。

在这样的社区里，政府虽由官员们管理，但各级官员是由选举产生的，不再是依靠世袭制或依靠教会的神权取得政治权力的封建僧俗贵族。在盖斯迈尔的《蒂罗尔宪章》和海尔高特的小册子中，我们发现了新的政治结构：国家是统一的，行政分中央、区和乡村三级。一个中央委员会和一个政府的行政领导机构。在中央机构下，分设宗教、法律、财政、宣传、军事、教育等部门。在地方一级也设立与中央各个部门相对应的地区法院、行政、教育等部门，由各地选举出来的官员进行管理。在矿区、市场和医院福利等部门，则派懂得业务的专门官员进行管理。中央集权制和人民选举的民主制在宪章中都得到了体现。《宪章》规定了官员和人民各自的义务和职责，一些重要的事项如收税等，要通过公民的投票才能决定。财政部门要管理政府的收支事项，有专人分管农业、手工业、金融和物价。福利部门政策性很强，设立了专门的调查小组，有层层审批的严格手续。政府中的人员由国家支付薪金。宗教的管理也有相似的管理结构：中央有懂得“上帝之言”的专门人才根据神法来监督政府，地方设有教区，村社设有牧师。教育分大学、地区学校和乡村一级的学校。学校不仅教导人们学习《圣经》，提高无私奉公的觉悟，还为政府和教会培养合格管理人才。所有这些都体现了新政府的特征，通过提名、选举、专业训练组成一支官员队伍，同时在财政上也解决政府官员、牧师的开支问题。盖斯迈尔对政府的开支还做了初步预算，他考虑到单由矿区和没收贵族、教会财产的收入可能还不够维持政府庞大的开支，所以特地提出在必要的时候要通过税收解决政府行政开支的问题。

基督教社区的政府显然是一种“普通人”的政府，能够独立自主地行使政治职能。政府不仅管理政治，也管理司法、宗教、分配、生产、军事、教育、救济、医疗卫生，甚至家庭婚姻。政府都有一部宪法，同时又有经公民表决后生效的政策法令来具体实施“公共利益”。学校特别需要引起重视，它们是公民受教育的地方。政府功能体现了政府“发扬神的荣耀和公共利益”的性质，政府为人民利益而服务，从根本否定了贵族的特权和封建政权的剥削性质。

社区的“统治者”是人民选举产生的官员，男性公民都有选举权和被选举权。官员选举出来后有一定的任期。特殊管理人员由学校培养产生，另外基督教的牧师负责监督社区是否按照神法行事。监督制度还保留着人民有随时罢免不称职官员的权利。统治者和被统治者之间有一定的区分，《蒂罗尔宪章》和《致全体德国农民大会书》中要求人民为公共利益坚决服从政府。人民之间、统治者和人民之间构成“基督教兄弟”，在人格、社会地位上完全平等。换言之，统治者是国家公仆，贵族统治者的“主人”“领主”地位完全被取缔了。“普通人”的基督教社区将奉行上下平等、贫富平等、脑力和体力劳动者平等、僧俗平等、城乡平等、分配平等等原则。

基督教社区的凝聚力来自农民基督教的信仰。每个“基督教兄弟”在“神的荣耀”“公共利益”“基督教兄弟之爱”“去私为公”等新的政治原则的基础上团结为一个整体。通过精神上的结合，物质上的帮助，学校教育的提倡，新的人民国家就打破了乡村的地方局限而以崭新面目出现。《圣经》语言的学习对于文化上的统一显然具有特别意义，海尔高特规定至少官员们要能熟练运用这种官方语言，并通过学校把语言传播给老百姓。政治上、文化上和精神上的这种措施将为国家和民族的统一提供凝聚力。最后，这种凝聚力还通过人民对公共活动的投入如定期的《圣经》学习讨论、宗教节日的庆祝、官员巡视并与各地人民同吃同住、国家通过“供养人”的制度密切家庭间的社会联系等来发扬光大。

普通人所要建立的是地区自治性质的国家，不是统一的整个德国范围的民族国家。盖斯迈尔的国家局限于蒂罗尔的布里克森地区，《致全体德国农民大会书》作者建立的国家是一种农民公社的联盟，局限在上士瓦本的部分地区。海尔高特的国家由144个村庄组成，也不是一个全德性质的国家。这表明南部德国起义者的活动范围和建立国家的计划完全是地方性的，没有在行政上统一德国的准备。在盖斯迈尔和海尔高特的小册子中都提到了城乡平等，要求拆毁城市的围墙，把城市和乡村连成一片。由此可知，他们所要建立的是一个既包括农村又包括城市的基督教国家。国家的政府往往位于地区的中心，它的四面就组成了四个自然区。这些起义者筹建的国家以村庄、城市和领地为基础，相当于一个地方性的政权。

三 基督教社区理想在南部德国的命运

市民、农民的社区宗教改革运动，大致发生在1520至1526年间。以后在1534年再浸礼派所建的明斯特公社中也得到反映。之后，基督教社区的理想流于失败。

失败原因之一，是“基督教社区理想”虽有封建成分，却不是先进的思想，不符合近代社会发展的需要。社区是一种中世纪的政治制度，它要求内部合作，避免竞争，这同资本主义发展的时代潮流格格不入。在这方面，即使是基督教也无能为力。市民和农民通过社区宗教改革来挽救社会危机的企图，至多只能延缓而不能阻止社区的瓦解。中世纪城市的一般出路，最后都是从自治城市向民族国家中央政府管理下的城市转化。由于德国没有统一的民族国家，社区主义又有一定发展，所以出现了像宗教社区改革这样特殊的运动。

原因之二，是诸侯不能容忍在自己的统治下实行“公共利益”和“基督教兄弟之爱”。当时南部德国各种竞争激烈，却没有形成可支配一切、控制整个地区的单一政治权威。“基督教社区”是直接针对诸侯和贵族的，这种自下而上由人民建立政治社会秩序的目标打乱了诸侯在南部德国的步骤。

德国诸侯害怕人民的宗教改革会威胁他们在南部德国建立领地政府的计划。诸侯们要乘皇帝势力还没有完全控制南部德国，而城市还没有建立自己的南部德国联邦或“转向瑞士”之前，控制南部德国。这在萨克森、勃兰登堡、巴伐利亚、巴拉丁等地已经获得成功，如何在士瓦本、法兰克尼亚发展正是一个关键。

诸侯对南部城市的控制可以从士瓦本同盟的变化中看出。1525年时贵族和诸侯已经控制了士瓦本同盟的多数，这可以解释为什么士瓦本同盟的雇佣军可以轻而易举地对付农民起义军。士瓦本同盟是南部德国的一个最重要的政治权力联合体和南部德国的实际统治者，它建立于1488年，拥有一支强大的雇佣军。乌尔姆、纽伦堡、奥格斯堡，都是这个同盟的重要成员。另一方面，这一同盟也是南部德国尤其是士瓦本同帝国之间的一种平衡，表现在每过一段时期，同盟必须要从帝国那儿得到新延期的帝国委任状才能继续存在。同盟在刚成立时只有两个议会，一是由帝国和自由城市组成的城市议会，另一个是由上士瓦本的地方贵族、部分骑士组成的议会。1500年后，诸侯的势力渐渐加强，于是在同盟中成立了第三个议会——诸侯议会。这样，城市在同盟中的分量就从1/2降为1/3。行政委员会中的成员也从过去的1/2降为1/3，即从18个成员中的占9个席位下降为1500年后的21个成员中的7个席位。[①]1525年时，诸侯议会中包括了查理五世本人和斐迪南大公（作为符腾堡的诸侯）、美因兹大主教、五个南部德国的主教、六个来自维特斯巴赫的诸侯、卡西米尔侯爵和黑森州的领主。[②]同盟的任务是保证士瓦本地区的和平、秩序和法律。同时，这也是哈布斯堡在南部进行统治的一个重要工具，哈布斯堡王朝常利用同盟的军队进行帝国战争。士瓦本同盟因此是帝国和南部德国各种政治势力之间的一种平衡，也是南部德国各种势力的一种政治平衡。如果进行得好的话，它将成为一个南部德国政府统治的雏形。1525年战争后，南部德国的政治格局有了变动，诸侯控制了南部德国，士瓦本同盟作为松散的联盟也失去了存在的理由，在1534年宣告终止。

---

① Thomas A. Brady，Jr.，*Turning Swiss Cities and Empire 1450–1550*，Cambridge，New York，1985，p. 53.

② Thomas A. Brady，Jr.，*Turning Swiss Cities and Empire 1450–1550*，Cambridge，New York，1985，p. 189.

原因之三是城市贵族、大商人、银行家不支持“基督教社区”的理想。在他们控制的城市里，决不让宗教改革发展为“普通人的革命”。这些城市贵族同旧教文化、旧教会广有联系，商业上的往来也把他们同其他城市、诸侯甚至皇帝的利益联系在一起。他们在城市中有许多实际利益，如地产、领地、赋税收入，不愿“基督教社区威胁他们的权威、秩序和利益”。在1525年，他们又亲眼看到神法怎样把市民、农民结合起来进行革命，害怕农民和下层市民联合。农民战争“从农村包围城市”的战略，更直接威胁城市贵族的生存。其次，农民战争要求建立“普通人”自治政府的目标同城市贵族和资产阶级的利益产生矛盾。南部城市贵族和资产阶级的目标是通过城市间联合建立类似瑞士联邦这样的南部城市联盟，或者通过同王权结盟使城市摆脱诸侯的欺侮。有些城市主张独立，有些城市竟主张同诸侯结盟。这些形形色色的城市政治目标中都不考虑城市与农民的结盟，一旦农民提出建立“基督教社区”理想，就遭到城市贵族和中等阶级的反对。最后，市民之间、城乡之间各类矛盾比较尖锐，使城市贵族有镇压人民的社会基础。小册子的作者们要求铲平城墙、捣毁城市，反映出城乡矛盾的尖锐性。

城市上层资产阶级反对“基督教社区”，甚至导致城市同贵族的联盟。这也可以从纽伦堡得出例证：当法兰克尼亚的起义军要求该市的议院和行政机构给起义者提供武器和食品以反对卡西米尔侯爵时，市政府如下作答：“我们谨告诉你们这从来不是这儿的习惯，我们认为它是与上帝的语言和命令相违背的。我们的组织在此类事情上将同我们神圣的统治者们站在一起。特别是他们以正确的、基督教的态度统治我们，而我们也勤劳、忠诚地按上帝的意志办事之时，他们将统治我们。为此，我们相信我们的团体无法在这个事情上同你们进行合作。”[①]这个例子告诉我们，城市上层人物拒绝起义者，不仅是出于对人民革命的惧怕，还出于完全不能接受基督教社区的政治目标——由人民来管理国家。

① “Court Palatine Ferderick to Duck William of Bavaria，Neumarkl，May 5，1525”， in Thomas A. Brady，Jr.，*Turning Swiss Cities and Empire 1450–1550*，Cambridge，New York，1985，pp. 188–189.

第五章

德国农民战争

1524—1526年间，一场波澜壮阔的人民运动席卷了神圣罗马帝国的南部地区。从西面的阿尔萨斯到东边的斯蒂里亚，从南面的蒂罗尔至北部的图林根，遍燃着战斗的烽火。成千上万的农民、市民、雇工、矿工、手工工匠、下层僧侣、小贵族和政府的秘书、公务员等联合了起来，英勇反抗贵族领主对人们的不道德和不公正的残暴压迫。当城堡、宫殿、诸侯的住处和修道院被付之一炬时，德意志民族的神圣罗马帝国显得那样软弱无力，贵族和僧侣领主在农民面前被迫逃亡，帝国的统治势力则不得不为自己的生死存亡而斗争。历史永远铭记了这场人民的革命运动。事件发生不久，同时代的人称它为一场“史无前例的普通人的伟大起义”；恩格斯称它为“德国人民最伟大的革命尝试”。德意志历史上这场大规模的反封建运动，确实称得上一次伟大的人民战争。

这场战争，从1524年6月施蒂林根人民举行起义开始，至1526年7月盖斯迈尔领导的蒂罗尔起义在军事上的失败结束，断断续续绵延了整整两年。其中，最主要的战役发生在1525年5月至1526年年初之间。

一 南部德国：农民革命的故乡

德国南部地区成为1525年革命的策源地绝非偶然。这里农民的经济实力比较强，农村和市场的联系比较密切，诸侯、领主、地主和农民之间的争夺和斗争十分激烈但又没有完全制度化、固定化。与东部地区相比，这里的领主贵族的势力显得比较薄弱，地主对农民的控制程度也不如盛行领主制农奴制的东部地区来得严密。从政治上来看，南部德国比德国的其他地区更具有爆发革命的条件和机会。德国南部的黑森、阿尔萨斯、上士瓦本、上莱茵地区、萨尔茨堡、蒂罗尔、斯蒂里亚、符腾堡、法兰克尼亚等地之所以成为1524—1526年战争的大舞台，与这些地区具有革命传统密切相关。这些地方都是过去农民起义的活跃地带，如1513—1517年间在莱茵地区的农民“鞋会”起义，在符腾堡一带爆发的“穷人康拉德运动”。这些过去的人民运动不仅留给了人民回忆，还留给了人们武器和斗争的经验。不少农民手中有火枪，还有一些从士瓦本同盟雇佣军中退伍的军人，更是会打仗的士兵。此外，胜利的憧憬也在激励着人们，那就是上士瓦本南边的瑞士农民建立了自己的联盟，他们同城市一起，斗垮了领主，建立了拥有充分自治权力的瑞士联邦。起义军中因此流传着这样的话语：

是什么使瑞士发扬光大？领主们的贪婪！

南部德国的农民战争爆发的主要原因是15—16世纪发生的一系列政治、社会、经济变化。1470—1480年期间，人口开始大幅度增长。15世纪末期，农民遇到了新的经济上的压力，主要是人口的压力和土地资源的短缺。从农村秩序的角度看，这时旧有秩序已被击碎，但新的政治秩序尚未建立。权威的重叠和权威的真空同时存在，封建附庸体系和有限忠诚的崩溃、政体的支离破碎；私欲横流以及司法财政权利的混乱，形成1525年前后德国乡村社会的基本特征。诸侯领地政府对乡村的渗透，贵族领主推行“再版农奴制”的企图，严重破坏了农民已经习惯了的生存条件，侵占了农民赖以生存的土地、森林、水泽等资源。这种凭借政治权力侵占农民财产、侵害农民的自由和法律的做法，理所当然地引起农民的强烈不满和反抗。

作为1525年革命主体的农民的革命意向，最初是反映在一种被称为“怨情陈述书”的原始文件之中的。怨情陈述书也就是农民向他们的直接领主、贵族提交的请愿书、抗议书。怨情陈述书的主要内容是抗议贵族领主的残暴统治和剥削，但也反映出农民的政治意向和社会改革的要求。它们的内容涉及农村宗教改革、地主制度、农奴制度；地方司法、什一税、公共土地和森林使用，其他的没有具体分类的义务和税务等一系列问题。怨情陈述书反映了农民对农村社会秩序变化的态度和强烈反应。根据德国历史学家布瑞克的统计，在上士瓦本地区，巴尔特林根起义军曾向贵族提交过怨情陈述书17份，向修道院领主提交怨情陈述书15份，向医院和城市领主提交怨情陈述书7份；另有上士瓦本南部地区农民的怨情陈述书4份；阿尔部和巴伐利亚士瓦本地区的怨情陈述书34份。这些怨情陈述书的时间界限都在1524至1525年5月份之间，即起义的初期阶段，反映了农民的经济、社会和政治改革的要求。各项主要的要求在这些怨情陈述书中比重如下：1.农奴制问题。有70%的怨情陈述书要求取消农奴制，37%要求取消死亡税，27%要求取消继承税，24%提到取消结婚限制，11%反对农奴的劳役义务。2.公共土地和森林使用问题。81%的怨情书提到有关狩猎、捕鱼、伐木和公地使用问题，有61%的陈述书提到保护和扩大农民伐木的权利，46%提到公地和牧场使用，27%提到应完全恢复农民捕鱼的权利，4%要求部分恢复农民的捕鱼权，26%提到水泽的使用权，20%提到农民应有狩猎的权利。3.地主制度问题。有83%的陈述书反对地主制度，72%要求减少税租，61%要求减少农场转手税，3%抗议租税过高，17%抱怨租税上涨，15%抗议农民的财产权利遭到侵犯，50%抱怨领主的劳役过于沉重。4.司法问题。有67%的陈述书抗议整个司法制度，47%抗议审判不公正，24%反对非法传讯以及外来法庭审判，13%反对法庭拒绝收审案件，10%反对增加罚金。5.农村宗教改革。有13%的怨情陈述书要求选举牧师，44%要求取消或改革大什一税。6.其他税收问题。有30%的怨情陈述书要求取消纳税，28%要求取消或修正防卫税，2%要求取消或修正货物交换税，13%要求取消或修正未特别指明的各种其他税收。[1]可见，农民认为自己遭受的痛苦是来自新的罗马法的引进，来自司法权的重叠和低效率，来自地主采用政治手段重新推行领主制，来自各种新的赋税的征收。这些问题都证明农民希望有一种办法来抵制贵族和领主的侵入。诸侯、领主和城市都只考虑自己的利益，而不顾农民的利益和传统权利，这使农民必然走向反抗的道路。

德国农民战争大体上经历了上升（1524年5月—1525年7月）和下降（1525年8月—1526年7月）两个时期。上升时期，农民战争形成了士瓦本、法兰克尼亚和图林根3个中心。在1525年5月以前，斗争方式主要表现为人民向各地的诸侯领地政府、帝国议会、城市同盟及各地领主提交怨情陈述书，希望用谈判、抗议等合法的政治斗争手段来改革社会弊端。这时，起义者没有实行暴力斗争。但当抗议运动被封建统治者残酷镇压以后（如1525年5月17日在上莱茵地区的沙弗恩战役中就有1.8万农民起义者被残酷杀害），革命的特征开始表现出来。这时神法取代了古之法成为斗争的主要理论；革命的战争取代了请愿；推翻封建制度取代了对封建剥削的抗议；最后，起义者提出建立自己的政权的设想。1525年4—5月，哈布斯堡王朝、士瓦本同盟和诸侯联合起来，通过士瓦本同盟的军队和诸侯自己的军队（主要是骑兵）分别镇压了各地农民起义军。1525年8月以后，起义进入尾声，但在阿尔萨斯、洛

---

① Peter Blickle，*The Revolution of 1525: The German Peasants' War from a New Perspective*，Baltimore and London，1985，pp. 26–27.

林和阿尔卑斯山区的蒂罗尔等地仍然有起义军进行着英勇的斗争。

德国农民战争的火焰燃遍整个南部德国并进入到德国中部。最主要的战场是在黑森地区、士瓦本、法兰克尼亚、奥登瓦尔德、图林根和萨克森。如果翻开一张16世纪的神圣罗马帝国地图，在它底下部分我们能够看到阿尔卑斯山脉在山的左边的低地部分是康斯坦茨湖，湖的北边是莱茵河和河畔的黑森地区，1524年6月这里最先爆发了起义。在康斯坦茨湖的北边还有一大片土地，那就是士瓦本，1525年的冬天起义在这里酝酿，到了春天正式爆发。多瑙河向东流出，一直通向巴伐利亚、奥地利和东欧。在士瓦本的北边，是内卡河，它通向法兰克尼亚，即德国的心脏地区。从这里向西看去就是奥登瓦尔德，这里也是起义的主要地带。最后，内卡河流过莱茵地区。在内卡河的河岸，是图林根地区，这里是1525年5月起义的高潮区域。东北方的萨克森，是德国农民战争向北所到达的最远的地方。

二 以士瓦本为中心的起义及其结局

战争的发源地是西南德国卢普芬宫城施蒂林根伯爵的领地，它仅距沙夫豪森城西北方向几英里。没有什么富有刺激性的事件发生，真正的导火线是一系列无足轻重的农民和贵族之间的摩擦，这造成农民心中的愤怒。贵族常逼迫农民在假日或收获季节为他们去干无聊的事情，譬如收集小蜗牛壳、采集草莓。在8月中旬的一天，正是施洗者圣·约翰的纪念日，伯爵夫人更是用了十分尖刻的语言责骂农民，重申农民不得任意使用森林的规定。这种在农忙时刻发出的尖刻的责骂使愤愤不平的农民行动了起来。无足轻重的事件有时也会引起大规模的国家争端和战争的爆发；最微不足道的问题也常常导致完全出乎意料的结果。于是，“星星之火在士瓦本很多地方迸出地面；8月初，已在施蒂林根伯爵领地冒出小小火花，很快就变成了燎原大火”。[①]

施蒂林根起义的领导人是汉斯·米勒。他是一位退伍军人，精通军事和武器制造，他仪表端庄，并具有雄辩、机敏等领导才能，在这一带本来就很有名气。农民起义从施蒂林根起义起，形成了一个传统：在宣布起义的第一天制作军旗并选举领袖。因为要准备打仗，并且农民们也把英勇善战的人视为英雄，所以具有军事才能的人被推举为首领的可能性最大。农民起义军的一些领袖如约尔格·施密德、汉斯·米勒等都是参加过士瓦本同盟军队的退伍军人。米勒率领的这支队伍大概有600人之多，他们率先提出废除徭役、贵族的狩猎特权、死亡税，并拒绝向领主提供加派的义务。

大约在几天以后，距离施蒂林根伯爵领地不远的瓦尔茨胡特城的市民们，也举行了起义。他们有一个不同的起因：城市当局要逮捕一个人民爱戴的激进传教士巴尔塔扎尔·胡布迈尔博士，导致了人民和贵族之间尖锐冲突。瓦尔茨胡特城位于莱茵河北岸，

---

① ［德］威廉·戚美尔曼：《伟大的德国农民战争》，商务印书馆1982年版，第248页。

它与瑞士隔河相望，是奥地利的属地。市民这个时候正为一个传教士胡布迈尔而与奥地利处于白热化的激烈抗争之中。胡布迈尔是一个神学博士，是闵采尔和瑞士宗教改革家茨温格利的朋友，曾任瓦尔茨胡特市的教区牧师。他在宗教布道中宣传新教，倡导宗教改革，同情农民和平民的斗争，得到人民的热烈拥护。坐落在恩吉斯海姆的奥地利边区政府控告他鼓动叛乱，把他驱逐出城市，又准备派人杀害他。传教士到了沙夫豪森，那里的市民和市政委员会不顾奥地利政府的威胁，坚决拒绝把传教士引渡给边区政府。奥地利政府于是血腥迫害沙夫豪森和瓦尔茨胡特两市的牧师和新教徒。奥地利属下的三个地区蒂罗尔的因斯布鲁克、斯图加特和恩吉斯海姆联合起来设立了一个宗教裁判委员会，逮捕新教徒，任意处死市民。瓦尔茨胡特的市民们面对贵族们的白色恐怖，决定奋起反抗。米勒的军队大概也早就知道胡布迈尔的事迹，他们就赶去支援。1524年8月24日是一个重要的宗教节日巴托洛缪节，米勒率领1000多个农民开赴瓦尔茨胡特。米勒率领的农民军同奥地利政府派去的军队抗衡。这场战争取得了胜利。不久，胡布迈尔就回到了瓦尔茨胡特。那一天，市民鼓乐喧天地欢迎他，所有仪式之壮观如他是皇帝一般。瓦尔茨胡特于是成为人民起义的中心。

又过了几天，已是秋天，纽伦堡附近的农民也举行了起义。他们的矛头指向僧侣贵族，拒绝向他们缴纳什一税。为了抗议，农民还象征性地在田野里烧毁了一堆作为什一税的粮食。零星的起义不久就汇合成一个新的起义浪潮，在康斯坦茨湖周围地区如阿尔部、克莱特部、黑部、图尔部和菲林根城附近的农村，都成为起义军的天下。

这一年秋天，士瓦本的农民起义者向贵族提交了一个《十六条款》的怨情陈述书。施蒂林根、克莱特部、赫都和巴尔的农民都知道这个文件。《十六条款》十分温和，没有超出一般怨情陈述书的范围。第一条，要求不再给领主饲养牲畜和打猎的特权，农民也有自由狩猎的权利；第二条，要求不再打农民的狗；第三条，允许自由携带弓箭；第四条，要求林场守护人和护林官不得随意惩罚人民；第五条，不再给大领主运粪；第六条，不再给领主收割、伐木和运送干草、禾把或木材；第七条，不应束缚经营困难的商业和手工业；第八条，凡能保证出庭受审的人，不得再关进监狱或上镣铐；第九条，除法定捐税外，今后不再缴纳任何杂捐、赋税；第十条，不再缴纳建筑粮，也不再服田间徭役；第十一条，不得再惩罚和外来人结婚的男人和女人；第十二条，领主不得夺取自缢者和自杀者的财产；第十三条，领主不得继承有亲属在世的任何人的财产；第十四条，废除苛捐杂税和官吏特权；第十五条，允许任何人零售家庭酿酒而不受罚；第十六条，法官不得处罚被控犯罪而无充分证据的被告。农民的这些要求，可以说是为恢复农民在封建制度下的有限权利而斗争。

作为德国农民战争主战场的上士瓦本是一个众多政治机构权力重叠的地方。哈布斯堡王朝的势力、直属于帝国的中小修道院的势力、自由城市和贵族的势力等形成一幅封建割据的分裂图像。1524年农民战争首先在南部黑森地区爆发，1525年2—3月上多瑙河流域成为革命热点。农民起义军建立起6支地区性质的起义队伍，总数达3万—4万人。各支义军的兵力大致如下：阿尔部义军有9000人，大致是由肯普藤修道院的农奴组成；康斯坦茨湖义军人数有1.2万，领导人是迪特里希·胡尔勒瓦根和汉斯·亚各布·胡姆皮斯等；巴尔特林根义军1万人，领导人是乌尔里希·施密特——他原本是施尔明根的一个信奉路德教的工匠，后加入起义军并成为领袖。施密特是一个激进的革命者，在推进起义军的大联合中起了关键作用。莱普海姆起义军5000人，领导人是汉斯·雅各布·韦厄；下阿尔部起义军7000人，领导人是弗洛里安·格兰泽尔，黑森—阿尔部起义军的人数不详。起义军的兵力虽然达到4万余人，但大多缺乏军事训练，而且都是步兵，没有骑兵。

3月6日三支士瓦本起义军以梅明根为大本营，进行革命的大联合，成立了梅明根的起义军代表大会，又称"基督教联盟"。基督教联盟的纲领就是著名的《十二条款》。这一文献是由塞巴斯蒂安·洛泽和克里斯托弗·夏普勒起草的。洛泽是梅明根的一个皮毛工人；夏普勒则是一个牧师，是一个茨温格利派。他们的目标比单纯怨情陈述要来得更激进和宏伟。他们在《十二条款》中加入了许多有关神法的论述。《十二条款》较《十六条款》而言，是一个巨大的进步，它要求乡村社区有权选举和聘任牧师；要求取消小什一税；要求废除农奴制，因为它不符合福音原理和基督教徒的自由理论。它还要求根据《圣经》，取消一切与神法有违的制度和法律，恢复农民的传统权利如使用公地、在森林中伐木、在河里捕鱼等。《十二条款》没有完全改变斗争的手段，它仍呼吁和平，希望通过谈判，实现宗教和社会的改革，满足人民的一些要求。《十二条款》不久就成为农民起义的一个总的纲领，在短短的几个月中，发行了15版，流传至全国各地，引起了广泛注意，影响了许多地方的起义纲领。农民起义军的领袖们以《十二条款》为基础，同总部设在乌尔姆的士瓦本同盟进行谈判。

《十二条款》比以往的农民怨情陈述书要来得更激进，表现为以“神法”取代“古之法”，成为农民反封建要求的理论依据。神法是一个政治口号，它要求人们只能根据上帝的言语行事，不带有人类自己的偏见，贵族的行为和命令也必须和神法相符合才能听从，否则必须抵抗。在许多的农民纲领中都提到要以神法为依据。神法表明起义军不再以传统习俗为斗争目标，而走向用神的权威来反对封建主的权威的政治激进主义。神法取代古之法，很可能是受茨温格利教派的影响，因为梅明根是激进的宗教改革教派茨温格利派的中心。茨温格利主张把上帝之法和世俗之法相统一，不同意路德教派的天堂人间两个世界说和对不符合上帝之言的行为至多只能进行消极抵抗（不服从）而不能推翻的说法，这对于神法作为一种政治理论在梅明根地区传播，有很大作用。

有些学者认为，梅明根大会的召开和基督教同盟的建立意味着人民开始管理国家事务。但在当时，这种局面并没形成，基督教同盟的建立只是意味着革命军的大联合。各支军队的代表认为，只有这样才能进行反对领主的军事行动。各地的起义军以《十二条款》为纲领来统一步伐。上士瓦本的起义在开始的时候比较温和，起义军的领袖们同士瓦本同盟的首领们进行谈判，希望他们能够满足人民的正当要求。农民们也准备把自己的纲领《十二条款》呈送给他们心目中的宗教改革家：他们的文件中说明了此文件将呈送给萨克森的选帝侯智者弗里德里希、马丁·路德、菲利普·梅兰希通、约翰·布根哈根和一个帝国议会的代表，希望他们能组成一个委员会，公正地审理人民的条款。然而，委员会没有成立，农民的要求也被领主置之不理，在3月25日谈判就终止了。

3月底，农民军开始袭击贵族的城堡和修道院。诸侯和地方上的贵族开始恐慌。他们利用士瓦本同盟的雇佣军对起义进行镇压。士瓦本同盟是由士瓦本的许多地区、城市和修道院组成的松散的联盟，它有一支装备良好的正规雇佣军。同盟虽然是城市的联盟，但这时已经完全被诸侯贵族所控制，成为贵族们用来镇压人民的工具。部分入盟的城市十分希望和平，他们希望谈判成功，用和平的办法解决争端。然而，这一想法遭到诸侯、地方贵族的断然拒绝。3月25日谈判破裂，贵族控制了士瓦本同盟，决定对农民军进行军事镇压。

这时发生的一个插曲是马丁·路德起来呼吁贵族镇压起义军。这一呼吁造成了很坏的影响。不仅造成市民对起义运动的迷惑，也导致了宗教改革运动同农民起义之间的关系正式决裂。路德指责农民正在非法剥夺政府的权力、它的权威以及它所具有的一切。路德认为农民动用了暴力，是一种应该镇压的造反行为。其实，在谈判决裂之前，农民起义军并没有采用暴力。起义军在4月初对肯普藤修道院进行了袭击，这可以算是农民军首次使用暴力。起义军把修道院摧毁，同时阿尔部的农民也袭击了利本坦的贵族城堡。

不过，在农民军袭击贵族之前，士瓦本同盟的军队早在3月底就在向农民军进逼了。士瓦本同盟的军队是在乔治·特鲁赫泽斯·冯·瓦德堡的指挥下从符腾堡开往梅明根的。在2—3月，以特鲁赫泽斯为首领的1万雇佣军是在符腾堡抵抗乌尔里希公爵。因为被士瓦本同盟赶走的乌尔里希公爵率领一支从瑞士等地招募来的军队进攻符腾堡，希望恢复他的公国。后来，公爵由于失去瑞士支持而逃向西部，同盟的军队就调过头来开进士瓦本镇压农民。即使是同公爵对抗的时候，符腾堡的军队已知他们将“先对付公爵，后对付农民”，说明贵族的谈判是假的，镇压的决策早已决定。4月初，同盟军队同起义军在乌尔姆附近相遇，尽管同盟军中有些士兵和军官拒绝同起义军作战，同盟军队还是击溃莱普海姆起义军。4月13日，击溃巴尔特林根义军；15日，他们同基督教同盟的军队在乌尔姆附近的莱普海姆展开激战。这一战中，农民军约有1 000人战死，4 000人被俘。

在击垮两支农民军后，士瓦本同盟考虑到农民军队的主力湖军仍然尚存，而且在湖军中还有会打仗的退役军人，于是又开始同起义军谈判。4月，双方在魏因加腾签订了停战协定。贵族要求农民解散军队，接受他们对贵族的义务。由双方提名的一个委员会来讨论农民的怨情陈述。

然而，特鲁赫泽斯并不遵守协定，他开始了对农民的审判。莱普海姆城的传教士雅各布·韦厄在4月5日下午被判死刑。这也是第一次的死刑判决。他和其他的几个农民军领导人的死刑被立即执行，倒在血泊之中。韦厄拒绝军队的牧师为他施行忏悔礼，他觉得自己的灵魂是到上帝那儿去的，他甚至为刽子手们祈祷，并与他的战友们说他们将在天堂中相会。然后他跪下受刑，他的头颅滚到草丛之中。还有四个人也同时被处死。

农民起义军退回家乡，等待机会。然而起义烽火并没有熄灭，而在继续蔓延。梅明根是在多瑙河上游南边，多瑙河向东流去，穿过南部德国，进入欧洲的中部，进入黑海。如果起义军顺流而下，就会震动巴伐利亚公爵和哈布斯堡王朝的奥地利。然而，起义却向北部发展，不久就到达内卡河，进入法兰克尼亚和图林根——这是德国的心脏区。

三 法兰克尼亚地区的起义及其结局

法兰克尼亚起义的中心地带是下内卡河谷和海尔布隆周围地区。这一地区原是一个风景优美、气候温和、土地肥沃的平原地带。海尔布隆是帝国的一个自由城市，城里聚集着一批革命人物。他们筹划在帝国内建立一个新的政权，消灭德意志帝国的诸侯，像威尼斯自由邦或瑞士那样，制定一部共和国宪法。在城市的郊区则由许多村落组成，分别隶属于城市、德意志骑士团的贵族及教会。广大市民和农民憎恨贵族们骄奢残暴，对他们的盘剥怨声载道。当士瓦本的起义失败后，这里很快发展成为起义的一个新的热点。

在起义浪潮向北部和东部推进的时候，渐渐趋向激烈。士瓦本的农民主要进行的是非暴力的抗议，他们希望通过谈判来实现自己的斗争目标。这种斗争的方式导致了贵族们对起义军的血腥镇压，这教育了农民起义军。因此，在法兰克尼亚和图林根，农民起义军一开始就采用暴力斗争的手段袭击贵族。武装反对封建统治者是法兰克尼亚起义的主要形式。

法兰克尼亚的农民战争在1525年3月中旬爆发，它始于班贝格的诸侯－主教领地和维尔茨堡，然后进入陶伯尔河流域的帝国城市罗腾堡一带。3月多支义军成立，最重要的有陶伯尔河流域的农民军，内卡－奥登瓦尔德的起义军和比尔德豪森的起义军。不久奥登瓦尔德的起义军发展成为起义军的主力。

奥登瓦尔德农民军的主要领袖是耶克莱因·罗尔巴赫、文德尔·希普勒和骑士弗洛里安·盖尔等人。耶克莱因出身于德意志直属的一个古老的世家（一说农奴），他热情洋溢，粗犷豪放。1524年他被指控为谋杀为人民切齿痛恨的贵族雅各布·冯·奥恩豪森的嫌疑犯并受审。他在人民中享有很高威望。文德尔·希普勒是一个受过大学教育的律师，曾任霍恩洛厄伯爵的总管和哈尔特河畔诺伊施塔特地方法院书记官。他同情民众，憎恨伯爵吞没他的财产。1524年，他离职来到海尔布隆附近的维姆普芬。他同耶克莱因取得联系，密谋起义。另外一个领袖弗洛里安·盖尔是一个退役军人，贵族出身。他可以说是加入1524—1526年起义的少数有代表性的贵族之一。

1524年4月1日夜，耶克莱因来到弗莱因。次日，即复活节第二个礼拜日，他利用民众的集会，宣传《十二条款》的内容，声援士瓦本起义军，并号召法兰克尼亚地区的人民举行起义。最后，一支千余人的起义队伍形成了，耶克莱因在弗莱因成立指挥部，要求起义军集体宣誓驱逐教士和修士，不再服劳役，永远废除高额地租，没收和平分教士和教会财产。耶克莱因是农民起义军中最主张暴力斗争的领导人之一。他的目标是攻陷魏恩斯贝格城。4月12日左右，农民起义军的人数已增加至6 000余人。

魏恩斯贝格城和与此相连的宫城都归行政长官路德维希·黑尔夫里希·冯·黑尔芬施泰因伯爵掌握。他是奥地利驻魏恩斯贝格（属符腾堡）总督，以背信弃义和残酷无情著称。他是斐迪南大公的宠儿，又是7年前去世的哈布斯堡王朝的统治者奥地利的马克西米利安皇帝的私生女玛加丽特的丈夫。农民起义军反对路德维希·冯·黑尔芬施泰因伯爵，实际上是把斗争的矛头直接指向了哈布斯堡王朝。

4月14日，农民军开到内卡苏海姆，曾要求魏恩斯贝格政府和该城骑士加入基督教兄弟会。然而，黑尔芬施泰因伯爵从一开始就采取了与农民为敌的措施。在他的宫城内约有80个士瓦本同盟的骑士，伯爵扬言要烧毁农民的家园和他们的妻女。在率领骑士从斯图加特返回魏恩斯贝格途中，伯爵一路上把遇见的农民一律抓住并勒死。他还率领骑兵袭击农民军的后卫，刺死和打伤很多人。他在同农民军谈判时，还不顾战争公法，刺杀农民起义兄弟。尤其不可容忍的是他允许士兵焚烧农民的住宅，凌辱和屠杀他们的妻子儿女。与此同时，从多瑙河方面传来特鲁赫泽斯在莱普海姆处死雅各布·韦厄大师，在乌尔察附近有7000农民义军被屠杀的传闻，这使农民军坚定了武装斗争的决心，决定采用暴力，为死亡的农民兄弟报仇雪恨。

4月16日是复活节。黑尔芬施泰因伯爵在没有人护卫的情况下去参加复活节的弥撒活动。这使农民有了机会，约8 000人组成的义军袭击宫城，经过短暂的战斗，农民夺得了城池和宫城。盖尔和他所率的黑军英勇战斗，其中不少妇女也参加了夺取城市的斗争，表现得十分英勇。农民起义军用一种传统的、处罚不名誉的人的刑罚，即驱赶受刑者从刺杀者的梭镖行列中走过的办法，处死了伯爵，伯爵夫人被允许带着她的孩子逃离。

4月17日，奥登瓦尔德起义军进入了帝国自由城市海尔布隆；5月，这里成立了“农民议会”。农民军在是否采用暴力和处罚伯爵的问题上产生分歧。温和派渐占上风。文尔德·希普勒和弗里德里希·魏加德——一个美因兹选侯的官员，共同起草了《海尔布隆纲领》。希普勒取代激进的耶克莱因成为义军的领袖。他被农民选为领袖主要是因为他具有政治家的头脑。在他的领导下，起义军采用和平的手段获得许多城市和城堡的拥护，革命力量大为扩大。

《海尔布隆纲领》反映了希普勒的和平主义路线。这是一个温和的社会改革纲领，主要反映了城市的一些改革要求。德国历史学家斯坦恩梅茨认为德国农民战争中有两条路线，温和的路线就是以希普勒的《海尔布隆纲领》及《十二条款》为代表。

《海尔布隆纲领》也反映了骑士的利益，他们要求建立集中的中央王权，反对诸侯。这里突出的浪漫派人物是格茨·冯·贝利欣根，他是一个骑士，经常身披重甲进行战斗。在4月，他从霍尔堡城堡勉强地投向义军，被选为领袖。他的出现把奥登瓦尔德的起义军吸引到他的麾下。4月27日，他成为联军的领袖。贝利欣根有自己的斗争目标。他本人对于起义很冷淡，但认为这是一个为自己的阶级谋取利益的机会。有许多的贵族曾是直属于皇帝的自由帝国骑士，但武器的进步使他们的盔甲失去了往日的地位。诸侯和地方贵族也排挤这些骑士，他们失去了特权，也不受人尊敬。经济的变化使皇帝可以实行雇佣军制度。贝利欣根虽然在目的上同希普勒不同，但他也主张和平路线。这样起义军又开始了同贵族的谈判。

5月4日和5月5日，在阿默巴赫的农民大会讨论通过了《阿默巴赫宣言》。这一宣言的内容与《十二条款》相似，要求选举牧师，废除新加的什一税，废除农奴制，公平使用公地和森林资源等。这一宣言没有什么新的内容。但这一文件给起义者们一种印象，好像谈判的时刻又一次来临。

然而，士瓦本同盟的军队却丝毫没有停止他们对起义军的镇压。5月21日，特鲁赫泽斯率军来到了魏恩斯贝格，把城市彻底焚毁。7天以后，他的军队与莱茵地区诸侯的军队会合，又在维尔茨堡击败了法兰克尼亚的起义军。6月8日，特鲁赫泽斯进入维尔茨堡，法兰克尼亚起义失败。

四 萨克森和图林根的起义及其结局

萨克森和图林根是德国农民战争的另一个主战场。这里托马斯·闵采尔起了关键的作用。闵采尔是一位集激进的神学家和社会政治活动家于一身的伟大人物。他的圣灵主义直接影响了农民起义者对于国家和社会的理解，是他们用来构造新的社会秩序的理论基础。闵采尔和蒂罗尔的盖斯迈尔是1525年运动中革命派的代表。

闵采尔只活了37岁，所以在整个农民战争中，他是以一个青年理论家的身份投入战斗的。在革命之前，他度过了学生时代。约在1517年，他加入了路德的宗教改革运动。路德曾推荐他到图林根的茨维考任牧师。在那里，他受到裁缝尼可拉斯·施托黑的影响，接受了这样一种思想：上帝通过某些先知带给人们一个信息，即现在已是耶稣将第二次降临的时刻。从这个观点出发，闵采尔发展出他自己的神学：将基督教神秘主义同人间的社会改革结合起来的新基督教。

闵采尔宣传“人间天国”即将来临，人们要用革命手段来迎接它的到来。闵采尔同宗教改革的神学家们一样，认为人和上帝应建立直接的联系。闵采尔把这种关系看成非常个人化的，即灵魂的得救只是上帝同每个个人之间的事情。这种关系的建立完全依赖于人对上帝的圣灵感应。圣灵，在闵采尔的神学中有着重要的含义。

这样的一种对宗教的解释显示闵采尔神学同路德神学的重大区别。闵采尔不是《圣经》主义者，而是圣灵主义者。对闵采尔来说，人的灵魂得救依赖于对圣灵的直接感应；对路德来说，《圣经》是人和神进行联系的唯一基础。茨维考的宗教改革家还发展了一种观念，认为十字架的本质意味着一种暴力；而对于路德来说，十字架的含义是基督选择受苦受难的象征；闵采尔受当地宗教的影响，发展出新的关于十字架象征意义的解释：十字代表实现人间天国的暴力工具。

在1523年的复活节，闵采尔来到图林根的阿尔斯代特当牧师。同年夏天，他已经有了大批的信徒。他开始号召他们行动起来驱逐不信教者。这个号召是向全社会发出的，没有阶层的区分。然而，这次运动没有使任何人从传统和经济的负担中得到解放。闵采尔的行为不断趋于激进，他在阿尔斯代特向萨克森公爵布道，宣传领袖应当行动起来，高举宝剑，摧毁不信教的人的灵魂。公爵的反应近乎冷淡，这使闵采尔决定采取行动。他的神学渐渐有了一种政治上的含义：受到圣灵的感应，基督徒应当起来担负责任，摧毁那些非基督徒的灵魂。

1525年2月底，闵采尔来到图林根。5月17日，他领导了自由帝国城市米尔豪森的斗争，建立了一个以他的教义为理论基础的起义军联盟，很多的城镇都受起义的鼓舞，开着大门欢迎起义军的到来，包括埃尔福特和茨维考。

埃尔福特是一个商业城市，路德曾在这里读过书并进入这里的修道院。农村起义后，埃尔福特城的议会看到了一种可能性，利用农民斗争来争取城市独立。在议员赫尔曼·霍尔夫的领导下，议会转向起义军。这说明农民起义同城市的斗争在目标上紧密结合：城市利用起义来摆脱领主美因兹大主教对它的控制。城市开始为这一目标奋斗，代表大主教权威和控制的一些地方如盐店、税关等处被市民捣毁。然而埃尔福特的新政府远不是一个人民的政府，它主要是代表城市的利益。不过城市的议会颁布了一个《二十八条款》，它包括了《十二条款》的所有内容，但加上了商人和行会的要求。这对于农民来说也是有意义的，因为农民们依靠着埃尔福特城的市场。对于手工工匠来说，《二十八条款》反映了他们的利益。这说明在德国农民战争中农民和市民一度携手攻战，下层人民企图运用政治权力来实现自己的目标。一周后埃尔福特城的起义就被镇压。原有的城市贵族们重新掌握了政权，开始惩罚起义军的首领，并要求每一个参加起义的农民缴纳10弗罗林的罚金。起义被镇压后，美因兹在该城的统治得到了巩固和强化。

帝国自由城市米尔豪森也发展成为图林根起义的中心。在1500年时，这一城市的面积相当于莱比锡的两倍。冬天，城市为起义军所占领，图林根的诸侯们也联合起来镇压革命。萨克森的选帝侯约翰，萨克森的公爵乔治，还有黑森的菲利普侯爵、弗兰肯豪森的亨利公爵组成联军。5月，在弗兰肯豪森附近的战斗中，遇见了闵采尔的起义军。在森林中乔治的骑兵发动攻击，义军约有5000人死亡，600人被俘，包括闵采尔。其余的农民军散到森林中。贵族方面损失了6个人。几天后，贵族军队又开往米尔豪森。5月25日，同起义军签订停战协定，内容有恢复旧的委员会、拆毁城墙、在20年中城市要为图林根起义交付4万古尔登的罚金。5月27日，闵采尔等起义领导人被处以死刑，图林根地区的农民战争以失败告终。

图林根的起义反映出农村斗争和城市斗争相结合的特点。这同闵采尔的工作是分不开的。是闵采尔把农民的斗争和商人、手工工匠的斗争结合在一起的。闵采尔还完成了一个结合，即把1525年的德国农民战争同德国宗教改革运动结合在一起。可以说，我们是从闵采尔那里，得到了有关人民宗教改革的完整印象的。

图林根起义军失败后，起义军运动仍然没有完全结束。个别地方的起义还在继续。南部地区的蒂罗尔，还在将起义深入到东部哈布斯堡王朝的奥地利，并向南朝瑞士方向发展。

蒂罗尔爆发革命的原因不同于士瓦本、图林根和法兰克尼亚，它更具有政治斗争的性质。这儿基本上没有农奴制，农民的身份很自由，同时也比其他地方来得富裕。教会在蒂罗尔的财产也是德国最少的。蒂罗尔的农民势力较大，他们的代表在议会中拥有席位。蒂罗尔的矿产资源丰富，矿业是比农业更加重要的一种生产。蒂罗尔爆发革命的主要原因是：农民反对加在他们身上的赋税；对于中央集权化和实行罗马法的恐惧，担心这会侵犯人民的传统权利；反对外来的商业公司和银行对蒂罗尔经济的控制；以及人们对于教会极端的不满和不信任。多年以来，蒂罗尔的人民就一直在反抗来自奥地利的诸侯的统治，如1523年斐迪南大公曾来到蒂罗尔，企图平息人民的斗争。在1525年2月，上士瓦本起义军的信使来到这里，而斐迪南大公企图割裂蒂罗尔和起义地区的联系告于失败。当农民起义在各地爆发以后，这里的农民也行动起来，进行反对贵族的斗争。5月，南部蒂罗尔起义，不久席卷整个蒂罗尔省。

蒂罗尔的农民战争是在盖斯迈尔的领导下进行的。他一直致力于在蒂罗尔建立一个宪法政府。在盖斯迈尔起草的《蒂罗尔宪章》中，提出了没收教会财产，建立公共基金用于社会福利，根据神法建立人民政权，政府控制工业、商业和矿业等激进改革内容。在阿尔萨斯等地的农民曾采取坚决行动。他们在未同地主协商的情况下占领公地。他们不承认一切不按照人民意愿行事的政府。

但是，蒂罗尔和南部德国的农民战争最终也失败了。1526年7月，盖斯迈尔领导的蒂罗尔农民起义在军事上的失败，意味着

1524—1526年运动的最后结束。

五 德国农民战争的规模和军队编制

德国农民战争的规模很大，因而是一场真正的人民战争。1524至1526年间，农民起义军在各地聚集起来的总兵力计有12万人，其中仅士瓦本的6支主要起义军就有4万多人，法兰克尼亚3支军队1.8万人，图林根十几支起义军共6万多人。敌方士瓦本同盟和诸侯、贵族的联军投入的兵力计有1.1万人左右，最多的时候达到1.3万人。参加运动的人主要是“普通人”。“普通人”是一个16世纪的专用名词，主要是指领主眼中的“臣民阶级”，农民和城市中有工作的城市平民。从1524—1526年革命的具体情况看，它包括农民、矿工、附属于领地的城市中的平民、自由城市和帝国城市中的平民等。这些“普通人”是1524—1526年运动的中坚和领导力量。普通人因此不一定是穷人或处于社会最底层的人民，它不包括乞丐、罪犯和无业流民。同时，普通人在政治上是没有发言权的，除非通过政治运动才能表达他们的一般政治意向。从领主的眼光来看，普通人主要就是农民，但他同流民有所区别，如一个古老的法律所声称的那样：农民和乞丐之间只有一墙之隔。在1524—1526年的运动中，因此具有明显的阵营区分：以农民和城市下层平民组成了“普通人”的阵营，以哈布斯堡王朝、诸侯、地方贵族、教会势力、城市贵族联盟组成了贵族阵营。这两者之间进行了激烈的交战。

建立人民的政府是德国农民战争最重要的政治目标。1524—1526年的起义者们所要建立的政府具有以下特征：以公正、平等为政治原则和法律依据；以公社联盟为基本单位；以实现公共利益为根本目的；以人民对政权的参与、人民的选举为基本保障。这些特征所反映的核心内容就是建立人民政权。在《致全体德国农民大会书》中，作者否定贵族和世袭统治的合法性，指出贵族的专横和残暴，提出用革命手段消灭贵族的封建剥削方式。在1527年闵采尔的朋友海尔高特写的《向基督教新生活的转化》中，提出了废除私有制度、消灭体力与脑力、城市与农村、贵族与平民、富人与穷人之间的差异；促进公共利益。还有在蒂罗尔农民起义领袖盖斯迈尔1526年写的《蒂罗尔宪章》中，主张建立人民政府并通过政权的力量来实现社会的平等和人民的幸福。从这些内容来看，1524—1526年运动不是一场纯粹的反对经济剥削的斗争，或是一场“回到过去”恢复农民乡村习惯权利的斗争，而主要是一场政治运动。旧秩序中无法生存的广大人民希望用革命手段克服农村秩序的危机，使它达到令人满意的程度。这是1524—1526年德国农民战争主要的政治目标。德国农民战争沉重打击了封建贵族在地方上的统治，为德国向近代国家过渡，起到了重要作用。

这种大规模的起义能够组织起来，绝非易事，这同农村公社的组织有很大关系。正是公社在号召农民起来进行斗争。向贵族、领主提交怨情陈述书，也是在公社的组织下进行的。通常的情况是由公社从农民那里直接会合各种怨情陈述，如肯普滕修道院院长领地上的农民，提出过300条内容非常详细的怨情陈述，经过公社的修订、增删和理论化，然后作为文件，正式向贵族和领主提交。通过原有的社会组织农村公社进行农民起义的筹划，这使德国农民战争比较有组织性。公社是农民起义的后盾和粮食、武器及各种装备的真正提供者。

在起义发展后，从农村进入城市成为新的战略目标。主要就是以城市为中心，联合附近的各支起义部队，筹建超越农村公社范围的地区公社联盟。起义者特别提出选举制的重要性，就是要通过选举产生新的统治机构，来取代地方上原有的贵族和城市中原有的城市贵族掌握的议会统治。进入城市还有一个重要目的，就是解决军队急需的给养问题。起义队伍扩大后，农村公社已不足以维持义军的军需供应，但城市中的物资可以帮助解决这个问题。城市于是成为起义军粮食的来源。起义军进入城市以后，往往立即要求城市的议会为军队提供给养，有时还要求城市提供武器弹药。这种以个别城市为中心的联合，比村社中的反抗意义更大，但仍然没有能够做到使各路义军完全联合。即使以城市为中心，各支起义军的队伍仍然处于分散之中，这可能同起义军给养困难有关系，如果各路义军集合成为一支军队，在给养上是无法维持的。从这个特点来看，1524—1526年的起义，基本上是局限在乡和区一级的范围，起义者希望建立的是包括附近城市在内的地区性的公社联盟自治政区，并希望以这个范围建立起民众政权。

这样，农民可以同附近的贵族抗衡，从而抵制诸侯、贵族对农村的侵犯。

这种以农村公社为基础，从农村向城市进军，靠宣传基督教道德，用政治和军事力量反对封建贵族，建立独立的人民革命根据地的做法，使德国农民战争从一开始就有别于单纯的反对经济剥削的斗争，它带有浓厚的政治性质。这可从起义者采用传单和小册子进行革命宣传中得到印象。起义者通过布道，街头宣传，使用战鼓、旗帜、标语、宣传画、传单、小册子来进行革命斗争。传单和小册子的流行使革命有了统一的步骤和统一的理论基础——神法；小册子也起到了瓦解敌人的效果，不少贵族如果要投降农民军，必须宣誓服从《十二条款》。这表明1524—1526年的运动是靠政治手段来发展的。又如，在起义失败后，从诸侯对农民所施行的刑罚来看，他们也是把农民起义者当作政治犯来对待的。对起义者实行的刑罚是斩首，这是众多死刑中一种用来处决政治犯的常用刑罚。16世纪德国用于刑事罪犯身上的刑罚有斩腿、割舌、火烙、拷打等，这些都没有用到农民起义军身上。

农民战争的战略是农村向城市发展，这种战略本来是能使起义军左右局势的，因为农村公社与地区公社联盟的力量足以制止地方贵族甚至诸侯的势力向农村的侵犯。然而，贵族间的大联合，特别是诸侯和城市贵族联合，动用了士瓦本同盟的战斗力很强的雇佣军主力来对付农民，这就使战争双方的力量对比出现戏剧性变化。士瓦本同盟和诸侯的军队开始对分散的农民军进行大规模的围剿，分散在各地的农民军开始出现危机。进行更大规模的联合、加快内部编制的军事化，这就不可避免。各地的起义军向城市、贵族的城堡挺进，并且组织起了十几万人的起义队伍，这时起义者们深感有革命大联合的必要，各地的信使来往十分密切，开始召开全国农民起义军代表大会，筹建了基督教联盟这样统一的革命领导机构。

起义者如何看待政府是1524—1526年革命的一个关键。运动中出现的传单和小册子告诉我们，起义者曾建立了革命的理论纲领和行动计划，对如何进行社会政治的改革曾做出了周密的布置。普通民众虽然不是生活在一个提倡自由的时代，他们也曾经以恢复自己的传统权利为目标而进行过斗争，然而他们毕竟是在革命的教育下走向了推翻封建统治者，建立人民的新秩序的革命目标。他们要求参与政治，最后发展为建立自己的共和国和人民的专政。并且他们努力在革命中学习，使自己成为理论家、牧师、律师和军事家。他们还渴望在革命成功以后建立各种学校，为训练民众的思想、提高民众的觉悟而服务。在革命中，虽然各地的起义军处于分散斗争的状态，他们还是尽可能地进行了革命的大联合。各种起义军代表大会的召开，各种政治纲领的颁布，各种选举产生的革命组织的建立，说明民众在革命中学习了政治技巧和革命手段。这些，无疑为他们最后能够提出完整的政治纲领和政府理论提供了理论和实践的基础。

起义者同封建贵族和士瓦本同盟军队浴血奋战至死，这种视死如归的革命大无畏精神不是凭空而来，它同革命队伍有严明的纪律和行之有效的教育密切相关。所有起义者都称自己为“基督教兄弟”，他们是怀着建立新的社会秩序——基督教“人间天国”的崇高目标才战斗到最后一刻的。在纪律方面十分严格。在1525年4月—5月发表的士瓦本《致全体德国农民大会书》中，有着关于起义军纪律要求的记载。士瓦本起义军中有位领袖这样教育士兵：“亲爱的兄弟们，你们要完全放弃那种想通过夺取别人的东西使自己致富的心思，否则你们的心就走向谬误。”[①]他说：“我再次忠告你们：清醒认识四周的形势，确信没有不忠诚的现象在你们中间发生，没有人利用职位谋取私利，看吧，不幸会降临到有这样的行为的人身上。”[②]“除非绝对必要，不要让你们的手沾别人的东西。保留你们自己的那份。”起义军禁止为自私的理由争斗：“如果你们中的任何人因自己的缘故而动武，应把他交给上帝——你们不能起来对抗你们所不能改变的东西。任何人如果滥杀无辜，他自己也必将受到惩罚并倒在血泊之中。”[③]正因为这样，不管起义者走到哪里，都能得到人民的支持。

起义军队伍真正走向军事化大致发生在1525年1—5月间，农

① “An die Versammlung gemeiner Bauernschaft”, in Adolf Laube, ed., *Flugschriften der Bauernkriegs Zeit*, Koln: Bohlau Verlag, 1975, p. 134.

② “An die Versammlung gemeiner Bauernschaft”, in Adolf Laube, ed., *Flugschriften der Bauernkriegs Zeit*, Koln: Bohlau Verlag, 1975, p. 134.

③ “An die Versammlung gemeiner Bauernschaft”, in Adolf Laube, ed., *Flugschriften der Bauernkriegs Zeit*, Koln: Bohlau Verlag, 1975, p. 134.

民军同贵族的谈判破裂，贵族准备动用武力镇压农民的企图日益明显。因此，从合法的抗议活动向农民革命战争的转变势在必行。这一期间，起义者的队伍开始实行军事编制。士瓦本《致全体德国农民大会书》中明确规定：起义者要实行军队编制，准备战斗。该文指出："必须记住：每10个士兵设一个班长，每10个班设一个连长，每10个连设一个团长，每10个团设一个总指挥。这样的组织对于任何军队来说都是有益的。从你们自己当中选择这些长官。这样，没有披着羊皮的狼可以分裂你们。自然不能允许鹰成为鸽子的伙伴，即使有人要把它们混在一起，它们的本性也必使它们分开，但是如果你们根据人的级别而不是根据基督教的虔诚来审视人，你们的心就会被引入歧途。每个人都应完全服从他的领导。经常举行委员会会议，因为没有比这更加能够加强和鼓动士气。"①从这一段话可知，当时起义者的人数已达万人以上，起义军手中已有武器，但尚未按正规军队的编制进行组织。农民队伍从分散的武装转向真正的军队，这个过程，体现了1524—1526年运动革命性的转折。

农民军各级长官由选举产生。懂得军事知识的退伍雇佣军人最容易被选为领袖，如施蒂林根起义领袖汉斯·米勒，曾当过雇佣军士兵，另一支阿尔部起义军的领袖瓦尔德·巴赫也曾在雇佣军团队中服过兵役。军队的其他各种专业人员和后勤军官如军需官、

① "An die Versammlung gemeiner Bauernschaft", in Adolf Laube, ed., *Flugschriften der Bauernkriegs Zeit*, Koln: Bohlau Verlag, 1975, p. 132.

司务长、炮长、车长，也主要由雇佣军的退伍军人担任。雇佣军制度这时在德国兴起不久，南部德国地区正是雇佣军的兵源所在。雇佣军的编制有一定的服役年限，合同期满士兵就离开军队回到城乡，所以在农民的队伍中有许多会使用武器的士兵，尤其是康斯坦茨的湖军。但是这样的军人并不是很多，所以还有许多军队长官事实上没有受过正规的军事训练。

起义军虽然在总兵力上超过了贵族军队，但同镇压他们的士瓦本同盟的雇佣军和贵族军队相比，还是有很多弱点。首先是农民军不够专业化。起义军的主力主要是没有专门经过训练的农民组成，参加起义的原雇佣军退伍军人过去也只是一般的士兵，他们只有作战经验，没有指挥的经验。农民军的对手士瓦本同盟的军队却是战斗经验十分丰富的专业的雇佣军。起义军的队伍比较分散，各支部队大多数是2000—3000人左右，只有少数几只部队达1万人以上，而贵族军队一直比较集中，所以最后对起义部队实行了各个击破。

从武器装备上来看，起义军主要是用矛、盾、刀、剑、标枪等和敌人作战。火枪、火炮的数量明显低于士瓦本同盟的军队或诸侯军队。在符腾堡，起义军曾获得了18门火炮，在法兰克尼亚的柯尼希斯霍芬，起义军有火炮17门。虽然这样，由于缺乏受过正规训练的炮手，火炮的优势并没有发挥出来。更为重要的是起义军没有骑兵。这在同贵族的军队的斗争中吃了大亏。贵族军队常用骑兵来冲击农民的队伍，导致农民军溃退。

农民起义军在人数上超过了贵族军队，但没能协同作战，因此在每一个具体的战役中，战斗力都显得不如敌军。在1525年4月4日的莱普海姆战役中，莱普海姆起义军参战的步兵有6 000人，4门火炮；士瓦本同盟的军队有骑兵1 500人，步兵7 000人，大炮18门。结果，农民军战败，有1 000人战死，4 075人被俘虏。4月16日的魏因加腾战役中，湖军有步兵1.2万人参战，武器有4 000支火枪；士瓦本同盟的军队却有骑兵1 500人，步兵7 000人，大炮18门，结果湖军战败。在弗兰肯豪森战役中，起义军有步兵8 000人；诸侯的军队计有：已知人数的骑兵队2 300人，步兵队1 300人，还有两支贵族军队人数不详。从这里可见，在作战的时候兵力十分分散，而贵族军队却相对集中，这导致起义军在军事上失利。虽然农民被打败了，农民战争的精神却永远存在。革命战争还留下了如《十二条款》《海尔布隆纲领》《书简》《蒂罗尔宪章》等文献，可以帮助历史学家理解德国农民战争的真正性质。

德国农民战争失败后，南部德国被诸侯和贵族的势力所掌握。各地城市的议会、诸侯政府，都实行了对人民起义的戒严和屠杀，利用高压手段镇压和防止人民起义的再次兴起。贵族们造谣说农民军队曾杀死10万无辜者，借此对参加过起义的农民进行疯狂屠杀。但广大人民是完全站在起义者一边的，一个同时代人的话代表当时的社会舆论，他说："据说这一切都'是农民干的'，但是我要说：不！用自己的枷锁来镇压然后说什么是'农民干了这些'，这完全是对上帝的荣耀的亵渎。"他指出：贵族们"使用的暴力要多过农民，要比农民多出一千倍”。[1] 如何对付农民的问题被提到了1526年在施佩耶尔举行的帝国会议上。在皇帝授意下，议会成立了一个专门委员会来讨论农民的怨情陈述，以及如何防止人民再次起义。这个委员会讨论的结果是产生了一个名为《臣民受虐待和负担状况》的文献，它证实《十二条款》所言的都是实情，要求统治者对农民进行一些经济上的让步：把森林、水泽还给农民；取消小什一税；部分减免土地继承税；教会法庭不得以开除出教的方式处理农民的债务诉讼等。从这些内容可知，帝国议会是部分承认了农民起义的真正原因；然而，帝国议会最后却没有批准真正贯彻这一报告中的内容，他们不去杜绝引起人民起义的因素，反而要求各地强化统治，采用高压的手段来制止人民起义。统治者的高压政策再度激起人民起义。从1526年起至18世纪，整个神圣罗马帝国人民斗争的烽火遍地燃烧，表明帝国高压政策的完全失败。

① Hans Hergot，“Von der neuen Wandlung eines christlichen Lebens”，in Adolf Laube，ed.，*Flugschriften der Bauernkriegs Zeit*，Koln: Bohlau Verlag，1975，pp. 547–557.

第六章

百姓共和国的理想

在1525年革命政治目标中，存在着建立人民共和国的信仰，这种信仰从农民战争开始起，就自始至终都是起义者们的基本信仰。这种信仰明确了1525年革命政治运动性质：它主要不是一场农民的宗教改革运动，而是为了改革政治制度而兴起的普通人的革命。尽管兰克认为这是“德国历史上最伟大的自然事件”①，施泰因梅茨却相信这是“第一次自下而上建立民族国家的民众运动”②。这种政治运动发生在农村，是与这个时代大的社会、经济和思想变化相联系，但是有一个因素与运动的政治性质关系特别密切，这就是1525年运动没有受到诸侯、贵族和城市贵族的干涉，是相对纯粹的民众运动。民众根据自己的生活环境和社区政府的经验，

---

① Leopold von Ranke，*Deutsche Geschichite in Zeitalter der Reformation*，vol.2:126(Bk III，ch.6).

② Max Steinmetz，“Theses on the Early Bourgeois Revolution in Germany，1476–1535”，in R. W. Scribner and Gerhard Benecke，eds.，*The German Peasant War of 1525: New Viewpoints*，London，1979，p. 17.

期望建立自己的国家，所以很能够代表人民的政治立场。在1525年革命中产生了许多传单和小册子，里面详细记载了农民建立自己的国家的设想。其中比较有代表性的是1525年4月中旬由一位匿名作者撰写的《致全体德国农民大会书》。从这篇文章看，作者显然坚信他们所进行的是一场改革政治的运动。

《致全体德国农民大会书》看来无疑曾是令人信服的文献，因为在它问世后二年，至少有两种新的农民政治纲领被创作出来。这种文献与以往的怨情陈述书（如《十二条款》）不同，它们主要不是在一些具体问题上向领主们提出的抱怨，而是建立百姓自己的政权的政治纲领。后两种文献都是在1526年出版的，都有署名：一是出自盖斯迈尔的《蒂罗尔宪章》，另一篇是海尔高特的《向基督教新生活的转化》。这些文献的政治性很强，实际上已经成为当时革命运动的政治指南。在这些文献里，我们能够读到1525年的起义者建立百姓共和国的意愿和如何建立百姓共和国的各种要素。

但这并不是说，1525年的起义者没有受到基督教改革运动的影响。《致全体德国农民大会书》完成之后，就曾经寄给了马丁·路德，期望得到这位改革家的指点。特别要指出的是，在这份文献的封面上有一张木刻版画，上面画着一个轮盘赌，而一个僧侣，正是路德在发动轮盘赌的枢纽。以路德的轮盘赌为中心，左边站着的是扛着武器的农民，右边则是骑着高头大马的贵族骑兵，戴着僧侣帽的教皇很像一个小丑，被路德的轮盘赌转动到了右上方，显示他正是贵族骑兵队伍的首领。在这张木刻版画上，写着这份文献的正标题《致现在正处于南部德国动乱和起义状态中的全体德国农民大会》；而副标题显然就是对这张木刻版画的解读，其文曰："这里是农民，那里是罗马派；一个好的基督教徒和烦琐的哲学家。谁使瑞士发扬光大？领主的贪婪！"①

而且，在上述三份1525年革命的政治纲领中经常提到"神法""没有增减的上帝之言""基督教兄弟之爱"等字眼。说明起义者们曾经为宗教改革运动所吸引，这些表达方式与宗教改革运动相似。不过，起义者谈到宗教事项，目的是要用神的法律为自己的行为辩护，而不是要在乡村展开另一场"农民的宗教改革"。《致全体德国农民大会书》的作者认为一切世俗权力都是上帝赋予的，上帝赋予人们以权力，因此掌握权柄者理当按照神法行事。作者还认为：神法即见之于《圣经》的上帝之言，其最重要的一个原则是"人无贵贱主仆之分，均为上帝子民，以上帝为至尊"。因此，"世袭的领主制是完全违背神意的"。②作者通过对宗教词汇的灵活运用，否定了世俗贵族对人民天生拥有统治权。

虽然如此，但是在宗教语言下真正反映出来的却是民众对于建立自己政府的强烈兴趣。诸侯、城市贵族对农民的这种想法感到不安，并且很快就拒绝承认农民在纲领中提出的这种政治要求。然而对于农民来说，这些政治设想的产生是很自然的事情，只不

---

① "An die Versammlung gemeiner Bauernschaft", in Adolf Laube, ed., *Flugschriften der Bauernkriegs Zeit*, Koln: Bohlau Verlag, 1975, p. 112.

② "An die Versammlung gemeiner Bauernschaft", in Adolf Laube, ed., *Flugschriften der Bauernkriegs Zeit*, Koln: Bohlau Verlag, 1975, p. 134.

过是期望把自己熟悉的自治社区管理模式进一步扩展为在更广阔的地区范围内运作。所以，毫不奇怪，尽管遭到城市上层人士的拒绝，但上述思想却能够顺利地在1525年起义者的圈子里流行，上面提到的三份文献也是如此。

对这些政治纲领的性质，一直是学术界的一个争论问题，主要有议会道路说和乌托邦说，最典型地反映在布瑞克教授的《1525年革命：对德国农民战争的新透视》一书中。在这部专著里，布瑞克教授分析了两种不同的斗争方式：一种是实际的，即以近代早期国家为基础的取代封建主义制度的领地议会制度；另一类是空想的，即以盖斯迈尔、巴尔塔扎、闵采尔、汉斯·海尔高特为代表的乌托邦式理想，即建立彻底的基督教国家。

按照布瑞克的说法，第一种方式就是将由贵族、教士和市民组成的委员会转变成为由自治性社区选举并由农民、矿工和市民参加的议会政府。由于新的政府必须对议会的共同意愿负责，实现共同利益、基督教兄弟之爱和“神法”等原则，必将削弱贵族、城市贵族甚至诸侯的权力，并在一定程度上反映和维护人民的利益。这种选举议会制度之所以能够建立，是以1525年的革命为基础的——在人民革命的强大攻势下，这不失为一种安抚起义者的方法。布瑞克发现，这种方式在马克格拉夫勒兰、蒂罗尔、维腾贝格、班贝克、维尔茨堡和近奥地利都有体现。以蒂罗尔为例，在革命兴起后，斐迪南大公采用巧妙策略安抚了莱茵河河谷的矿工、农民和市民，办法之一就是于1525年6月在因斯布鲁克召开一个领地会议。会议不仅成功地把高级教士排斥在议会之外，还制定了96条《梅拉诺—因斯布鲁克条款》。根据这份条款，人民的部分要求得到满足，如主教管辖区和修道院应根据对诸侯有利的原则世俗化，教士应当服从乡村和城市法庭，以及本地社区有权选出自己的牧师。随着对教士财产和政治特权的剥夺，蒂罗尔人还要求剥夺贵族的政治特权。尽管没有触动贵族的经济地位（有计划地减轻农民经济负担所带来的影响除外），但他们作为统治者的权力和法律上的特权地位被废除了。布瑞克还告诉我们："在这种情况下，诸侯也不是赢家，因为乡村和城市都将获得自治；他们要求享有选举所有地方官吏的权利，只把那些征收和管理领地税收所必需的职位留给诸侯控制。由此可见，从教士和贵族手中夺取的权力被诸侯、乡村和城市地区所瓜分了。"结果是："消除中间权力机构的结果是在普通人和诸侯之间确立了一种直接关系。尽管领地会议的最后决议只有得到各地区的批准才具有约束力，但它还是保留了自己的媒介功能甚至被明确地定为监督诸侯决策的工具。"①

第二种方式是乌托邦式理想。由于"计划超越实际生活状况如此之远"，布瑞克教授指出："以至于他们废除一切社会和政治传统的要求没有得到普遍的接受，之所以如此不仅是因为各支农民军不能在'神法'的意义上达成共识，并且还因为革命政治思想

① Peter Blickle，*The Revolution of 1525: The German Peasants' War from a New Perspective*，Baltimore and London，1985，pp. 137–138.

常常被现存等级制度的具体细节所羁绊。”尽管这样，“少数几个非凡的设想——米夏埃尔·盖斯迈尔、巴尔塔扎·胡布迈尔（Balthasar Hubmaier）、托马斯·闵采尔以及汉斯·海尔高特的方案通过表现一种对福音要求和‘神法’内容的绝对确信，通过彻底拒绝调整革命目标以便与现存社会制度和政治制度相适应而克服了由以往经验所产生的局限性”。[①]

究竟闵采尔、盖斯迈尔、海尔高特等人有什么特殊性呢？作为1525年革命的领袖和参与者，他们与当时的市民同受宗教改革运动的教育，为什么当城市的统治者和宗教改革家对政治革命犹豫不决时，他们却能毫不含糊地提出建立人民政府的设想呢？又是什么样的社会和政治条件使他们成了“少数几个非凡人物”，以至于他们的学说能够吸引了其他起义者？本章拟就《致全体德国农民大会书》等三份产生于1525年革命中的政治文献进行分析，以便展示宗教改革运动最为神奇的一面：宗教改革家提倡的“基督教的自由”，如何在1525年的起义者那里成为鼓励人民革命、反对封建主义、建立没有私有财产的人民共和国的思想体系。

一 自治公社社区联盟

在众多的传单和小册子中，1525年5月在士瓦本地区流行的

① Peter Blickle, *The Revolution of 1525: The German Peasants' War from a New Perspective*, Baltimore and London, 1985, pp. 145–146.

《致全体德国农民大会书》[1]是一本很重要的政治理论文献。这本小册子没有作者署名，但可以看得出作者是一位受过很好教育、文化程度很高的知识分子。作者运用他渊博的语言、历史、法律和神学知识，为德国农民起义进行理论性辩护。作者探讨了政权的合法性和人民参政等问题。全书分十一章，全文的中心意思是统治者必须按照神法而不是按自己的意愿行事，统治者必须爱民及民众有选举和罢黜统治者的权利等。

《致全体德国农民大会书》作者提到的神法，就是《圣经》中所谓的"不加增减的上帝之言"。布瑞克教授曾指出："'神法'从三种意义上具有潜在的动力：第一，任何要求，只要能从《圣经》中找到支持它们的证据，都可以提出；第二，以前把农民与市民分开的障碍能够被消除了；第三，将来的社会及政治秩序现在已经成了一个可以公开讨论的问题。"[2]我们在这里需要补充的是1525年的起义者与路德提及神法用意的区别：在路德那里，论述神法的目的是提升《圣经》的权威，借以否定罗马教廷的神性；而在1525年起义者的政治文献里，神法却是直接用来评价世俗社会中一切制度的标准：既可以用来彻底摧毁封建主义，也可以按照神法建立人间社会的一切秩序。从这种意义上看，《致全体德国农民大会书》的作者就提出政府必须按照神法行事的理论，同时实行

---

① "An die Versammlung gemeiner Bauernschaft", in Adolf Laube, ed., *Flugschriften der Bauernkriegs Zeit*, Koln: Bohlau Verlag, 1975, pp. 112–134.

② Peter Blickle, *The Revolution of 1525: The German Peasants' War from a New Perspective*, Baltimore and London, 1985, p. 92.

选举制度，并且可以按照神法随时罢黜不按照神法行事的统治者。在政治合法性的问题上，同样，作者提出了人民只服从好的统治者，但拥有推翻残暴的统治者的权利。

在文章起首，作者提出一个真正的基督教不需要政府，只有非基督教徒的存在才需要有一个世俗政府的论点。这个世俗政府的职责就是照管好人民。作者认为有基督教信仰的统治者应当热爱自己的人民，犹如一个父亲爱护自己的子女。很明显，这种看法与路德关于世俗政府的论述很相似。然而，接着作者就提出了政体的问题：他比较了专横的世俗政府和选举制产生的共和政府，明显地赞成第二种政府，因为只有在这种政府中，人民才能够参与政治并且拥有选举统治者和罢免暴君的权利。在第六章中，作者以野兽侵害庄稼为例，列举了贵族残暴压迫剥削农民的情景。在人民应该采取什么样的方式来罢免暴君的问题上，作者号召人民进行起义和武装斗争。他认为舍此之外人民无法摆脱痛苦和贵族对他们的血腥镇压。小册子的最后一章是“告慰基督教兄弟”，呼吁人们行动起来，用革命手段推翻暴君的统治，建立以神法为基础的人民共和政府。这些章节体现出作者的主要理论概念，即神法、基督教兄弟之爱、公共利益和政府理论。

与路德不同，小册子作者坚决反对君权神授的观点——他否认上帝曾经授予教皇、皇帝、诸侯、贵族剥削压迫人民的权力。作者提出：神法是最高的政治权威和人间秩序的基础。如果世俗统治者随心所欲滥用职权并且谋取私利，那么，就是完全违背神法。因为神法高于一切世间的法律，如果一个统治者自行其是，不按照神法来进行统治，那么，他就不是合法的统治者，人民就有理由把他推翻。

关于小册子作者的上述观点有两点值得注意。第一，在提出政治应当以神法为基础的同时，也否定了古老的传统和贵族的血统：既然神法是高于古法、古老传统和贵族血统的，那么，时间就不是衡量事情是否正当的基础。不义之事即使是施行了1000年，也还是不义的。第二，奉行神法的目的是废除世袭制度和千年的传统及其引起的各种政治上的弊端。在对贵族的血统和古老传统否定后，作者提出了他关于政治的关键概念：只要人们按照神法行事、实行基督教兄弟之爱，那么，就能够获得幸福。很明显，作者这里是在呼吁一种与中世纪的传统完全不同的新的政治制度，他并没有根据古老的法律去为1525年起义者的要求的正当性做辩护，而是提出了只有建立一种全新的政治制度才能满足人们正当要求的想法。换句话说，革命的政治目标不是为了批判领主们没有按照古老的传统行事，而是提出了只有废除贵族赖以统治的传统才能够实现民众的意愿。由此可以理解，为什么1525年的革命具有近代的色彩，为什么它具有任何中世纪的农民起义所不能媲美的新的特色。

这种新的特点就是“真正的基督教是不需要政府的”依据。按照小册子作者的观点：真正的基督教是按照基督教兄弟之爱行事的兄弟，他们之间不分尊卑，只存在兄弟间的互爱关系。这种关系与政府的原则相背离，因为政府总是体现一种等级和服从关系。由于真正的基督教徒用兄弟之爱取代了等级之分，因此也就不存在欺诈和剥削。为了证明这个论点，作者根据《圣经》来做出他自己的解释。他指出基督教社会的和谐依赖于三个基本的原则：第一，如果你要别人为你做些什么，你也应该为他们做同样的事情；第二，必须全心全意地奉行兄弟之爱，没有人可以高于其他人；第三，据圣·彼得所言："没有主人和仆人，我们都是基督徒，是一个整体。"因此，作者几乎完全照搬了路德的话语："我们来自一个身体，而我们的首领就是耶稣基督。"小册子的作者进而论述基督教徒兄弟之间的唇亡齿寒的依赖关系："在我们之间，一个兄弟的死亡就是其他兄弟的死亡；如果死亡侵袭了肌体，它不会停止，直到其他的成员死亡。所以一个人是依赖于别人的。这种传统的美德导致的不是毁灭，而是再生。圣·保罗说：'你不欠别人任何东西，除了你要爱别人，因为爱是法律的实现。'"[①] 如果我们考虑到这份文献写于1525年5月武装斗争即将爆发前夕的话，那么，我们就完全能够理解这段话的现实意义：在即将到来的浴血奋战中，起义者之间必须互相支持，如果他们称得上是真正的基督教兄弟的话。

在第二章中，作者阐述只有非基督教徒的存在才需要政府的理论。人从基督徒向非基督徒的转变，原因在于人性中的自私以

---

① "An die Versammlung gemeiner Bauernschaft", in Adolf Laube, ed., *Flugschriften der Bauernkriegs Zeit*, Koln: Bohlau Verlag, 1975, pp. 113–114.

及人与上帝的疏远。这种分离造成了各种罪孽，它导致了普遍的不幸和人对于上帝的新的渴望。作者指出："肉欲的、非基督徒的狂妄力量及其权力如此有效地控制了我们，完全摧残了我们的基督教精神，从青年开始，人就倾向于邪恶、自傲、贪婪、享乐，堕入由此产生的种种罪孽。过着这种非基督教方式的生活，不再惧怕上帝，不再考虑兄弟之爱，这样，基督教信仰就从人们心中离去。每个人都尽量用不名誉的方式让自己胜过别人，这样，假基督徒就产生了，因为在内心中人否认了上帝。"[①]既然这种堕落的状态无法避免，必然就产生了私欲横流和人间混乱。非基督徒是些贪婪和邪恶的人，他们危害了基督徒的秩序。每个人只想从别人那儿得到好处，既不敬畏上帝，也不实行兄弟之爱。有时他们甚至还以"伪装的基督徒"面目出现。为了保护基督徒不受到侵害，人们需要一个世俗的政府，因为"地狱的惩罚对于这些罪人来说远远不足以使他们畏惧，只有现世的绳法，才能够使他们稍有收敛"。这，就是世俗权力的起源。在这里，尽管我们发现小册子的作者说的理论与路德非常类似，但他只是给予政府一种非常世俗的起源，而对上帝授予统治者以权柄做了策略性的省略。政府权力神圣的外衣被剥去，使得政府的产生能够完全根据社会特征来解释，从而就使路德的观念在相当不同的语境中支持了农民的革命。

---

① "An die Versammlung gemeiner Bauernschaft", in Adolf Laube, ed., *Flugschriften der Bauernkriegs Zeit*, Koln: Bohlau Verlag, 1975, p. 114.

在第三章中，作者论述了世俗权力合法性的基础，即必须满足平等、公共利益和基督教兄弟之爱等重要原则。在作者看来，平等是放在首位的，因为从基督教徒皆兄弟的角度看，教皇、皇帝、国王、贵族和一般的基督徒之间并无高低之分。必须看到，这样的论述不过是路德“信徒皆祭司”的翻版，但《致全体德国农民大会书》的作者却把它转换成了新的社会平等的法则，即把新教的教义换成了政治意义很浓厚的社会平等。

作者指出：“统治者必须具有信仰和爱心，熟知众人皆平等。如果他没有基督之心，没有兄弟之情，那么，在上帝的眼里，他就不是一个基督徒，上帝也不会承认他的那些王冠和权杖。”[①] 为了说明这一点，作者引用圣·保罗的话：“领主要知道，你们的主人在天上。”因此，每一个统治者，不管他们是世俗的统治者，还是担任宗教职务者，都是基督的牧羊人。“在拉丁文中，他们被称为地上的主人，在德文中的意思是‘家庭的主人’。因为‘DOMINUS’一词是从房子的字根中变化出来的。如果一个统治者能够做到名副其实，那么，就应该成为一个好父亲，应该忠实地管理他的政府，促进‘兄弟之爱’。为了对上帝的子民负责，就应当让上帝的子民得以温饱。只有这样，才符合‘统治者’的称谓。统治者应该是一个诚实的、声誉好的人，他看管羊群。在《圣经》中称他为天使，

① “An die Versammlung gemeiner Bauernschaft”, in Adolf Laube, ed., *Flugschriften der Bauernkriegs Zeit*, Koln: Bohlau Verlag, 1975, p. 115.

是地上的神。”[①] 这样，重要的政治合法性问题就在理论上解决了。

推行“神法”，无论是把神法解释成公共利益还是基督教兄弟之爱，都会改变人们的行为准则。具体来说，为了贯彻神法，每个统治者只能根据公共利益来收取赋税。税款也要用来履行公共利益，例如用来照顾穷人和孤儿。既然人民是本着兄弟之爱才缴纳税金的，那么，统治者也必须本着兄弟之爱来把税金用于公共利益。作者引用圣·保罗的话来论述缴纳税金的必要性：“‘你们不欠别人任何东西，只有爱，爱是法之实现。’为这个理由人们缴纳税金，而不是出于古代传统或者出于法律规定才缴纳税金。”[②]这样一来，任何为自己利益而征收税金的人就是违背神意。作者以为：“这些人应该从好的羊群中被挑出来加以抛弃，如果统治者是好的基督徒，人们对他们认可并且服从他们。因为圣·保罗说：‘统治者的目的在于改善国家而不是危害国家。’”[③] 一个政府机构，无论是诸侯的还是领主的，对于人民来说，都是沉重的负担。因此担任任何职务的统治者都应当敬仰上帝，唯有如此，才能在天国、人间称得上是一个基督教徒。统治者，应该像所罗门说的那样能够辨别是非，否则的话，就没有统治人民的资格。

---

① “An die Versammlung gemeiner Bauernschaft”, in Adolf Laube, ed., *Flugschriften der Bauernkriegs Zeit*, Koln: Bohlau Verlag, 1975, p. 115.

② “An die Versammlung gemeiner Bauernschaft”, in Adolf Laube, ed., *Flugschriften der Bauernkriegs Zeit*, Koln: Bohlau Verlag, 1975, p. 115.

③ “An die Versammlung gemeiner Bauernschaft”, in Adolf Laube, ed., *Flugschriften der Bauernkriegs Zeit*, Koln: Bohlau Verlag, 1975, p. 116.

在第四章中，作者开始谴责神圣罗马帝国的世俗政权，认为那是残暴的，非法的政府，号召人们不服从它的统治。

作者从世俗领主不服从上帝开始分析："每一位统治者都应该服从上帝。他自己只能处在从属的位置上。上帝说'你应该尊奉我的法律，以此为指导，不偏不倚'。但是，领主们显然违背了这个原则，他们自己想成为权势者，这样，他们就不是基督教的政府和基督徒的统治者。"①

事实上，作者没有给血缘制度和世袭制度留下任何余地。凭借血缘和世袭制度进行统治是非法的，因为偏离了"一切权力来自上帝"的原则："继承来的领主权完全是违背神意的。我且不说现在人民畏惧领主甚于畏惧神法，但是，只要兄弟会和神法得以建立，领主们就不再能够横行。"②

正如我们看到的那样，作者认为领主的谱系并不比平民的谱系更为古老："那些大领主总喜欢吹嘘他们古老的贵族谱系，说他们的贵族身份可以向上追溯到罗马时代。这种对异端的吹嘘，忽略了所有的人都来自上帝这一事实。没有人，不管他是国王还是牧羊人，会比别人拥有更加古老的谱系。"③如果我们不是按照谱系而是按照能力来选择统治者的话，那么："如果让两个裁缝和一个

---

① "An die Versammlung gemeiner Bauernschaft", in Adolf Laube, ed., *Flugschriften der Bauernkriegs Zeit*, Koln: Bohlau Verlag, 1975, pp. 116–117.

② "An die Versammlung gemeiner Bauernschaft", in Adolf Laube, ed., *Flugschriften der Bauernkriegs Zeit*, Koln: Bohlau Verlag, 1975, p. 123.

③ "An die Versammlung gemeiner Bauernschaft", in Adolf Laube, ed., *Flugschriften der Bauernkriegs Zeit*, Koln: Bohlau Verlag, 1975, p. 122.

农民来执法的话，他们一定能够干得比贵族更好。”①

对待非法的贵族，唯一的办法就是由人民罢黜他们。作者列出领主们的种种不是，包括自私、狡猾、贪婪成性、背离上帝、甚至反对上帝。具体地说，他们任意发明义务和负担，一项又一项地加之于人民。今年他们增加了一项附加税，明年就会把这项税转为固定税。大多数义务就是这么被发明出来的。他们打着上帝给他们的权力的幌子，逼迫穷人为他们服劳役，无论是晴天还是雨天，都要为他们干活，例如收割草料、犁地、编织、采集草莓，或者收割粮食。他们盘剥穷人到了敲骨吸髓的地步，就像是疯狗一般。在他们的盘剥下，穷人们一无所有，没有面包、盐、油来养活自己的妻儿。这些疯狂的统治者还大肆挥霍应该纳入公库的财物。他们屠杀敢于反抗的人民。小册子的作者指出：“上帝是否给了他们这样的权力？《圣经》中哪一章里有这样的规定，说他们的权力来自上帝？是的，他们的权力是来自上帝，但只是意味着魔鬼是他们的雇主，撒旦是他们的头领。他们是人民真正的仇敌。为什么非基督教的农奴制仍然存在？为什么我们成了教士们的精神农奴，领主们的世俗农奴。”②

作者运用自治社区管理的经验对照领主的统治：“在村子里，当农民的首领试图向穷人收税满足他自己私利时，人们就罢免了

---

① “An die Versammlung gemeiner Bauernschaft”, in Adolf Laube, ed., *Flugschriften der Bauernkriegs Zeit*, Koln: Bohlau Verlag, 1975, p. 117.

② “An die Versammlung gemeiner Bauernschaft”, in Adolf Laube, ed., *Flugschriften der Bauernkriegs Zeit*, Koln: Bohlau Verlag, 1975, p. 117.

他并且给予他以重罚。但是，如果诸侯和领主自己犯了同样的罪行呢？他们利用贪婪的法律来反对公共利益，破坏了兄弟间的合作；他们引用圣·彼得的话欺骗人民，说‘服从你的主人，即使他们倒行逆施’，疯狂地把《圣经》变成了胡言乱语——如同把狼毫混在好的羊毛中，因为圣·彼得说的话原意不是如此。难道他会要我们双手交出自己的妻子、儿女以满足诸侯、领主们的荒淫？”[①]在这里，尽管作者没有点名，却是在公开谴责路德。对残暴的统治者必须施以罢黜的惩罚，因为权力是为了促进上帝的荣耀和基督教的兄弟之爱而设立的，贪婪残暴的统治者却是一群豺狼，他们只在借政府的名义吞食羔羊。

基督教兄弟通过联合作战，能够推翻残暴的统治者。已经夺取了的权利不要再轻易地交还给领主，更不要对领主抱有任何新的幻想——那是非常危险的，因为领主们不会有任何改进。领主们自立为“主”，神化自己，他们不怕遭天谴，说明领主们只想夺回权力，并不想实行正义。领主们是不敬神者，他们反对的正是上帝和他的儿子耶稣。如果不认清这个形势，残暴的镇压和屠杀就会降临在人民及其亲属身上。怎么可以为子女们留下这么一个“继父”呢？人民用牛马开垦了土地，但贵族却想把人变成牛马。人民只有用栅栏把庄稼圈起来，才不会被野兽吞噬。但是，统治者却禁止人们这么做。从古至今的农民兄弟一直是农奴，现在快

① “An die Versammlung gemeiner Bauernschaft”, in Adolf Laube, ed., *Flugschriften der Bauernkriegs Zeit*, Koln: Bohlau Verlag, 1975, p. 118.

要进一步变成奴隶了，他们会失去一切财产，会被人卖掉，如同牛、马和耕牛一样。只要他们稍有抱怨，领主们会以宣扬叛乱的名义把他们投入监狱，迫使他们去反省、去承认闻所未闻的事情，甚至还会屠杀他们。作者指出：如果农民兄弟们想要获得真正的自由，就决不能寄希望于与凶狠的贵族谈判。只有团结起来进行革命，才能制止贵族领主的专横统治。作者强调，当统治者被证明是暴君时，人民就有起义的权利。

在《致全体德国农民大会书》作者眼里，贵族是暴君，他们利用政治权力压迫和剥削百姓。作者希望恢复和加强自治公社的体制，并且希望在自治公社联盟的基础上实现地区间大范围的自治，以抵制地方领主乃至诸侯的侵入。作者指出世袭制是产生暴君的根源。例如：古罗马有72个皇帝，半数以上变成了暴君而被人杀死。[①] 相反，人民自治和共和选举则是最好的政府形式，这既是古代的政治形式，又是上帝所喜爱的。因为上帝把权力交给世人时，他是先交给人民，而不是交给贵族。作者指出“上帝授权予百姓以建立信仰上帝的共和政府。后来异端兴起，人民把权力交给了国王，上帝为此十分震怒”。[②] 作者由此而呼吁建立人民的自治政府，利用村社代表大会的形式，选举和罢免政府官员。在新的政治制度下，地区获得自治权，诸侯和贵族不能随心所欲剥

---

① “An die Versammlung gemeiner Bauernschaft”, in Adolf Laube, ed., *Flugschriften der Bauernkriegs Zeit*, Koln: Bohlau Verlag, 1975, p. 115.

② “An die Versammlung gemeiner Bauernschaft”, in Adolf Laube, ed., *Flugschriften der Bauernkriegs Zeit*, Koln: Bohlau Verlag, 1975, p. 116.

削和压迫人民。由此可见，作者确信，通过建立社区联盟的政府，人民才能够遏制领主和诸侯政府对于农村的侵犯。

《致全体德国农民大会书》的核心内容是设计一个人民的新政府。这个新政府无论从内容还是从性质看，都扬弃了中世纪的血统论和君权神授论，而把改善人民生活、实现公共利益、促进基督教兄弟之爱作为政治合法性的基础。从形式看，这是一种自治公社联盟的政治建制。另一个重要的特征是用选举制替代世袭制，因为作者发现“无数不可言说的可怕痛苦都是来自贪婪的世袭权力”。① 作者看到了权力容易导致统治者的腐败，世袭制的另一个缺陷是容易滋长暴君，丧失执政为民的功能。这种教训曾在罗马的历史之中显现，大部分的罗马皇帝都是暴君，相反，在罗马的共和时代，“行会的主人和议员们共同掌管政府，他们使罗马发扬光大，在世界上都有影响”。② 即使同样是帝制，较不专制的皇帝也比专制的皇帝好，例如奥古斯都不像凯撒专权，所以“表现很好，发扬光大了罗马帝国”。③ 世袭制给了统治者过多的权力，却剥夺了人民的权利。为了避免领主随心所欲地剥削人民，选举制要远胜于世袭制。官员的选举是定期进行的，很可能是一年一选。选举不强调财产多少，也不强调血统高贵，只看人的品德和能力。

---

① “An die Versammlung gemeiner Bauernschaft”, in Adolf Laube, ed., *Flugschriften der Bauernkriegs Zeit*, Koln: Bohlau Verlag, 1975, p. 120.

② “An die Versammlung gemeiner Bauernschaft”, in Adolf Laube, ed., *Flugschriften der Bauernkriegs Zeit*, Koln: Bohlau Verlag, 1975, p. 120.

③ “An die Versammlung gemeiner Bauernschaft”, in Adolf Laube, ed., *Flugschriften der Bauernkriegs Zeit*, Koln: Bohlau Verlag, 1975, p. 120.

选举制保证了人民直接参与政治，如果发现有人不称职，人民随时可以罢免他。

这种政府的指导方针就是神法。神法的核心内容就是基督教兄弟之爱和公共利益。基督教兄弟之爱意味着人人都是在上帝面前平等的、不分尊卑的、拥有同等灵魂得救的机会的基督徒。既然在信仰方面是如此，那么在现实生活也是如此。这就要求“无论何事，你们愿意人怎样待你们，你们也要怎样待人。因为这就是法律和先知所说的道理”。只有这样，才能够“每个人都成为别人的一部分，这样我们大家都在耶稣基督之下成为一体”。①

基督教兄弟之爱旨在建立一种新型的人际关系。在这种新关系中，不存在剥削和压迫，只存在乡里邻里的互相帮助。统治者要像一个父亲一样来照顾子女，人民也要以爱心来实现人与人之间的合作互助。

所有的赋税只可用于公共利益和救济穷人，不可用于统治者私人的挥霍。赋税既然是取之于民，当然就要用之于民，用于铺路、修桥、救济穷人等支出。在基督教兄弟之爱这个大的原则下，一方面，人民要为公共利益而交税和提供服务，另一方面，这些收益也要还报给人民，从而取得社会的良性循环。

基督教兄弟之爱是指一种道德伦理，而基督教兄弟会则是它的组织形式。“基督教兄弟”一词在1524—1526年的农民战争中

---

① “An die Versammlung gemeiner Bauernschaft”, in Adolf Laube, ed., *Flugschriften der Bauernkriegs Zeit*, Koln: Bohlau Verlag, 1975, pp. 113-114.

使用得很普遍，是起义军之间的亲密称呼，意为革命的同志、战友或为公共利益献身的组织。基督教兄弟会不是一般的道德口号，它指的是基督教社区联盟。例如：上士瓦本的各支起义军的总称就是“基督教联盟”。用“基督教兄弟”来称呼不同地方的起义军和社区组织，可以消除地方主义的局限，表明起义者想要建立的不是地方性的传统社区，而是区域性的甚至是全国性的人民政治联盟，从而可见1525年的起义者确实有建立全国范围的人民国家的意图。

作者设想的人民国家是一种自治社区联盟。具体说，就是在选举制的基础上把各个农村社区和城市社区联合起来，形成比单自然村更为广阔的区域联邦。通过选举组成各个社区的政府，在这个基础上再建立区域联盟。在这里，小册子的作者的具体模型是瑞士联邦政府。他指出：“想一下，瑞士的那些农民组成了联合体，推翻了贵族残暴的统治。贵族们不尊奉神法，残酷强迫人民，结果就遭遇人民的反对。通过伟大的战争人们抵制了暴政。”①瑞士的农村自治社区与城市社区合为整体，是完全独立自主没有领主统治的共和国家。“瑞士的道路”是南部德国人民的梦想，他们期望过上瑞士的人一样自由的生活。

这样的共和国必须通过革命才能建立，因为瑞士人就是这么干的。作者写道：“看你们的邻居瑞士人，那些农民们干出了何等

---

① “An die Versammlung gemeiner Bauernschaft”, in Adolf Laube, ed., *Flugschriften der Bauernkriegs Zeit*, Koln: Bohlau Verlag, 1975, p. 118.

的令人难以置信的伟业。有多少次，那些喝醉酒了的领主们想打败他们，吹嘘说他们之中的一个人就能抵得上三个瑞士人，甚至教会的神父和教堂管理人也能打败他们。但是，现在这已经成了笑柄，因为瑞士人为他们自己、为他们的人民和妻儿老小与傲慢的统治者进行英勇的战斗，并且在大多数的情况下总是能够获胜，从而赢得了巨大的光荣。无疑，是上帝在帮助这些秉承上帝旨意的人，否则，怎么能够想象瑞士弱小的农民和脆弱的团体竟能建立起瑞士联邦，而且今天还在发展！只要专横势力和所有的统治者不允许和平，那么，当前的战争就不会停止，直到某一天，古老的先知预言变成现实：'一头母牛会在法兰克尼亚的士瓦本山上哞哞叫，在瑞士中部的人们也能听见它的叫声。'另一个流传的玩笑看来也会实现：'什么使瑞士发扬光大？领主的贪婪！'"①

小册子的作者提到的母牛在山顶上哞哞叫不是事出无因，它源于南部德国的城市"转向瑞士"的意愿。皇帝马克西米利安死后，新皇帝查理五世非常担心南部德国会并入瑞士，因为南部德国的城市正在酝酿一个计划，要么并入瑞士联邦，要么建立一个所有自由城市参加的新的南部联邦。贵族也为此事担心，美因兹的红衣大主教阿尔布瑞希特说："如果对普通人征收国税，奇妙的事情就会发生：城市和其他势力将会加入瑞士。"②另一个大臣建议

① "An die Versammlung gemeiner Bauernschaft", in Adolf Laube, ed., *Flugschriften der Bauernkriegs Zeit*, Koln: Bohlau Verlag, 1975, p. 134.

② Thomas A. Brady, Jr., *Turning Swiss Cities and Empire 1450–1550*, Cambridge, New York, 1985, p. 38.

皇帝把符腾堡从士瓦本同盟手里夺回来，因为他担心被俘虏的公爵和自由城市将会加入瑞士联邦，那样的话，整个德国南部和西部就会形成一个大的联盟。1519年，乌瑞希·阿尔茨在一封信中写道："他惧怕古老的谚语现在会成为现实，即当那头母牛站在乌尔姆的山顶上哞哞叫，它的声音将被瑞士中部的人听到。"① 从这里可见，在南部德国建立新的瑞士联邦，即是作者心目中的"瑞士道路"，这是一项酝酿已久的计划，并非空想的政治乌托邦。

如果没有《致全体德国农民大会书》，农民战争的政治性质将会显得十分模糊。《致全体德国农民大会书》是集形势分析、政治理论和政治宣言三者合一。这份文献出现在农民战争从怨情陈述向武装斗争转变的关键时刻，具有很高的历史价值。因此《致全体德国农民大会书》是一个1525年的革命宣言，从中可以看出德国农民战争的政治目标：结束封建贵族的统治，建立区域性的甚至是全国性的人民政权。可以说，小册子问世把德国农民战争划分为前后两个阶段，在此之前，革命的主要目标是结束暴政、结束封建贵族的统治；在此之后，反对封建主义的斗争逐渐转变成为一场夺取政权、建立人民自己政权的政治革命。这个变化过程，非常清楚地反应在这本政治小册子中。

---

① Thomas A. Brady, Jr., *Turning Swiss Cities and Empire 1450–1550*, Cambridge, New York, 1985, p. 38.

二 海尔高特的基督教公有社会

1525年起义者关于建立基督教社会的理想在1527年发展到了新的高度。纽伦堡的一个印书馆主、闵采尔的朋友和战友汉斯·海尔高特，在1527年出版了《向基督教新生活的转化》，谈到了实现人人平等和按需分配。这些理想的提出不是无缘无故的，它正是1525年运动的政治目标上不断深化的逻辑结果。如果在1524年的怨情陈述书中看到的只是要求抵制贵族对农民过度剥削，那么在海尔高特那里，我们已经隐约看出这场革命的早期社会主义的色彩。海尔高特这个参与人民革命的城市平民，也是这样估计革命性质的。因此德国农民战争的政治目标，超出人们通常所理解的“反封建剥削”的范畴。

从基督教原理出发，海尔高特呼吁自由、平等、和平和公共利益。小册子重点讨论了一个新的命题：私有制是罪恶发生的根源。海尔高特为人民革命树立的政治目标是消灭私有制、建立完全平等的公有制社会。他的著名的结论就是：“世界上有三张桌子。第一张桌子上放了太多的东西；第二张放得正好，不多不少；第三张桌子放着很少的东西。这些坐在已经放了过多东西桌子旁的人们跑到别人那里，还想夺走别人的面包。这就是引起冲突的原因。神将推倒第一张东西放得太多的桌子和第三张简直没有放什么东西的桌子，而保留那张东西放得正好的、不多不少的桌子。”①

海尔高特认为一个更高的历史阶段正在来临。他指出：“曾经发生了三次皈依基督教秩序的转变。《圣经·旧约》中记载了第一次转变，皈依上帝天父。《圣经·新约》中记载了第二次，皈依神的儿子。第三次转变将通过圣灵来实现，它现在正在来临。”②

小册子写作时的环境，革命已经完全失败，作者已经不是革命的领袖，他们出版发行小册子都要冒着生命的危险。海尔高特本人是一个很典型的革命同情者和支持者。他是一位纽伦堡的出版商和印刷作坊主，他又是闵采尔和许多革命者的一个忠实的朋友。在农民战争时期，他掌管的印刷所成为秘密印刷发行闵采尔著作的据点。为此，他曾多次入狱。当革命完全失败后，他依然坚持正义，揭露贵族们的罪恶，讨论行将到来的社会秩序。1527年3月他同两个学生一起在萨克森的茨维考城被捕，其时他正在销售他的《向基督教新生活的转化》这本小册子。学生们很快就被释放，海尔高特却被萨克森政府宣判死刑，理由是萨克森和莱比锡的统治者认为海尔高特的许多言行是“宣扬叛乱”。③他们于是在1527年5月10日把海尔高特送上了断头台。海尔高特成为一位为1525年革命的宣传而殉身的小册子作者。他的妻子在他死后的第

---

① Hans Hergot，“Von der neuen Wandlung eines christlichen Lebens”，in Adolf Laube，ed.，*Flugschriften der Bauernkriegs Zeit*，Koln: Bohlau Verlag，1975，p. 557.

② Hans Hergot，“Von der neuen Wandlung eines christlichen Lebens”，in Adolf Laube，ed.，*Flugschriften der Bauernkriegs Zeit*，Koln: Bohlau Verlag，1975，p. 545.

③ Ferdinand Seibt，“Johannes Hergot: The Reformation of the Poor Man”，in Hans-Jurgen Goertz. ed.，*Profile of Radical Reformers*，*Scottdale*，PA.，1982，p. 100.

二年嫁给了印刷所中的一位印刷工人。

海尔高特久居城市，他既不是一个农民，也不是一个穷人，正是那种受革命影响而投身革命的市民知识分子。另一方面，他又是一个劳动者，没有学位，与闵采尔和盖斯迈尔不同，没有当过牧师或诸侯的秘书。这一点从小册子的文笔中可以看出：闵采尔的作品十分艰深晦涩，具有神秘主义倾向；盖斯迈尔的作品线条十分清楚明白，具有律师文风；而海尔高特小册子的文笔相当大众化，深刻的思想是用浅白、直截了当的文字表达出来的。海尔高特的作品和他的思想，反映出城市下层平民和城市无产者要求彻底平等、废除私有制的政治理想。

海尔高特虽然为纽伦堡的印刷作坊主，但他1527年的《向基督教新生活的转化》却是在莱比锡城印行的。我们无法了解为什么他不在自己的作坊中印刷出版自己的书籍，而要跑到莱比锡去发行他的小册子。一种可能性是因为他的激进，在革命失败后已被驱逐出了纽伦堡。我们知道，纽伦堡是一个印刷革命刊物的中心，闵采尔的著作大部分是在纽伦堡印刷的。海尔高特和马丁·雷因哈特等人因为发行闵采尔的著作素被城市当局称为“无神论的印刷者”，其中海尔高特几次入狱，雷因哈特被纽伦堡政府驱逐出城市。[①] 另一个可能是海尔高特有许多出版界的朋友，即当时各个城

① Rodorf Endress, “The Peasant War in Franconia”, in R. W.Scribner and Gerhard Benecke, eds., *German Peasant War of 1525: New Viewpoint*, London, 1979, p. 70.

市的革命者之间互有来往，存在着一个地下的印刷革命刊物的网络，海尔高特可能还是其中的一个重要分子。可知，这些市民知识分子在1525年革命失败后仍然在地下酝酿新的起义，寻找新的革命斗争手段。

海尔高特生活的纽伦堡，是一个路德宗教改革和农民起义革命风云激荡过的城市，一度曾是路德新教的中心。纽伦堡在南部德国地位险要，它是一个大工业城市，纽伦堡、奥格斯堡等大城市的商人还在世界范围内出售大炮、钟表。纽伦堡是50个帝国城市之一，这里不仅是手工业和商业的制作销售中心，也是文化的中心，有众多的印刷作坊。

纽伦堡与奥格斯堡、斯特拉斯堡、乌尔姆等都是德国南部最为重要的自由城市。纽伦堡市的政府在政治上亲哈布斯堡王朝，城市贵族反对人民革命，也反对瑞士联盟。纽伦堡参加过士瓦本同盟支持帝国反对符腾堡的行动，又曾同瑞士作过战。而1519年该城下层民众却曾提出过并入瑞士联盟的要求。查理五世为了拉拢纽伦堡，允诺在这里召开他执政的第一次帝国议会。所以，1522年这里成为帝国议会驻地，成为全国的政治中心。

在政治上，纽伦堡市的城市贵族一贯惧怕人民。他们站在人民的对立面，害怕民众运动会损害他们的利益。宗教改革时期，纽伦堡虽然奉路德教为城市宗教，但城市贵族一直企图限制福音运动，害怕人民因此而造反。1525年革命后，纽伦堡是反对人民革命最起劲的一个城市。它一方面继续同哈布斯堡王朝密切联系，一方面企图同奥格斯堡、乌尔姆一起订立一个军事同盟，并准备筹建一支军队，防止下层民众造反。最后，纽伦堡也是南部德国自由城市中第一个投向新教诸侯的城市，它于1525年10月和11月同萨克森的诸侯们分别签订条约。当时其他的城市却坚持城市的独立，拒绝同诸侯们联盟。

海尔高特在写作小册子之时，纽伦堡的城市贵族们为了自己私利，正在哈布斯堡王朝、诸侯和南部自由城市之间加紧多方的结盟活动，城市贵族的走向是出卖城市下层人民的利益、投靠王权、与诸侯勾结、背叛其他奉行自治独立的大城市的利益。这个时候海尔高特的小册子的出版发行，提倡废除私有制、呼吁人民进行革命，这自然引起了贵族们的害怕和血腥镇压。所有这些告诉我们，海尔高特的小册子是在农民革命完全失败、形式十分严峻的情况下写成的，海尔高特并为此献出了自己的性命。

海尔高特提倡“众人皆平等”。他把基督教的发展和人类社会的发展看作是同步的，因而可以分为上帝、基督和圣灵三个阶段。圣灵阶段约起于1525年的大革命，它体现了神学和社会秩序的“第三次转变”。这个转变的目的是要建立一个彻底平等的社会秩序:“神将使一切等级、乡村、城市、教堂、修道院黯然失色，他将创造一个新的社会，在新的体制里面没有一个人可以说:‘这是我的。’”①

向基督教新生活的转化，与其说是个人对基督教的皈依，不

① Hans Hergot，“Von der neuen Wandlung eines christlichen Lebens”，in Adolf Laube，ed.，*Flugschriften der Bauernkriegs Zeit*，Koln: Bohlau Verlag，1975，p. 547.

如说是通过建立基督教新社会，使人无法自私行事。也就是说，是通过集体的方式而不是个人的方式来获得世俗的幸福生活和灵魂上的得救。这里公共利益已经超越了克服私心、实行基督教兄弟之爱等内涵，变成了彻底抛弃私有制度、实行完全平等的代名词。公共利益不仅仅是为修桥、铺路、救济穷人等公益缴纳税金，它本身就是一种公有制度，其中“世界上的一切等级，不管是僧是俗，贵族或百姓，国王或诸侯，市民或农民，都是没有人高于人的，神认为城市、农村、人民及其一切都是互相平等的”。[①]

这种关于神法和公共利益的解释，反映出1525年起义者废除私有制、实现公有社会的决心。海尔高特所论述的革命任务，既不是封建范围内减轻对于人民的剥削，也不是要发展资本主义社会。海尔高特这么说：“城市将被削为平地，他们的房屋将被铲平，他们的人民和商业将离开他们。反之，乡村将变得富裕，人民免费地按需分配，贵族将消失，普通人住进了他们的房屋，修道院消失了，四个宗教团体和托钵僧派都将消失，富裕的教会将取消它们的地租和什一税。各种宗教的派别都合并成为一个。一切事物如森林、水泽、牧场将实行公共使用。每一块土地上不再存在我们现在称为精神的、世俗的特权和领主，对这种精神的、世俗的特权和领主的服从也将废除。诸侯、领主的农奴不再履行他们的劳役

① Hans Hergot，“Von der neuen Wandlung eines christlichen Lebens”，in Adolf Laube，ed.，*Flugschriften der Bauernkriegs Zeit*，Koln: Bohlau Verlag，1975，p. 552.

和义务。每一个人想要维持他的等级，都会徒劳无功。”①

海尔高特的这些想法是怎么来的呢？他自己解释，“是从我对基督教羊栏理论的思考中悟出这些真理的”。这就是《圣经·约翰福音》里耶稣关于牧羊人的一段话：“我是实实在在告诉你们，人进入羊圈，不从门进去，倒从别处爬进去，那人就是贼，就是强盗。从门进去的，才是牧羊人。……耶稣说：‘我就是羊的门；凡在我以前来的，都是贼，是强盗，羊却不听他们的。我就是门，凡从我进来的，必然得救，并且出入得草吃。’我是好牧人，好牧人为羊舍命。若是雇工，不是牧人，羊也不是他自己的，他看见狼来，就撇下羊逃走。我是好牧人，我认识我的羊我的羊也认识我，我为羊舍命。我另外也有羊，不是这圈里的，我必须领他们来，他们也要听我的声音，并且要合成一群归一个牧羊人了（参见《约翰福音》第10章，第1—17节）。”

海尔高特认为：一个牧羊人管理自己的羊的时代即将来临。牧羊人的时代就是由上帝的儿子耶稣基督统治的时代，这个时代中神和人之间没有“雇工”，即统治人们的贵族阶级。海尔高特说：“当我理解了整段话的意义时，我说：‘啊，永恒的神，在你的羊栏里发生了多么悲惨的事情。’我知道上帝解雇了两个牧羊人及其帮手对基督教的羊栏的管理，所以不管他们如何努力工作，都不再会有结果。我又知道上帝建立了一个新的秩序，并派了一个新的

① Hans Hergot，“Von der neuen Wandlung eines christlichen Lebens”，in Adolf Laube，ed.，*Flugschriften der Bauernkriegs Zeit*，Koln: Bohlau Verlag，1975，p. 547.

牧羊人来照管地球上的羊群。”[①]需要注意的是海尔高特把《圣经》原文泛指的“雇工”改为特指的“两个雇工”，用来形容精神的、世俗的特权统治者的终结。海尔高特的一个牧羊人指的就是耶稣，用这个理论他否定了基督教臣民必须对世俗政府和教会双重效忠的观念。传统的封建理论认为：神是通过他的两个牧羊人在俗世进行统治的。一个是教皇，另一个是国王。

海尔高特新秩序的本质就是公有和平等。他继续说道：“上帝在每一个地区建立了教区，教区内包括了地区中尽可能多的人们，所有这些事物构成了地区里教堂和教民。一切的东西都是公共所有的，所以人们在一个大锅中盛饭，一个木桶里取酒，服从于一个能促进上帝荣耀、满足公共利益的领袖，被人成为‘教区的供养人’。所有的人们在一起劳动，根据每人所在之处的情况，根据每个人的能力，实行任何东西公用的制度。因此，没有任何一个人可以高于其他人。地区因而获得完全的自由，现在领主们征收的各种赋税将会消失。”[②]

海尔高特盼望由耶稣直接统治人世的“第三个秩序来临”。海尔高特是闵采尔的一位密友，深受闵采尔的影响。他因印行闵采尔的著作而多次入狱。海尔高特不是《圣经》主义者，而是圣灵主义学说的信徒。他的政治理想，因此带有原始基督教、中世纪的

---

① Hans Hergot，“Von der neuen Wandlung eines christlichen Lebens”，in Adolf Laube，ed.，*Flugschriften der Bauernkriegs Zeit*，Koln: Bohlau Verlag，1975，p. 547.

② Hans Hergot，“Von der neuen Wandlung eines christlichen Lebens”，in Adolf Laube，ed.，*Flugschriften der Bauernkriegs Zeit*，Koln: Bohlau Verlag，1975，p. 547.

修道院制度和圣灵感应说的许多影子。海尔高特的神学理论也明显受到“精神派”和“千年王国派”的影响。精神派是16世纪在欧洲产生的一个激进宗教改革派别，在法兰克尼亚的一些帝国城市和自由城市中具有广泛影响。精神派代表人物大卫·约里斯是一个出生在荷兰的画家和诗人。他认为用水来进行洗礼本身不意味着什么，只有“精神的洗耳恭听礼”才是基督教的真谛；又认为《圣经》只有在内部的精神的作用下才发生作用；还认为神圣的东西作用于不同的人是不一样的，对于那些相信神的人，他们饮的是那圣餐杯里的纯洁的红葡萄酒，对于那些不敬神者，上帝给他们喝的只是残渣，他们将会呕吐、打嗝以致最后醉死方休。他教导说现在一个新时期正在到来。精神派的学说在纽伦堡有很大的影响，著名的代表人物汉斯·丹克在这里的一个学校中当过语言教师，而另一个代表人物赛贝斯坦·法郎克1526年时在纽伦堡附近当过牧师。这些人认为基督教已经分裂为路德教、茨温格利教和再浸礼教，现在他们要再创建第四个教派，这就是一个在不可见的精神作用下的精神实体，他能够在精神的作用下改造世界。①

圣灵主义、“精神派”和“千年王国派”对海尔高特的影响很大，但海尔高特却是企图按照这种神学来建立一个人间的基督教新社会的思想先驱。他告诉人们：写在纸上的《圣经》时代已经过去，而耶稣基督通过圣灵直接统治的“人间天国”时代已经到来。

海尔高特认为圣灵对人们向基督教新生活的转化起着关键作

① Bernard M. G. Reardon，*Religious Thought in the Reformation*，London and New York，1981，p. 224.

用。他指出："要让每个人明白，起义不是来之于书本或著作，因为，这一切的发生都是得力于上帝的力量。"[①] 他引用《圣经》的话说："主在《福音书》中说：'若是你们的父不许，一个也不能掉在地上。你们的头发也都被数过了。'（《马太福音》10：30）所以，上帝意愿是什么，什么就会发生。难道不能理解，农民们的行为和别人并无什么不同，只是不得已才发生的？"[②] 这种把德国农民战争看作是上帝的意愿的做法与盖斯迈尔和《致全体德国农民书》的作者没有什么不同，不同的是海尔高特认为上帝的意愿可以通过圣灵来加以显示。

海尔高特预言：人类社会将会出现大变化，而且新秩序一定会体现完美的基督教特征。整个社会与其说是一个世俗的社会，还不如说是一个严格奉行基督教教义和礼仪的基督教大公社——一个比基督教修道院更加宏伟的基督教秩序。海尔高特指出："这个人们想要实现的新秩序，要比一切旧有的修道院制度来得伟大。人们信仰上帝，人们是用行动、祈祷和禁食来证明他们的信仰的。他们体现了主的受难、慈悲等原理。在人们有了孩子后，当孩子们长到三四岁时，就被带到教堂，让他们皈依上帝。"[③] 在这个基督教社会里，基督教的仪式是十分重要的。海尔高特不接受路德关

---

① Hans Hergot，"Von der neuen Wandlung eines christlichen Lebens"，in Adolf Laube，ed.，*Flugschriften der Bauernkriegs Zeit*，Koln: Bohlau Verlag，1975，p. 552.

② Hans Hergot，"Von der neuen Wandlung eines christlichen Lebens"，in Adolf Laube，ed.，*Flugschriften der Bauernkriegs Zeit*，Koln: Bohlau Verlag，1975，p. 552.

③ Hans Hergot，"Von der neuen Wandlung eines christlichen Lebens"，in Adolf Laube，ed.，*Flugschriften der Bauernkriegs Zeit*，Koln: Bohlau Verlag，1975，p. 548.

于简化教仪的说法，坚持认为原来天主教会所注重的七大教仪都是好的、不可忽视的。他说："在七大宗教圣仪中，有四项是好的。另外三项也是不可分开的整体，谁不遵守这些礼仪，要受重罚。惩罚在屋子里进行，即把那人的手脚捆绑住，其他的人为了给他羞辱，要在他的身上踏过。如果人们违背了契约就要用这种刑罚对他们进行惩罚。在向圣徒做祈祷时将举行特别的涂油礼。人们长到30岁时举行坚信礼，坚定他的信仰。"①

虽然主张强制性推行基督教礼拜制度，但海尔高特却又认为只有原始基督教的平等教义，才真正体现了基督教的本质。原始基督教的原理要从神学和社会改造两个方面来推进，因此首先是要恢复"使徒时代"的某些特征。

"使徒时代"的特征就是人按照圣灵行事，却不服从贵族和法学家制定的法律制度。海尔高特于是通过对圣灵权威的推崇否定了世界上的封建秩序的合法性。他认为世界上所存在的制度、法律都起于法学家的杜撰，它们具有反人民的性质。他指出："有谁可以向我出示一种地球上的法律，它和圣灵一样，能教导人们生活、审判和公正？所有的已制定的法律，能够做到像上帝使徒时期那样的不偏不倚、使我们生活在真理和公正之中吗？"②很明显，世界上的法律是帮助贵族反对人民的，不公正的。因为，"法学家

---

① Hans Hergot，"Von der neuen Wandlung eines christlichen Lebens"，in Adolf Laube，ed.，*Flugschriften der Bauernkriegs Zeit*，Koln: Bohlau Verlag，1975，p. 549.

② Hans Hergot，"Von der neuen Wandlung eines christlichen Lebens"，in Adolf Laube，ed.，*Flugschriften der Bauernkriegs Zeit*，Koln: Bohlau Verlag，1975，p. 553.

只知道笔写的法律，并总能找到他们希望的辩护方法。但是，圣灵没有这样教导我们。圣灵只告诉我们真理和公正，以至于神成为一切法学家的敌人，他们也成了神的敌人。一切根据圣灵和真理来进行审判的人会觉得这些学问家愚不可及。然而，这样的人却没有进行审判的资格，他的真理在法学家眼里还比不上一顶毡帽。然而，在上帝面前，真理却是永恒的”。[①]

海尔高特清楚地看到他的基督教与现存制度之间的对立。他说：“如果你们让老年的、没有受过教育的人继续进行审判和谈论法律，你们认为世界上还会有这么多的罪恶吗？我相信上帝和圣灵授予一个老年的、不识字的人比一个年轻的、受过教育的人更多智慧。这就是为什么老人常说如果年轻人知道我所知道的，他就不会沮丧。但是老年人的智慧不再受人尊敬，任何地方都不再见到圣灵，法学家拦住了它，不让它走脱。每个要想成为领主的人，如果他不成其为一个法学家，只好待在他自己的地方。”[②]可见，海尔高特认为当时的社会秩序是违背传统和违背神意的。他力图证明“使徒时代”古老的习惯法同神法具有一致性，而习惯法和神法都同现存的社会秩序相对立。海尔高特关于“使徒时代”的这些观点反映出“神法”和“古之法”的一致性。习惯法能够与神法一

① Hans Hergot，“Von der neuen Wandlung eines christlichen Lebens”，in Adolf Laube，ed.，*Flugschriften der Bauernkriegs Zeit*，Koln: Bohlau Verlag，1975，p. 553.

② Hans Hergot，“Von der neuen Wandlung eines christlichen Lebens”，in Adolf Laube，ed.，*Flugschriften der Bauernkriegs Zeit*，Koln: Bohlau Verlag，1975，pp. 553–554.

致，因为它是人民的法律。习惯法不是指封建的契约关系，它是圣灵感应下的古代乡村社会的公社制原则。

但是，与其说海尔高特是一个“使徒时代”的依恋者，毋宁说他是一个新的“圣灵时代”的赞美者。“圣灵时代”不仅完全同领主的贵族政治相对立，它也超越了以传统习俗为特征的“使徒时代”。“圣灵时代”的特点是由一个牧羊人通过圣灵直接对人间进行统治。“圣灵时代”意味着把圣灵主义发展成为一种新的政治社会制度，使它成为一个由基督教直接统治的“人间天国”。海尔高特不是十分提倡发展军队或强化政府官僚机构，他提倡从根本上实行平等，这样就能使政府成为体现民众利益的服务机构。通过社会成员的平等互助、友爱相处来消灭贵族和贫民、体力劳动和脑力劳动、贫和富、统治者和被统治者之间的差别。海尔高特的圣灵主义因此体现出基督教共产主义的特征，它提倡缩小社会差别。我们知道海尔高特生长的法兰克尼亚和纽伦堡市正是一个商业经济比较发达，市民和民众力量比较强大、贵族势力比较分散、诸侯的领地政府的权力和专制程度不是十分扩张的地方。这可以帮助我们理解海尔高特社会平等理论产生的某些背景。

在“圣灵时代”里，人和人实现一种根本性的平等。这意味着人与人之间的关系是平等关系，没有尊卑之分；这导致他们在财产的分配上也将实现平等，即人与人之间应在财产分配、社会机会和政治权力的分配上较为平等。

海尔高特既然认定人是平等的，他就致力于呵护人在体力、智力和道德能力上的平等。从这点出发，社会中存在的等级制度需要取消。海尔高特攻击少数人掌握一切大权的现象。同样，如果农民的状况没有得到改进，那就是违背了神的意愿，错误必须加以纠正。他谴责领主毒打农民残酷压迫农民并要他们干双倍的劳役的做法。由此出发，海尔高特强调了私有制在本质上是自私的，而公有制却是无私的制度。海尔高特认为只有变现有的社会为平等的、公正的和公有的社会，基督教的原则才能得到体现，福音才会真正成为基督教社会的基础。一个以公共利益为原则结合起来的团体应当尽量做到平等互助。人们理应得到相同份额的分配。为了这个目的，就要建立起一种行政管理机构，来掌握产品的分配。在一个丰收的地区，应当把这产品分一些给收成不好的地方，以便实行大致上的贫富均匀。这一切，都是为了符合神的旨意，实现公共利益的原则。

海尔高特清楚地认识到私有财产是万恶之源。他认为可以通过财产的公有化来加以改善。在新社会里，森林、水泽、牧场是只属于公社的，并不属于任何单个个人。土地也不属于地主，而是属于公社。这样，地租、劳役的取消就是理所当然的了。不过，人应当为公共利益而工作。每十二个人为一组，轮流派其中一人去做公益服务。被派之人必须尽力把工作做好。

社会救济是公共利益的重要组成部分。对老、弱、病、残者，社会要实行救济。社会应当承担照顾老人和病人的义务。他认为一切残疾人和其他的病人应当由公社无偿地来照顾，体现社会福利的好处。他在这里指出了按需照顾的原则："如果因神的荣耀和公共利益需要某地区要求人们提供帮助时，将对人们进行征税。还要建立一个养老院，让人们能在那里得到吃、喝和其他的健康必需品，要求比任何医院都要好。"①

在家庭中，海尔高特提倡"供养人"制度。供养人就是教父，他要教育孩子，并且抚养孩子们成长。海尔高特所设想的家庭是这样的：当孩子三四岁以后，要去教堂受洗。然后供养人来到，他接收孩子们，他叫男孩们去跟从一个最虔诚的人，那人把孩子们带到自己的屋子，成为一个忠实的父亲。女孩们同样是被领到一个最贤惠、虔诚的妇女那里，她负责教养她们，直到她们长大成年。然后，孩子们如果爱上了谁，他（她）就同那人以神的荣耀和公共利益的名义相结合。②

对于手工业生产，海尔高特要求人们实行合作制。他说："人们需要手工工匠如裁缝、补鞋匠、织工、亚麻布纺织工人、铁匠、磨坊主、面包师和其他所需之人，每个地区都要有这些人。所有的工匠要恢复他们旧有的方法，克服自私之心以便为整个地区的公共利益提供服务。然后'我们的父'就会满意，人们心中牢记我们在这里经常讨论的话，即'我们，我们，我们'。"③每个匠人

---

① Hans Hergot, "Von der neuen Wandlung eines christlichen Lebens", in Adolf Laube, ed., *Flugschriften der Bauernkriegs Zeit*, Koln: Bohlau Verlag, 1975, p. 548.

② Hans Hergot, "Von der neuen Wandlung eines christlichen Lebens", in Adolf Laube, ed., *Flugschriften der Bauernkriegs Zeit*, Koln: Bohlau Verlag, 1975, p. 548.

③ Hans Hergot, "Von der neuen Wandlung eines christlichen Lebens", in Adolf Laube, ed., *Flugschriften der Bauernkriegs Zeit*, Koln: Bohlau Verlag, 1975, p. 549.

要找另一个匠人，为公共利益的缘故向他传授自己的技艺，这样他们的技艺就能够互相传授、互相提高。他们皈依神，向一切之中最完美的神和神的圣徒们祈祷。为了神，他们放弃了自私而为公共利益服务。他们将穿上地区制造的服装，他们将被提供食物和饮料，地区中所有的东西也属于他们，如木材、水泽和其他一切公用之物。任何人在自己的地区内造出了某一物品，为了别人，他也把这些物品提供给别人。在基督降临节、耶稣升天节和圣灵降临节期间他们应当禁食。

海尔高特要建立“精神病院”来医治病患者。“要建立一个场所收容生理上有缺陷者。还要建立另一个场所收容精神病患者，以便使这些灵魂受到干扰者在那里生活，直到他们对自己的罪孽有所悔过。”①

公有制度是基督教社会中最为本质的东西。当公有制进入到人们的生活中以后，世界万物都会因此改变。作者暗示现存的世界是同基督教的《圣经》完全对立的。他相信当人民把公共利益应用于他们的社会之中后，一个真正的基督教的生活才能建立，并带给人民一种幸福的道德的生活。

海尔高特把公共利益与上帝、耶稣和圣灵相提并论，视其为基督教的最为本质的原理。公共利益相当于公有制，并成为圣灵带给人们的最为伟大的启示。海尔高特认为唯有公有制能使人摆

① Hans Hergot，“Von der neuen Wandlung eines christlichen Lebens”，in Adolf Laube，ed.，*Flugschriften der Bauernkriegs Zeit*，Koln: Bohlau Verlag，1975，p. 549.

脱自私和斗争，所以又是实现和平的真正基础。他争辩说神是知道人们有这个需要的，所以神为人们设计了一种以人民的利益为出发点的社会制度。这些观点是从1525年运动遭遇到军事和政治的危机以后发展出来的，但它们也是受到了激进思潮的影响。海尔高特相信基督教的社会和政府能够建立起来，只要人民自己努力的话。他强调人们自愿加入，互相合作和鼓励，然后按照神的旨意在人们中间建立起一种真正的基督教公有社会的契约。

海尔高特视神法为一种体制，也是一种人类的精神生活。海尔高特把基督教理论演化为神法，再从神法之中演化出社会制度和社会规则。他认为：通过对神法的贯彻，人们能够得到一种政治的和社会的道德来源，从而加强社会的凝聚力，把人类团体变成一个真正的基督教徒的精神团体。

政府和教会是公有社会的两大机构。政府按神法行事，实现公共利益，体现道德权威、政治权威和知识权威。教会被称为上帝之家。神在每一个地区里建立了教区，教区由地方上的人们来维持。海尔高特并没有为上帝之家下过清楚的定义，他只是强调在世界上应该有两套领导机构，一是管理教化和灵魂得救的事务，一是管物质性的有关肉体方面的事务。这两套机构虽然功能有所不同，但两者都是为同一个目的而工作的，这就是在世界上建立公共利益。在具体处理教会和政府这两套制度的关系时，海尔高特把教会置于政府之下，教会是政府的精神所在，然而它又是在政府所规定的权限下工作，主要是进行宗教事务管理和道德教化。

上帝之家拥有如下权力：第一，上帝之家管理一切有关宗教方面的事务，并且是以村为单位的，每一个村子，都要设立一个上帝之家。上帝之家主管宗教仪式，组织庆祝宗教节日的活动等通常的教会工作。在上帝之家建立以后，过去的那些教会、宗教组织、修道院等就不复存在，让位给新建立的上帝之家。在这个新的宗教体系下，人们不再缴纳租税。上帝之家要为公社创建一种道德的气氛，以便推进公共利益。为了实现这个目的，上帝之家承担宣传公共利益的职责。它负责教导人们公共利益是基督教新生活的核心内容。这种道德教化承认天主教的一个重要原则，即道德的生活有利于人的灵魂得救。如果一个基督教徒能够把公共利益看成是高于他个人利益之上的，他的行为就会被上帝赞赏，灵魂就能得救。最后，上帝之家负责社会福利事业的管理工作。按照基督教的道德规范，它负责照顾病人、老人、穷人，帮助这些人们按照上帝的意愿过上尘世的幸福生活。

上帝之家体现了道德的权威，政治权威则由政府部门来体现。政治权威的特点，在于它是一种由担任官职者依据宪法性规则（神法原则）施之于人民的权威。因此它是被选举的，其权力是有限的，根据法律，是人人平等的。这是一种新的宪法政治对领主和诸侯的权力的取代。经由选举产生的政府分为村、区、语言区和中央4个行政等级。最基层的组织为村，设立一个行政办公处，管理生产和行政。每12个自然村组成一个区，设区一级的管理机构。区是按照东南西北的方向设立的，所以就有东区、西区、南区、北区之分，每一个区就叫阔特（含四分之一之意）。在每4个区之上设个1语言大区，辖4个区48个自然村。语言区一共有3个，分别按照三种圣经的语言来命名，称拉丁区、希伯来区和希腊区。每一个语言区中都设立政府机构。在3个语言大区之上设中央机构，成为全国144个自然村的最高行政领导机构。一个国家的领地，大致为144个自然村。各级的领导人分别称为世界之主、语区之主、阔特之主，他们取代了原有的诸侯、贵族和领主。

海尔高特的国家构造如下：乡村政府是最基层的行政单位，它的结构十分简单，由一个村长和他的几位官员组成村政府；这个村长最好是本村的居民，至少也应当住在村里，同农民同吃同住。有一个村长的属员是管理农业生产的负责人，他必须是一位农业方面的专家，具有丰富的农业生产的知识。他的主要责任是改进农业生产状况，使生产达到最大的效益。另一位官员负责宗教事务，他负责传教和管理整个村的宗教事务；这个管理宗教的官员不是牧师，他是一位政府官员，负责宗教事务。这个职务包括一项重要使命，他责成村里的每一个人为上帝之家和村里的工作提供服务。村长之下还设一位官员，负责生产的分配。他负责分配上的平等和合作。村长还负有办教育的职责，每个村应当建立一所初级学校以教育人民。最后，每一个村子要轮流派遣3人参加军事训练，为步兵或骑兵服兵役。

在乡村之上设立区政府，主管12个村庄。区长对于12个村的领导是比较松散的。每年区长会见村长一至两次。区长的职能是了解村子中发生的事情并对村长进行指导。同村长一样，区长也有几个属员。有一个官员是管理生产的，另一个官员掌管宗教事务。每个区都设有一所学校，开设希腊语、希伯来语和拉丁语等课程。

在更高的语言区一级的政府中，设长官1人，他负责领导4个区48个村的行政事务。每一个这样的语言区都是比较独立的行政单位。语言区的长官要求能精通两种以上的《圣经》语言，如希腊语和希伯来语。在3个语言区之上设一总督，他必须精通3种语言：拉丁语、希腊语和希伯来语。

虽然十分注意政府的道德性和权威性，海尔高特却主张淡化政府。他不赞成建立庞大的政府机构和军事、政治、法律体系，希望通过基督教的教化，使人自觉按“公共利益”原则行事。他认为，政治制度的有效性主要是创造一种基督教秩序，这要求公民参与并进行社会合作。公民合作的基础是“去私”和“平等”，履行基督教的义务和道德。这样就能建立起一个以精神道德为凝聚力的社会合作，这种合作本身为社会的稳定提供基础，所以无须一个强有力的政府机构来强行推动社会的稳定。简言之，海尔高特认为社会秩序的建立，依靠的是人的内心圣化和民间的自觉合作，而不是强有力的政府机构的设置。如果同盖斯迈尔的政府做一比较的话，海尔高特设计的政府的结构更为松散。海尔高特认为松散的中央政权和一个比较强大的乡村政府就足够了。政府只是教化人民实现基督教的原则，并不通过严密的控制来统治人民。

政府管理生产事务；政府主要是一个行政机构，不是军事机构。在整个国家里，军队不是很多，144个村庄共有一支军队，又从中分出骑兵和步兵两个兵种。从数目来看，军队大概相当于警察，服务于地方事务。

海尔高特甚至希望世界上最终能够消灭家庭、国家、法律和军队。在这些事物未能取消前，他希望由全体男子选出一个地方政府。一切官员是由人民选举产生的。村庄建立一支志愿军，保卫国土的安全。

海尔高特强调政府必须也是知识上的权威，这不仅要求国家的管理者必须是一个真正的《圣经》学者（懂得希腊语、希伯来语和拉丁语），还要求他们懂得经济管理和农业生产技术。此外，各级政府都必须建立学校，视此为自己的重要职责：每个村子、区和语言区都设有专门学校。海尔高特的政府是主张用道德教化来维持社会间的合作的，学校因此具有重要的社会功能。如政府的领导人本身是贤良的学者，那么他们在启蒙社会、向全国人民宣传公共利益和基督徒的新生活时必然会有诸种方便。

在小册子的最后部分，海尔高特分析了法律问题。总的来说，海尔高特主张用道德教化的力量来进行国家管理，不赞成通过严厉的法令来统治百姓。从这点出发，他相信法律只是保护领主及其财产和特权的工具。他认为用基督教的道德来教化人民要比用法庭和法律来强制人民来得有用。他争辩说法律是同圣灵相对立的。他写道，我相信神不需要人民干什么事。当他来到人间，他不是去见法官的。他害怕他们，因为他知道他们会把神的公正和真理变成不义和错误。

海尔高特的结论是：公正的法律是不可能靠世人制定的，只有圣灵才能办到。海尔高特没有十分认真地思考过世俗的法律问题，他关于圣灵之说，其实是基督教的一种道德观念，而不是一种严格的法律。按照海尔高特的说法，在世界上存在两种学问。一种是法律，一种是圣灵。法律教给人的是偏见，圣灵教人的是智慧。第一种学习的途径是通过人类的经验来获得的，可以在学校和社会中学习完成。第二种学习是一种圣灵的感应，一种从神那里直接而来的神秘的召唤。所以在海尔高特那里，关于圣灵和神法显然有不同的基础。神法的基础来自《圣经》中的条文。圣灵的基础来自一种智慧。当神的智慧给某人以启示时，那人就具备爱和聪慧。海尔高特认为圣灵的启示不是可见的法律，而是给人一颗爱心和一份智慧。当一个人成为有德性的人的时候，他就不需要法律。

海尔高特揭示了1525年革命失败后的社会状况。那是一个贵族力图恢复封建旧秩序的时代。海尔高特希望这个时代灭亡，开始真正的基督教圣灵时代。他设想1525年就是旧世界的末日和新时代的开端。在这个新的时期内，公共利益将成为一切社会制度的基础。但是，海尔高特拒绝集权化的统治，认为这会造成社会政治的专制。他希望政治和教会能够合为一体，在体制上是教会臣属于世俗的政府，在精神上是政府服从宗教的神法和圣灵的指引。这两者联系的基础，就是都服从于公共利益。公共利益的核心是公有制度。这成为“人间天国”的基础。他希望政府和教会能教化人民的道德，取消私有制度，实现真正的公正和平等。

与闵采尔等人的交往，激发了海尔高特对“人间天国”的无比向往。在他的思想中，私有财产的废除和公共利益的建立是造就农村新秩序的两大杠杆。现代学者因而认为他是一个“社会主义先驱”或“共产主义者”。这种评论也许是过于夸大了海尔高特。海尔高特的政治思想大约介于闵采尔和托马斯·莫尔之间，同时，从他的《向基督教新生活的转化》一文，我们看出他对基督教修道院秩序表现出强烈的兴趣。

海尔高特试图把福音原则直接应用于尘世。福音意味着一种行将到来的世界秩序，一种以公有制为基础的公社秩序。人们需要福音指导他们灵魂得救，也需要福音来指引他们建立人间的天国和基督教的道德世界。海尔高特认为：地球上建立由一个牧羊人统治的秩序将恢复制度的一切优越性，使人们灵肉两个方面都能够得到满足。通过这种地球上的秩序，小的村庄能够保卫自己的土地，使之免于大城市和领主们的吞食，所有在它们的土地上所能发现的东西属于它们自己。城市能够放弃它们的多余的房子，因为它们不再需要；修道院围墙内中可以多出许多空地，所以能被利用来促进上帝的荣耀和公共利益。海尔高特所解释的革命目标就是：去掉私心，服从公共利益，最后建立没有私有制度的基督教公有社会。

三 盖斯迈尔的《蒂罗尔宪章》[①]

在德国南部靠近意大利威尼斯边境的蒂罗尔地区，农民起义是由马克·盖斯迈尔领导的。有关盖斯迈尔的激进思想最集中地表现在他在1526年所拟的《蒂罗尔宪章》文献中。“宪章”一词及其隐藏的含义包含着一种政治理想：建立国家权威并使之成为贯彻神法与实现公共利益间的桥梁。《蒂罗尔宪章》推崇两种意义上的革命：政治革命与社会经济改革。除非建立一种国家权威，否则两种革命皆成空谈。神法、国家与公共利益三者合一，既为宪章精神，亦为蒂罗尔革命的最高理想。

盖斯迈尔（1485—1532）成为农民起义领袖实为德国农民之幸。此人不仅深谙军事方略，亦精于外交及政治。盖斯迈尔文采颇佳，《蒂罗尔宪章》文笔练达，几近于现代律师笔触。盖斯迈尔在农民革命之初不甚激进，对农民仅持有同情态度。一年后，盖斯迈尔转为革命者。蒂罗尔革命一直坚持至1527年，盖斯迈尔是这场革命者的实际领导者。

盖斯迈尔生于富裕之家，其祖父为农民，其父亦有农庄，但亦经营矿业。蒂罗尔产铜，故经营矿业极易致富。盖斯迈尔幼年进学，在天主教学校中研习古典名著，学习法律及为吏之道。得

---

① “Michael Gaismairs Tiroler Landesordnung”，in Adolf Laube，ed.，*Flugschriften der Bauernkriegs Zeit*，Koln: Bohlau Verlag，1975，pp. 139–144.

其父之力，1507年盖斯迈尔成为蒂罗尔代理主教的秘书。其年盖斯迈尔22岁，娶一富室女为妻。盖斯迈尔甚爱其妻，以致后来其妻为盖斯迈尔牵连，入狱受到权贵污辱，成为盖斯迈尔转为革命的重要原因。数年后，盖斯迈尔转为布里克森教区主教之秘书。布里克森主教亦为蒂罗尔诸侯之一，权势极盛。盖斯迈尔从此进入权贵社会，掌管权贵重要文书，亲自体验蒂罗尔政治、民情。

1525年5月，在盖斯迈尔40岁时，蒂罗尔爆发革命。革命起因纯属社会及经济，大致是反抗经济剥削、反抗政府用罗马法系代替习惯法控制人民、反抗外国公司在蒂罗尔采矿及反对教会腐败。[①]5月10日，农民和市民占领布里克森市，13日盖斯迈尔向农民投诚，即于当日被农民选为领袖。当时状况盖斯迈尔自述为“仅有8名士兵坚守主教的城堡”，其余官吏均已逃跑。盖斯迈尔为“保护自己多年努力所得之物”决定倒向农民。[②]盖斯迈尔当选为农民领袖后，即命农民“停止骚乱”，并劝说农民回家去。[③]

6月22日起义农民向斐迪南大公和蒂罗尔首府因斯布鲁克的议会投递请愿书，史称《米兰条款》(*Meran Aricles*)。据传盖斯迈

---

① Walter Klaassen，“Michael Gaismair: An Early Proponent of Social Justice”，in Hans-Jurgen Goertz and Walter Klasssen，eds.，*Profiles of Radical Reformers*，Kitchener，Ontario，Scottdale，Pennsylvania: Herald Press，1982，pp. 88-96.

② Walter Klasssen，“Michael Gaismair: An Early Proponent of Social Justice”，in Hans-Jurgen Goertz and Walter Klasssen，eds.，*Profiles of Radical Reformers*，Kitchener，Ontario，Scottdale，Pennsylvania: Herald Press，1982，pp. 88-96.

③ Walter Klasssen，“Michael Gaismair: An Early Proponent of Social Justice”，in Hans-Jurgen Goertz and Walter Klasssen，eds.，*Profiles of Radical Reformers*，Kitchener，Ontario，Scottdale，Pennsylvania: Herald Press，1982，pp. 88-96.

尔曾为该书执笔人。《米兰条款》要求不加更改地宣传上帝福音，选举教区牧师。德国史家布瑞克评述《米兰条款》道："其要求为不加更动地传播上帝之言，敦促兄弟之爱，争取民众公共利益。"[①]《米兰条款》与后来的《蒂罗尔宪章》具有连续性。

8月11日盖斯迈尔被召去首府因斯布鲁克，旋即被投入监狱。其妻遭受污辱，财产亦被没收。盖斯迈尔于1525年10月逃离监狱，从此流亡至瑞士苏黎世。盖斯迈尔经过此次劫难，正式走向革命。在瑞士，盖斯迈尔得到茨温格利的帮助，组织了一支军队，准备进攻蒂罗尔。1526年7月6日，盖斯迈尔率2000名武装士卒进入蒂罗尔，不久，被来自因斯布鲁克的敌军阻挡，遂退至意大利威尼斯。

1527至1532年盖斯迈尔在威尼斯作雇佣军领袖。1532年被斐迪南大公派来的刺客杀死，年仅44岁。纵观盖斯迈尔一生，实在光明磊落，此种行为，非有高尚精神者不能为也。盖斯迈尔与闵采尔齐名，他领导的蒂罗尔革命，是德国农民战争的最后一页。

盖斯迈尔领导农民起义，十分注意谋略。他为农民筹划的革命方略是军事、政治、社会、经济循序渐进。据《蒂罗尔宪章》，革命第一步骤为"取消特权，因任何特权皆与神法相违"。若此举成功，盖斯迈尔即欲筹建坚强有力的政权。国家权威得以建立，即运用此种权威进行宗教与法律的改革，把此两部分置于政权控制之下。最后步骤，盖斯迈尔以为是发展经济，建立公益制度。盖斯迈尔革命方略分为革命、政治、社会、经济4个阶段。此种意

① Peter Blickle，*Gemeinde Reformation*，Munich，1985，p. 44.

图表现在《蒂罗尔宪章》之中。

盖斯迈尔的政治倾向毋庸置疑：他要求运用革命武力推翻旧有的封建统治体系，建立人民的新政权——盖斯迈尔之国。盖斯迈尔《蒂罗尔宪章》的“宪章”一词，隐含着一种政府权力的意思，即指根据上帝神法的原则来贯彻公共利益。盖斯迈尔的“宪章”发起的不是一场革命而是两场革命：用军事斗争打败封建统治者的反封建的政治革命，和把大多数人们从传统农业社会的剥削制度及社会压迫中解救出来的社会—经济革命。除非人民建立自己的政府，这两场革命均属空言。因此，这一政府要向人们提供的不仅是政治上的正义及平等，还在于促进经济上的公共利益，后者主要是通过政府对矿业、市场、农业生产和社会福利的控制来实现的。理解盖斯迈尔的《蒂罗尔宪章》，是了解1525年革命深度的一把钥匙。

作为一个现实的政治领袖，盖斯迈尔同海尔高特等人一样，认为革命者肩负政治秩序革命和经济改革双重任务。但海尔高特等人只是一种理论家，他们提出原则，作为将来社会的基本准则。盖斯迈尔则从政治角度彻底钻研这个问题。他得出的结论是必须发展武装力量，攻占蒂罗尔首府因斯布鲁克，改变政权性质或夺取政权，然后，运用强大的政权威力，透过政府法令政策，推动宗教、社会、文化、法律诸方面的改革。等到旧秩序的束缚被解除以后，经济发展就可以顺利上路。简言之，革命—政权—社会—经济的改革模式，就是盖斯迈尔精心设计的社会改革顺序。

《蒂罗尔宪章》共24条款。可粗略分为4个部分。1至3条阐述总纲。盖斯迈尔讨论实行神法为革命之目的，消灭违背神意者及建立神权国家只是为了实现上帝之荣耀。4至7条款专论反对无神论者的必要，即驱逐那些危害人民的人。8至13条讨论新国家权威的性质和形式。最后部分14至24条款讨论社会和经济改革。

《宪章》第一条奠定了以神法为指导的原则。盖斯迈尔指出："首先你们应庄严宣誓和许诺，在生活和所有权问题上持合作态度，不会互相抛弃，而是结为一个整体统一行动，在做决定时一直互相协商。你们忠诚地服从高于你们的权威，在一切事务上不寻求私利，首先考虑上帝之荣耀，其次考虑公共利益，这样，万能的神必会赐予你们恩惠和帮助。（正如他对一切服从他命令的人们总是允诺的那样。）对于这一点我们完全具有信心，因为神是最完全的真实，他不会欺侮。"[1]盖斯迈尔所说的上帝之法，是指上帝的福音，在1525年流亡瑞士时，他曾经说自己是一个"虔诚的、诚实的人，是为了福音的缘故被迫离开蒂罗尔"的。在瑞士他得到瑞士的宗教改革家茨温格利的支持，并且成为茨温格利的朋友。他强调《圣经》，大力提倡发扬上帝的光荣，然而上帝在他那儿更多地表现为一个扬善惩恶的帝王。上帝的光荣于是紧密地同人民参与的社会新秩序结合在一起，人民为了发扬上帝的光荣，必须支持政府，因为政府既是民选的，又是代表上帝行事的。在这一点

---

① "Michael Gaismairs Tiroler Landesordung", in Adolf Laube, ed., *Flugschriften der Bauernkriegs Zeit*, Koln: Bohlau Verlag, 1975, p. 139.

上，盖斯迈尔推论出人民的政府是上帝所授权的这一原理，神法直接为人民的政府的合法性服务。

按照《蒂罗尔宪章》，革命的第一步骤为消灭不敬神者。一切违背神意者皆属驱逐之列。《宪章》指出："你们要消灭和驱逐一切不敬神者，因为他们歪曲上帝之言，压迫平民百姓，危害公共利益。"[①] 在第四条盖斯迈尔写道："第四，一切特权应予以取缔，因为它们与上帝之言相违背，并阻碍维持公正，这样的话，就没有人可以进行损人肥己的活动。"[②] 克拉森以为此语最能体现盖斯迈尔的激进性质，"别的农民纲领仅反抗领主滥用权力，而盖斯迈尔的宪章却寻求同以往的完全割裂"。此言甚为正确，因中世纪封建秩序是建立在特权和社会差别之上的，运用神法理论否认特权的合法性，意味着反抗整个封建秩序。在《宪章》的第五条中还指出，要消灭一切城乡和阶级差别。它指出："一切城墙及乡村中的城堡、堡垒均要拆除，这样城市不复存在，只有乡村存在。人与人之间将不再存在差别，也没有人觉得能比别人高出一筹。这些因素曾导致了人们不和、傲慢和整个国家反叛。在国土上要实现绝对的平等。"[③]

很明显，盖斯迈尔的军事行动是同他想要在蒂罗尔建立一个

① "Michael Gaismairs Tiroler Landesordung", in Adolf Laube, ed., *Flugschriften der Bauernkriegs Zeit*, Koln: Bohlau Verlag, 1975, p. 139.

② "Michael Gaismairs Tiroler Landesordung", in Adolf Laube, ed., *Flugschriften der Bauernkriegs Zeit*, Koln: Bohlau Verlag, 1975, p. 139.

③ "Michael Gaismairs Tiroler Landesordung", in Adolf Laube, ed., *Flugschriften der Bauernkriegs Zeit*, Koln: Bohlau Verlag, 1975, p. 139.

人民新政权的设想紧密相连的。“蒂罗尔宪章”这个标题即指一种新的政府权威，它能成为联结神法与公共利益的桥梁。盖斯迈尔对整个旧封建秩序持否定态度，但认为一个强有力的政府行政是实现人民意愿的保证。在盖斯迈尔那里，革命包含两层意思：对旧有秩序进行革命并建立新的政权。

如果说驱逐不敬神者为革命的第一步，那么对国家机器进行改造意味着政治革命。具体内容就是在国土上建立一个政府，布里克森是最适合的地方，因为那里有许多教堂，并地处领地的中心地带。官员由四个地区和矿区的团体选举产生。一切事项提交政府处理，不要再通过梅朗的政府，因为去那里不仅是没有用处，而且是不必要的开支。任何呼吁都要进行听证，不能拒绝接受审理。在政府驻地，设大学一所，教授上帝之言。大学的三个学问渊博、熟悉上帝之言并且富有解释《圣经》经验的教授（《圣经》是上帝意志的唯一来源），将成为政府的常任委员，以便按照上帝的命令决定各种事情是否合乎神意。

蒂罗尔是一个领地政府强大的地区，盖斯迈尔希望用选举的办法把政府权力转到人民手中。他希望通过宪章的颁布，来保证政府的人民的性质，并以此来推动改革。盖斯迈尔建议蒂罗尔的议会选举政府的官员，一旦这些政府的官员选举出来以后，即行使充分的政治权威。盖斯迈尔还提出把蒂罗尔的首府从北方的贵族势力很强的因斯布鲁克迁到南方的人民革命力量强大的布里克森去，以便摆脱贵族的影响。在新的国家政权的形式问题上，盖斯迈尔主张集权制。他要求民众忠心服从上级权威，用无私的态度对待万事，促进上帝的荣耀和公共利益。《蒂罗尔宪章》第十八条规定："为了向整个秩序提供良好的保护，在国中将设四个军事行政长官和一个总司令，由总司令负责照管战时的和平时的国家的一般需要。这些官员负责防卫，照管林区、通道、大路、桥梁和水道、房屋和公路；总之，他们要对国土上的一切需要负责。他们将忠诚地为实现这些需要而努力。各种需要都要报告政府，人们对它们逐个检查和调查后，将根据政府的决定来进行处理。"[①]可见，一旦革命成功，即建立强大的中央集权的领地政府，从而完成政治和政权的重建工作。如此一步一步地革命，将有可能把掌握在封建诸侯和贵族手中的统治机器转变为一个人民的宪法政府。

《宪章》提供了一个政府直接掌管司法的详细计划。国家和教区中所设的司法机构要根据便利的原则进行司法审判，这样就能以最低的代价进行司法活动。[②]第九条中指出："各个教区上的法庭每年都要选举一个法官和八个陪审员。这些人员将在一年之中履行司法的职责。"第十条指出："法庭在每个星期一开庭审判，任何的案子均不得拖延至两周以上，必须在下一个星期中审理完毕。法官、陪审员、秘书、律师、法庭工作人员和传讯人员不得向与案件有关的人员索取金钱，他们的薪金将由政府的收入中拨给。"

---

① "Michael Gaismairs Tiroler Landesordung"，in Adolf Laube，ed.，*Flugschriften der Bauernkriegs Zeit*，Koln: Bohlau Verlag，1975，pp. 141–142.

② "Michael Gaismairs Tiroler Landesordung"，in Adolf Laube，ed.，*Flugschriften der Bauernkriegs Zeit*，Koln: Bohlau Verlag，1975，p. 139.

我们从这里可以看到，在盖斯迈尔的国家中，法律是由政府颁布的，而司法人员是政府的工作人员，他们由人民选举产生，但由国家来支付工资。司法人员包括一个法官和八个陪审员，他们的任期为一年。法庭每个星期一开庭。每个案件不得拖延两周以上。法官、陪审员、秘书、传审员和其他法庭工作人员不得从接办的案子中提取提酬。这就为公正的司法提供了政治上的保证。

社会改革也表现在宗教事务上。国家专门设立宗教管理机构，管理传教、教会事务等。《宪章》主张，除了教区之外，其他的宗教组织、团体不复存在。因为上帝厌恶，在整个国家内不再举行弥撒。上帝之言必须不加变动地真实地在盖斯迈尔的国土上传播。一切烦琐的神学和教会法典予以取消，有关的书籍予以焚毁。如《宪章》第六条指出："一切偶像、十字架、不属于教区教堂的小礼拜堂和弥撒应在整个国家的范围内取消。因此神对此十分厌恶，它们完全是非基督教的。"[①]第七条指出："上帝之言在盖斯迈尔的国家中必须得到忠实的真正的阐述。一切烦琐的哲学和法学理论要从根本上消除，有关这一类的书籍要焚毁。"此外，第八条指出：在政府驻地要建立一所大学来教授纯粹的上帝之言，三个来自大学、有解释《圣经》丰富经验的饱学之士（《圣经》是神法的唯一来源），应成为政府中的常任委员，由他们来决定和判断实施于基督人民的一切事情是否符合上帝的旨意。通过宗教学教授参加政

---

① "Michael Gaismairs Tiroler Landesordung", in Adolf Laube, ed., *Flugschriften der Bauernkriegs Zeit*, Koln: Bohlau Verlag, 1975, p. 139.

府委员会的方法，可以说是既调和神法和政策间的关系，又保证政府管理宗教。从此以后，教会将成为政府主管下的一个特殊的部门。

另一项措施是没收被驱逐的贵族的财产，这既可以彻底打击和消灭贵族势力，又可以帮助解决政府行政开支。政府的行政开支从被没收的贵族财产、矿业生产利润和向人民征收的赋税中提取。盖斯迈尔还提出在矿区、商业市场中设立国家的办事机构、统一管理物价和矿业生产。政府将取消外国货币的流通，铸造新的统一货币。这些改革意义深远，因为从此以后财政、工业和矿业将完全掌握在国家的手里。

《宪章》力求人民在经济上得到解放。在赋税问题上，盖斯迈尔提出赋税改革，税额将通过全体民众的投票来决定。"赋税问题将由全体人民来决定是否需要取消或根据神法在某一年进行减免，同时，为了公共利益，是需要征税的。因为它可以成为防卫基金，以预防有可能遭到的不测发生。"[1]有关关税和通行税的问题，则要本着公共利益的精神予以取消。然而在边境上要适当保留，具体做法是进口不征税，但出口需要纳税。什一税是每个人出于公共利益需要缴纳的税，它将用于在每一教区聘一牧师，因为根据圣徒保罗的话，牧师教导上帝之言。多余部分用于救济穷人。对穷人应持照顾态度，以防止沿街乞讨的乞丐、流浪者和有能力的但

---

① "Michael Gaismairs Tiroler Landesordung", in Adolf Laube, ed., *Flugschriften der Bauernkriegs Zeit*, Koln: Bohlau Verlag, 1975, p. 140.

失去工作的人数的增加。[1]通过政策上的调整，《宪章》还主张用平价出售商品，拆除城墙，沟通城市与农村。在宗教上，取消弥撒的宗教仪式，取消教堂外的偶像崇拜。教会拥有的金银应捐献出来用以铸造货币。盖斯迈尔社会改革措施，意味着国家对经济、教会、教育进行直接管理，通过这些管理来提高人民的生活水平。

《宪章》规定设立社会福利机构，对穷人、老弱、孤儿和病残者实行救助。修道院和条顿骑士团等团体将被改造成为医院。医院是为病人所设置的，它把病人都集中在一起，妥善进行护理和医疗。另一些医院主要为老人所设，照顾那些没有能力进行工作的老人和贫穷的孤儿。孤儿在这里可以得到教育并能够体面地成长。特别穷困的人将根据他们的状况和所需用什一税、救济金等加以援助，对他们的状况的审查来自他们所在的地区的司法长官和最熟悉他们状况的人。如果什一税不足以承担牧师的开支和救助穷人，人们应根据自己的能力忠实地缴纳救济金。公民的收入情况和他们的纳税状况尽可能地要求统一。每个医院设一管理人员，在这之上设一总的负责人管理所有的医院和福利事业。总负责人的职责是为医院的一切需要提供经常性的帮助，视察照管穷人的情况。地方的司法行政长官要帮助这位负责人，向他提供什一税和救济金，还为他提供地区内最穷的人们状况的证明、有关信息和材料。穷人不仅将得到食物和饮料，而且还将得到衣服和

---

① "Michael Gaismairs Tiroler Landesordung", in Adolf Laube, ed., *Flugschriften der Bauernkriegs Zeit*, Koln: Bohlau Verlag, 1975, p. 140.

日用所需。[①]

《宪章》也提出了蒂罗尔经济发展的计划。在农业方面，“梅朗和特伦特之间的沼泽地需要排水，这样它或许能为牛、羊提供养料，增加的粮食将会使国家的肉类不再短缺。在许多地方要种上橄榄树和藏红花。在河谷地区的葡萄地上要搭起葡萄棚架来栽培葡萄，这样优质的葡萄能使这里酿出像意大利酒一样的红葡萄酒来。这还可以腾出土地来种植粮食，因这里正是粮食不够的地区。沼泽地上有毒的泡沫将会消失，土地就能变得健康。河谷地上的那些脏的浓酒般的液体被清除之后，许多因此而产生的疾病就会消失。葡萄酒、粮食可以低成本地大量生产出来。山上的那些种葡萄的土地无法用来种粮食，可以加以保留，继续用来栽培酒原料。”[②] 每一个司法行政区，“都应利用方便之时清理修整公共土地，使它成为好的牧场和良田”。[③]

在商业方面，要避免犯基督徒不齿的高利贷罪行。为了使商业活动走上好的秩序、取缔高收费的欺骗行径、发扬公平交易和优质生产的作风，在国土上应指定一个地方进行集中的商业管理。特伦特被认为是最合适的地方，因为它地处商道，本身又是一个繁荣的商贸中心。那里要成为一个工业区，生产丝绸衣料、帽子、

① “Michael Gaismairs Tiroler Landesordung”, in Adolf Laube, ed., *Flugschriften der Bauernkriegs Zeit*, Koln: Bohlau Verlag, 1975, p. 141.

② “Michael Gaismairs Tiroler Landesordung”, in Adolf Laube, ed., *Flugschriften der Bauernkriegs Zeit*, Koln: Bohlau Verlag, 1975, p. 141.

③ “Michael Gaismairs Tiroler Landesordung”, in Adolf Laube, ed., *Flugschriften der Bauernkriegs Zeit*, Koln: Bohlau Verlag, 1975, pp. 141–142.

黄铜制品、天鹅绒、鞋子和其他物品。一个总负责人将管理制定这里的物价。有些物品如香料等蒂罗尔本身不能制造，就要依靠进口。在国家中要建立几个商店，工业品在哪里可以卖出价钱就在哪里设立中心，以防止欺骗和奸诈行为。[①]商品是按照它们的实际价值进行交换的，品质优良的货币将在国土中流通。货币改革保证有一种稳定的如西格蒙德皇帝时代那样的货币将被建立。现在流行的货币将被废除，外国货币若其价值与我国之货币必须经过重新衡量才能确定者，将不再使用。一切货币若其价值可以同我国货币直接比较者将被接受。[②]为了铸造货真价实的货币，教堂和上帝之家中的所有圣餐杯和贵金属将进行回炉，用以铸造于公众有益的钱币。盖斯迈尔相信所有这一切措施都会给普通人带来巨大实惠。随着对从米兰至特伦特之间的沼泽地的开垦、畜牧业、葡萄种植业、传统的造酒工业的发展，国家商业管理的实现，在农业、手工业的生产方面和整个经济发展上会有长足进步。盖斯迈尔相信随着这些改革计划的落实，国家的收入就会增加。这样，国家就能真正贯彻“公共利益”的原则，着手建立社会福利制度，筹建医院、养老院，对贫穷的人们发放救济金。通过这些措施，真正的社会公益得以建立，工业、农业、副业和矿业的生产，都会得到大幅度的增长，人民的生活也将得到很大的改善。

---

① “Michael Gaismairs Tiroler Landesordung”，in Adolf Laube，ed.，*Flugschriften der Bauernkriegs Zeit*，Koln: Bohlau Verlag，1975，pp. 141–142.

② “Michael Gaismairs Tiroler Landesordung”，in Adolf Laube，ed.，*Flugschriften der Bauernkriegs Zeit*，Koln: Bohlau Verlag，1975，p. 142.

盖斯迈尔的《宪章》要求对矿区进行国有化改造。首先，把为贵族、外国的商人和外国公司如富格尔家族、鲍姆加特尼家族等所把持的各冶炼场所、矿区、矿产、银、铜和其他国土中的矿藏的所有权，收归国有。《宪章》指出："很有理由没收他们的财产，因为他们的钱财是靠不正当的高利贷手段吸人民的血得来的。他们的钱还来自对普通百姓和工人的欺骗，他们用不值钱的货物来支付工人的工资。这些货物的真正价值其实还不到工资的一半。他们抬高香料和其他物品的价格，靠的是囤积贵卖的办法。他们垄断海关物品的销售，抬高这些物品的价格，这样用非基督徒的高利贷办法加重了整个世界的负担。通过这些办法他们积聚起了诸侯般的财富。现在他们将遭到惩罚，其行为也将遭到禁止。"①改造以后的矿区实行国家行政管理。由一位人们选举的总经理将照管整个矿业，他必须每年做一次年度汇报。私人不得冶炼任何矿产。整个矿业归总经理掌管。总经理将以最经济的方式进行矿产交易。他向劳动者支付的是现金，不再以实物相付，从此以后人们同矿主之间将取得和平。在盐场也实行同样的原则。从矿业中得到可观的收入也用于国家的开支。国家的一切机构和安全所需的开支都能依靠矿业来解决。如果矿业得到的收入不够政府的开支，国家就要征收赋税或什一税，这样整个国土上的人都承担政府开支。矿业的收入还应用于矿业的扩建，因为这能以最少的投

① "Michael Gaismairs Tiroler Landesordung", in Adolf Laube, ed., *Flugschriften der Bauernkriegs Zeit*, Koln: Bohlau Verlag, 1975, p. 142.

入获得最大的效益。[①]

最后，这个新的国家力求同周边国家保持友好关系。蒂罗尔革命的主要目的不是转向奥地利或转向瑞士。它同前者谈判，希望以此来消灭诸侯势力，取得城市的自治和独立。它同后者合作，但不是为了脱离德国，帮助德国的敌人，而是希望借此建立自己的国家——一个农民的平等、自由、独立和民主的基督教联邦。

当我们观察1525年革命的政治纲领时，值得重视的是这些纲领寄托了革命者们很高的政治期望。《致全体德国农民大会书》的作者和盖斯迈尔，都是在革命最为关键的时刻撰写这些政治文献的，他们都把希望寄托在军事胜利上，都在纲领中提到了如何建设人民政权、如何复兴经济等具体规划。他们在繁忙的战争时期描画出最高理想的大致轮廓，并且马上用于宣传，意味着这些文献是1525年革命者的最高政治理念，同时也是他们的最高政治纲领。如果他们的军事获得胜利，这些纲领很可能会被贯彻。

关于这些政治纲领有几点值得注意。第一，他们都受到宗教改革运动的影响，但是他们的思想并不完全能够等同于马丁·路德的思想。在废除贵族统治、减轻经济负担、建设人民政权、废除私有财产方面，他们和马丁·路德之间存在着很大的差异，正是这种差异阻止我们直接把他们看成是马丁·路德精神的产儿，或者他们是行动者，而路德的宗教改革是他们的意识形态。尽管如此，

① "Michael Gaismairs Tiroler Landesordung", in Adolf Laube, ed., *Flugschriften der Bauernkriegs Zeit*, Koln: Bohlau Verlag, 1975, p. 142.

他们同马丁·路德之间存在的只是差异而不是对立，因此只要通过适当的“词义转换”（例如《致全体德国农民大会书》的作者经常做的那样），路德宗教改革的一些词汇马上就能够转变为1525年改革者所需要的思想武器。第二，他们的纲领中确实有超越时代的东西。但如果对其内容仔细推敲，似乎得出这样的结论：即使有些提法在当时无法实现，但是，却有着非常贴近农民真实需要的社会基础。第三，尽管这些作者考虑的中心问题在于：究竟建立起什么样的制度，才能实现上帝之言，我们却不能同意布瑞克教授所说的“1525年革命本身也是宗教改革的一种表现”。[①] 因为，从这些革命者的关注的重点看，有一点是明确的：他们是政治家和社会改革家，而不是农民的宗教改革家。

① Peter Blickle，*The Revolution of 1525: The German Peasants' War from a New Perspective*，Baltimore and London，1985，p. 161.

第七章

婚姻的世俗化与妇女地位

德国宗教改革运动基本上是男人们的事。但是，运动冲击了禁欲观念，提倡教士结婚，关闭了女修道院，因而对于女性世界是一种强烈震撼。一些现代学者据此理想化地认为这一时期是欧洲现代家庭的诞生日。在此之前是禁欲、独身、死婴、乱伦、女巫和修道院林立；在此之后是普遍的婚姻、和谐的夫妻关系、健康的婚姻立法和妇产科医学。①

宗教改革时期婚姻改革的核心是婚姻世俗化。妇女虽然摆脱了在宗教定义中充当贞女、生育工具和性动物的角色，却又被套入了世俗社会宗法的、家庭的和经济的桎梏之中，成为社会偏见和制度的牺牲品。由新教僧侣发起的婚姻改革因而是一束照亮过黑暗隐秘的女性世界的奇特光亮，它的闪烁与熄灭，却没有改变

① 这是哈佛大学历史教授斯蒂文·奥茨门德（Steven Ozment）的观点，加州大学伯克莱分校教授布雷迪认为奥茨门德过于理想化。与奥茨门德观点不同或相反的美国学者有托马斯·赛夫勒（Thomas M. Safley）、玛丽·费斯尼（Merry Wiesner）等。

妇女在社会上受欺侮被扭曲的情况。

一 对禁欲主义的批判

人的婚姻，是人的情感、性行为和家庭关系在社会立法程序上的认可。人们根据自己的情感编织爱情故事，社会的法律程序却根据自己的政治、社会、道德的标准来对此进行恩赏惩罚。个人与社会之间有统一的一面，也有对立的一面。在中世纪后期的西欧，由于婚姻的审判权掌握在崇尚禁欲主义的天主教会手里，婚姻的法律标准就变得模糊不清，婚姻也呈现出严重不稳定状态。

禁欲的观点在于把人的性欲和性生活当作精神信仰和灵魂得救的对立物。排斥性爱和婚姻生活被视为一种精神和信仰的发展，因此成为进入上帝纯洁天国的必要条件。用15世纪欧洲著名神学家杰尔森的话说，就是“世界上没有什么比独身更令上帝欢喜，没有什么比处女与童身更让上帝喜爱”。[①]禁欲在这一层次上是与上帝、精神完美、真理、纯洁等宗教价值结合为一体的，因而成为基督教修道者必须奉行的普遍原则。

禁欲作为一种宗教原则在理论上应该是不受性别局限同时适用于男女两性的。但在具体应用上，男女实际上处于不平等地位。女性被认为是性欲的挑逗者，男性则是被动的受害者。基督教神

---

① Jean Gerson，*Oeuvres completes*，VII; ed. Pelemon Glorieux，Paris，1966，pp. 416–421.

学家把女性解释为一种性动物，说她们像野草一样早熟，因而无法长成常青大树。又说她们生来缺陷，如果不受精于男子，子宫就要萎缩。[①]女性的这些弱点使她们易受魔鬼引诱，并使本来可以得救的男子坠入魔界，受地狱无限之苦无法超度。这些对妇女的污蔑在中世纪后期发展成为一种社会意识。16世纪一句德国谚语声称："娶个妻子就是引魔鬼入身。"又说："如果你的日子太舒服了，去娶个妻子。"[②]

禁欲理想的实现依赖于修道院的发达和僧侣教士的独身制度。要使世界不受女性的引诱，最好的办法之一就是把大量适龄妇女送到与世隔绝的修道院去。教会视妇女为原罪化身，并没有对妇女的灵魂得救抱多大期望。当时德国女修道院的数目却远远超过男修道院，如在斯特拉斯堡15世纪时仅有男修道院1座，女修道院却有8座。在14世纪的科隆约有一百多个修女之家，每处住10到12个修女，修女数占了这座人口仅一万多的城市适龄女性的四分之一到三分之一。[③]上文提到的杰尔森教士也许是当时最热烈提倡禁欲的神学家。他不仅自己独身，还积极鼓励了他的3个兄弟6个姐妹奉行独身主义。他特别为他的4个年轻妹妹担忧，说她们正

---

① Steven Ozment, *When Fathers Ruled: Family Life in Reformation Europe*, Cambridge, MA: Harvard University Press, 1983; Lan Maclean, *The Renaissance Notion of Woman*, Cambridge, 1980, pp. 28–46.

② Steven Ozment, *When Fathers Ruled: Family Life in Reformation Europe*, Cambridge, MA, 1983, p. 3.

③ Steven Ozment, *When Fathers Ruled: Family Life in Reformation Europe*, Cambridge, MA, 1983, p. 13.

处在“最危险的魔鬼肉欲时期”，积极鼓励她们奉行禁欲独身。[1]

禁欲主义如果实行于男性僧侣身上，则意味着身处世俗人间的僧侣教士取得了神性，成为神在人间的代理人因而具有至高无上的权力。神性是通过奇怪的神婚制度而取得的。专职侍奉神的修道院僧侣或教区中的主教、教士、神父，均要宣誓与上帝结合，佩戴上代表结婚的戒指后，才能正式取得代神行事的宗教圣职。公元604年教皇格列高利颁布第一个教士禁婚敕令，规定教士禁婚，已婚者必须放弃婚姻才能接受圣职。[2]神婚制度把人分为两类：前者是具有神性可以代神行事（如举行施洗、布道、听人忏悔等宗教仪式）的僧侣，后者是没有神性只有通过教士才能与神交往的芸芸众生。

到了中世纪后期，推行禁欲主义和独身制度已成为罗马教会公开标榜的一个政策目标。教会的婚姻立法即是基于这种信念而成立：在僧侣中推行彻底的独身制度；在妇女中间提倡禁欲，兴办大量女修道院安置她们；在俗人中间提倡不婚单身，不得已才让他们结婚，以避免肉欲泛滥危及社会。教会认为如果把性欲限制在婚姻范围内，当可预防人的欲念的随意发泄。上述政策有其理论基础，在《圣经》中圣·保罗说：“我说男的不近女的倒好。但要避免淫乱的事，男子当各有自己的妻子；女子也当各有自己的丈夫。我对着没有嫁娶的和寡妇说，若他们常像我就好。倘若自

---

① Jean Gerson，*Oeuvres completes*，VII; ed. Pelemon Glorieux，Paris，1966，pp. 416–421.

② Vergilius Ferm，ed.，*The Encyclopeaia of Religion*，N.J. Public Books，1987，p. 135.

己禁止不住，就可以嫁娶。与其欲火攻心，倒不如嫁娶为妙。”[①]这番话把婚姻看成了围隔性欲的樊篱，又引出了神圣婚誓和永恒婚姻两项制度，意为男女两人对神起誓即为永恒婚姻的缔结（教会法系的另一派认为除了婚誓外还须有性关系才完成正式婚姻），不得随意离婚，否则被视为欺神行为。教会法系规定除非婚姻的一方有了婚外性生活，被害的一方才有权申请离婚。离婚只是“床和房间的分开”，无法改变永恒婚誓的内容。因此，如果没有教会的特许，无论是违法的还是被害的一方，再婚都是不许可的欺神行为。

在婚姻樊篱里，教会提倡一种没有快感和欲念的性生活。其理论是圣徒奥古斯丁和托马斯·阿奎那的妇女工具论。奥古斯丁提倡克制欲念，认为女子可以被赞被咒。如果她成为性欲的目标，她就被咒；反之，如果她为丈夫和孩子尽自然之责，就被赞美。[②]13世纪神学家托马斯·阿奎那为奥古斯丁的话进一步做注解，他说女人创造出来就是为了帮助男人的：“不是帮助男的别的什么（别的一切男子可以请其他男子更好地来帮助），只是帮他生儿育女，传宗接代。”[③]妇女工具论把女子置于受屈地位，因此两性生活只是男子欲望的实现，对女子来说毫无欢悦可言。在禁欲主义的阴影下，当时家庭内性生活不和谐应是普遍现象。

---

① 《圣经·哥林多前书》第七章，第1—10节。

② Steven Ozment，*When Fathers Ruled: Family Life in Reformation Europe*，Cambridge，MA，1983，p. 10.

③ Thomas Aquinas，*Summa Theologica of St. Thomas Aquinas*，vol. 13，chapter 1，question 92，London，1912.

教会推行的禁欲主义的婚姻政策，最终导致严重的社会病态。宗教改革前夕，约有百分之四十的欧洲妇女过着单身生活。适龄妇女的独身加剧了男女比例的失调。男子往往娶比他大十几或二十几岁的寡妇为初婚的妻子。妇女结婚后不断怀孕生育，但有三分之一至二分之一的儿童在5岁前夭折。① 妇女卫生和妇产科医学被视为禁区，例如1522年汉堡法庭处死一名医生，因为他想观察生育过程。② 此外还存在大量修女和女巫。从1400至1700年在欧洲至少有8万名妇女因从事女巫活动被判处死刑。③ 在此情况下根本谈不上稳固的家庭关系。

禁欲主义政策不仅没能达到净化社会的目的，反而激起更多的淫乱和腐败。新教改革家安德烈亚斯·奥斯伊安德尔（Andreas Osiander）在1537年向纽伦堡市政府报告说至少有19种乱伦现象应当制止，包括公公娶儿媳妇为妻或儿辈娶母亲的姐妹为妻。④ 在婚制上非法婚姻和非婚性关系相当普遍，因为没有在教士面前交换过婚誓，这类两性关系不受法律保护。例如赫尔曼（Hermann）是瓦因城（Weinsberg）的一个体面的商人，他28岁的时候与他父亲

---

① Steven Ozment, *When Fathers Ruled: Family Life in Reformation Europe*, Cambridge, MA, 1983, p. 1.

② M. J. Tucker, "The Child as Beginning and End: Fifteenth and Sixteenth Century English Childhood", in De Mause, ed., *History of Childhood*, New York, 1974, p. 238.

③ Steven Ozment, *When Fathers Ruled: Family Life in Reformation Europe*, Cambridge, MA, 1983, p. 1.

④ Steven Ozment, *When Fathers Ruled: Family Life in Reformation Europe*, Cambridge, MA, 1983, p. 48.

的女仆发生关系，并在次年生育了一个女儿。女仆的父亲希望赫尔曼正式承认与他女儿的婚姻，并诉之于教会法庭。法庭判赫尔曼为未婚和无罪，因为他与女仆虽有性关系并生有一女，但并没举行过交换婚誓的仪式。[①]这个判例意味着男人可以任意侵犯女性而不受法律惩罚，还意味着受到侵犯的女性反而被认为是有罪的一方。因为女人是魔鬼欲望的挑逗者，所以要承担性行为的一切后果。

至于在僧侣中间推行禁婚制度是否提高了教会的神性和威望，也是值得怀疑的。教士禁婚制度导致了教士的性变态，而广大的信教妇女则成了他们的牺牲品。有一个神父承认他曾与一个女信徒发生两性关系，由于他与女信徒的丈夫是朋友，最后他中止了这种行为。不久他又暗中蓄妾，并且不断逼迫那女子避孕。那女子死后，神父又继娶了第二个妾，她为他生了17个子女。他说到当他缴纳了“蜡烛费”后，教会默许了他蓄妾。[②]另外一个调查报告揭露忏悔师的腐败现象。有一个忏悔神父居然与二十几个向他忏悔的妇女有着性关系。[③]其他各种腐败现象情况不一，不胜枚举。大致言之，中世纪后期禁欲主义婚姻政策的推行，最后走向了它的反面，成为社会畸形变态及社会腐败的源泉。

---

① See Konstantin Hohlbaun，ed.，*Das Buch Weinsberg*，Leipsing，1886，vol. 5，p. 143.

② Steven Ozment，*When Fathers Ruled: Family Life in Reformation Europe*，Cambridge，MA，1983，p. 5.

③ Otto Clemen，*Flugschriften aus den ersten Jahrender Reformation*，Leipsig，1907，p. 161.

二 新教婚姻制度的改革

新教改革家起而呼吁婚姻改革，目的在于建立一种不受教会干扰的、非禁欲的世俗婚姻制度。起因如下：一、教士禁婚制度起于教皇的敕令，并不见于《圣经》。如果教士通过禁婚即具有神性，那么人们就可以不通过上帝而自我圣化。更重要的是马丁·路德等改革家提出"每个基督徒都是自己的牧师"这一命题，否认信仰与灵魂得救必须通过教士才能实现的观点。教会不具神性，禁婚制度更不可能成为教会神化的渠道。二、禁欲主义导致社会腐败，应予取消。三、改革家关心建立世俗社会秩序的问题，视家庭为社会基本结构之一，与国家、教会一起构成社会秩序三要素。婚姻是建立家庭的前提，应予大力提倡。

婚姻改革的内容之一是破除禁欲主义，宣扬结婚幸福论。马丁·路德在1522年发表《基督教徒的婚姻》一文，指出"婚姻不仅孕育健康的身体、完美的道德、财富、荣耀和家庭，而且还使城乡之中一切的性行为具有了意义"。[①] 同文中路德还指出："如果父亲为孩子洗尿布或做别的事，上帝、天使及天地万物都将为此微笑。"[②] 当时的婚姻改革家提出这样的口号："每个男人应有妻子，每

---

① Martin Luther, "On the Estate of Marriage", in Jaroslav Pelikan and Helmut T. Legmann, eds., *Luther's Works*, St. Louis and Philadelphia: Concordia Publishing House and Fortress Press, 1855–86, vol. 45, 44.

② Aroslav Pelikan and Helmut T. Legmann, eds., *Luther's Works*, St. Louis and Philadelphia: Concordia Publishing House and Fortress Press, 1855–86, vol. 45, 40.

个女人应有丈夫。”并把普及婚姻看作一项基督徒应该具有的美德和神圣使命。①

婚姻改革家继而发起了修女还俗和教士结婚运动。刚开始的时候是偷偷地把修女们从修道院中接出来。在新教势力强大的地区，则用行政法令关闭女修道院。马丁·路德曾亲自通过一个商人把8名修女装在空麻袋里从修道院里运了出来，并把她们介绍给人，或者当妻子，或者当女佣。路德所在的维腾贝格的一个同时代人这么记载：“1525年有一群处女正到达我们的城里，路德帮她们找家住。”②这群修女在路德的帮助下大都找到了去处，只有凯瑟琳·波拉的未婚夫在家庭的压力下取消了与她结婚的计划。路德问凯瑟琳怎么办，凯瑟琳说她意属路德。路德认为既然结婚可以使他的父亲高兴而令教皇难堪，就欣然允诺。1525年路德和凯瑟琳结婚，开了教士可以结婚的先例。凯瑟琳后来生了6个孩子，但路德在进行性生活的时候一直有种负罪感。③

婚姻改革的发展使马丁·路德等改革家进一步提出婚姻制度世俗化的主张。具体内容主要有制定新的婚姻法规、废除秘密婚姻、用政府控制的世俗法庭或由政府授权的教会法庭审核批准婚姻登记等。新的婚姻法规定结婚不再属于宗教七大圣礼之一，因此互

---

① Steven Ozment，*When Fathers Ruled: Family Life in Reformation Europe*，Cambridge，MA: Harvard University Press，1983，p. 8.

② Roland H. Bainton，*Christianity*，Boston，1985，p.258.

③ Renate Bridenthal，Claudia Koonz and Susan Stuard，eds.，*Becoming Visible–Women in European History*，Boston，1987，p. 205.

换的婚誓只在地球上有效，并不是两个灵魂在圣灵作用下的合二为一。同样，离婚意味着两人的正式分开，在灵魂上没有牵涉，因此可以再婚。秘密婚姻原指男女两人在教士面前互换婚誓即构成正式婚姻，不需要取得父母的同意和公众的承认。新教改革家们认为此种婚姻流弊甚大，由于婚姻是秘密的，重婚、多婚的现象很常见（教会法系规定结婚的一方离开家庭外出若干年，婚姻即自动失效）。在婚姻必须征得父母同意这一点上路德曾经撰写《父母不应该包办压制儿女婚姻，儿女不应背着父母自结姻缘》一文，提倡长辈与晚辈之间的协商谅解。但在付诸实践的时候，新教掌握的婚姻登记处没有家长的同意签字不给办理婚姻登记，这使父母们实际上控制了儿女的婚姻。新教徒视婚礼为大事，强调必须公开举行婚礼并有人证婚，才算完成婚姻，意为防止秘密婚姻以增加婚姻的安全系数。新教的婚礼一般在教堂举行，仪式包括朗读《圣经》中亚当和夏娃的故事。公开的婚礼使结婚变成一件很荣耀的事，抵制了那些嘲笑婚姻鼓吹独身高尚的旧习俗。

新教的婚姻改革对妇女卫生和妇产科医学相当重视。出于医学或伦理角度考虑，新的婚姻法禁止近亲结婚，也禁止继父与继女、公公与儿媳等的婚姻。改革家们再版和广泛推广法兰克福城的医生罗斯林在1513年写成的《产科学》一书。在这本书中，罗斯林列举了18种导致难产的原因。这些原因可分为人为造成、疾病造成和助产环境造成3大类。人为造成的原因主要有幼龄怀孕（12岁以下）、怀孕期内干重体力活等，提醒人们注意避免；疾病造成的原因有婴儿太大或太小、阴道太窄、头胎等；在助产环境上，罗斯林要人们避免在通风处给产妇接生也不要在太热的地方助产。该书还告诫产妇们不要多吃干果、不要饮酒等。罗斯林还把怀孕分为3个时期：1—2个月为无型期；3—6个月为婴儿形成期；最后4个月为定型期。孕妇应根据不同时期的身体反应进行照理。妇产科医学书的广泛传播，第一次比较科学地向人们介绍了产科原理。冲破妇产科的禁区，是婚姻改革给广大妇女带来的福音。①

婚姻世俗化的改革破除了禁欲观念，废除了禁婚制度，荣耀了人的婚姻，在历史上有很大的进步意义。从此，结婚不再被认为有罪，离婚也不再被社会歧视。家庭成为社会的基本细胞，千百万妇女从被遗弃被歧视和在性方面受污辱的境况中解放了出来，被安置在家庭比较正常的环境之中，长辈和父母们也渐渐开通了思想，不再把女儿们送入修道院。女孩们在家中长大，直到结婚。

三 新教婚姻改革的成效

婚姻改革的方式各地区不同，对各阶层人们的影响也不同。大致言之，对教士和修女触动最大，其次是比较有财产有社会地

① Eucharius Rosslin. Rosengarten，(1513) in Alte Meister der Medizin und Naturkunde in Facsimile-Ausgabcn and Neudrucken nach Werken des 15-18，Jahrhunderts，ed Josef Stein，vol A: 6-7，B: 9，Munich，1910; here see Steven Ozment，*When Fathers Ruled: Family Life in Reformation Europe*，Cambridge，MA: Harvard University Press，1983，pp. 101-126.

位的人，再次是劳作大众。在新教掌权的地方如马丁·路德所在的维腾贝格，婚姻改革比较顺利和彻底；在天主教会掌权的地方，婚姻改革难以实现，仍保留着许多女修道院。妇女对于婚姻改革的态度也不一样。有些妇女盼望这样的改革，也有许多妇女采取观望态度，甚至对改革持怀疑抵制态度。从总的方面来看，这是一场由男性僧侣们发起的改革，并且是一场“来自上面的改革”。我们设想那些青年妇女们先是在大街小巷中耳闻目睹那些神父、僧侣大谈结婚高论，又在家偷偷翻阅那些医学禁书，了解了自己的身体隐秘，再见到僧侣修女纷纷结婚，她们的心态是何等惊异，她们上教堂时的心情又是何等惊奇不安。等到她们自己必须在单身与结婚之间择一而行时，她们的踌躇和矛盾，以及与父母的争执、对将来命运的不安，就更是肯定了的。

一般来说，发起婚姻改革的精英多是教士出身，他们本身缺乏正当的性与婚姻的经验及对妇女需要的了解。要这批宗教精英推行从上而下的改革，动力往往是来自抽象的宗教理论和对罗马教会的仇恨，并没有设身处地地为妇女着想，根据教理推理出来的婚姻政策，因而也带来了复杂的社会效果。

婚姻改革是否改善了妇女的境遇，要看这些政策制定者对妇女的观念如何。改革家们把婚姻说成是妇女最高的生活目标（highest calling），是上帝意愿在她们身上的实现。但另一方面，他们并没有摆脱妇女工具论传统偏见的束缚。马丁·路德写道：“让妇女们生孩子到死，她们被创造出来就是为这个。”[1]改革家们从宗教原理和政治目的出发，简单化地认为应该把每个女人都送到家庭里去，去“找个主人”，不管是去做妻子还是当佣人。这一点特别引起妇女的反感。有一位修女不想结婚，一个新教改革家就说她是无主的人。那个修女认真回答：“信奉上帝的人并不是无主的人。”她的兄弟也为她证明她关心穷人，并且像“母亲般地”照顾那些得传染病的患者。[2]

无论是婚姻改革家还是家长们，都不太考虑子女们特别是妇女的爱情问题。自从婚姻改革取缔了秘密婚姻以后，青年男女们已经不再能够作主自己的婚姻，一切听凭父母亲戚的摆布。上文提到的那个与婢女生了个女儿又被判为未婚的商人赫尔曼的几次婚姻都是由父亲安排的。在1544年赫尔曼26岁的时候，父亲为他找了一个44岁的寡妇，但没有成功。3年以后，父亲希望他娶刚做寡妇的邻居威士金・瑞卜金，这个寡妇已经结婚16年并有两个孩子。在赫尔曼的父亲、瑞卜金的姐姐和姐夫以及瑞卜金已故丈夫家属的三方会议后，赫尔曼与瑞卜金在一个星期后就结了婚。1557年瑞卜金病故。次年，40岁的赫尔曼又娶了比他大10岁的巴斯，这次婚姻是赫尔曼的姐姐为他安排的。从这些婚姻例子来看，

① *D. Martin Luthers Werke*，Weimar，1883，vol. 20，p. 84.

② Merry Wiesner，“Women’ Response to the Reformation”，in PoChai Hsia，ed.，*The German People and the Reformation*，Itaca and London: Cornell University Press，1988，p. 151.

家长意志和财产决定婚姻，子女特别是女方往往没有发言权。[1]

宗教改革家在宗教上强调男女灵魂平等，但在家庭生活上，却强调妻子服从丈夫。父母包办婚姻，财产关系决定婚姻，使夫妻间的家庭生活从一开始就带上了阴影。一张16世纪德国的木刻画上这么写道："健美的年轻人娶了个老寡妇，她的皮肤又皱又硬，真提不起兴趣。对她甜言蜜语地去哄说，只为把她的积蓄花完。"[2]另一张木刻上画着一个老人与一个少女，老人说："只要你待我好，我死后财产都是你的。"少女说她对此了解得比他还清楚，甜甜地去与他亲热，吻他老阿爸似的脖子，当然只是为金钱而动心。[3]这样的婚姻毫无爱情可言，男女于是都在婚外去找性的刺激和乐趣。例如商人赫尔曼娶了巴斯以后又经常地在外边寻花问柳，在家鞭打妻子，两人最后成为怨偶而分离。

在离婚和再婚问题上，婚姻改革以后传统势力仍然存在，那就是认为离婚只是床和屋子的分开，不是婚姻的结束。例如商人赫尔曼的姐姐受丈夫虐待，两人分居8年，在1580年终于得到法庭同意他们分离的判决：赫尔曼的姐夫付给赫尔曼的姐姐希拉620德国马克。正式离婚以后，赫尔曼仍然一直跟踪他姐夫的行踪。次年赫尔曼的姐夫与一个女仆同居，并称她为自己的妻子。赫尔

---

① Steven Ozment，*When Fathers Ruled: Family Life in Reformation Europe*，Cambridge，MA，1983，pp. 73–75.

② Steven Ozment，*When Fathers Ruled: Family Life in Reformation Europe*，Cambridge，MA，1983，pp. 60–61.

③ Steven Ozment，*When Fathers Ruled: Family Life in Reformation Europe*，Cambridge，MA，1983，pp. 62–63.

曼去法庭告他，说法庭为什么不去惩罚一个有妇之夫与妓女姘居的行为。女仆为赫尔曼的姐夫生了两个孩子，赫尔曼称他们为“杂种”。1583年5月赫尔曼的姐夫终于以“非法同居罪”入狱，后被赶出科隆，于1587年死去。赫尔曼的姐姐在离婚后也不得结婚，直到她前夫死后，她才嫁给了一个有好脾气的胖商人。[①] 他们的婚礼在市政厅举行。

每一个时代的婚姻制度都深刻地反映了这个时代的政治、法律、意识形态和传统习俗，因而是了解一个复杂社会的明亮的镜子。在宗教改革以前的德国，这面镜子中反映出来的是广大妇女受苦受难受辱并且无家可归的悲惨形象。宗教改革以后，妇女被送到了男人们的家里去当妻子和佣人，仍然是男子世界社会基本细胞中的最不幸的牺牲品。在家里和社会里受惯欺侮的妇女仍然毫无发言权，仍然生存在黑暗沉沦之中无法自拔。她们的社会地位，仍然可以归结为：“身儿是柔柔顺顺的媚着，气儿是闷闷的受着，泪珠是常常的噙着，生活是巴巴结结的过着；一生的囚徒，半生的牛马。”[②]宗教改革时期的婚姻改革是由那些强调教理、秩序而在性生活上又长期受压抑的男性僧侣发起的，他们对妇女既不了解也不同情，只是从宗教原理和政治需要出发，把妇女安置在宗教、财产权和家庭的樊篱之内。婚姻改革并没有实质性地改善

---

① Steven Ozment, *When Fathers Ruled: Family Life in Reformation Europe*, Cambridge, MA, 1983, pp. 73–75.

② 秋瑾：《敬告姊妹们》，载《革命先烈先进诗文选集·秋瑾文集》，台北1965年版，第16页。

妇女的境遇，因而不是妇女的解放运动。改革的实质是用资产阶级化了的清教精神取代封建禁欲主义。

作为婚姻世俗化的尝试，改革是有历史意义的。改革以后，在新教统治的地方，修道院被取消了，僧侣、教士和修女都过上了婚姻和家庭的生活，与天主教区仍然实行僧侣禁婚的情景形成了鲜明的对比。在16、17世纪以后，人们的结婚年龄有所提前，妇产科医学有所普及，这些对于社会的发展是有积极意义的。此外，婚姻改革的事实证明了德国宗教改革运动还是一场社会改造运动，对此进行探讨，是当前宗教改革史研究中的一个重要课题。

第八章

宗教改革的传布与宗教宽容

如果宗教改革只是马丁·路德因为个人的神学研究新发现而同罗马教廷展开的宗教辩论的话，那么，它就绝不会引起德国的各种社会力量如皇帝、诸侯、帝国城市、市民和农民的如此高度的重视和投入；同样，如果宗教改革只是纯粹的教义之争或德国教会内部体制改革的话，那么，它也绝不会引起多米诺骨牌效应，引发瑞士、英国等多个欧洲国家的宗教改革。事实上，宗教改革是一套行之有效的包括宗教、政治、经济、社会和社会伦理在内的社会改革模式，正因为这样，它才会迅速传布，导致欧洲产生了一个宗教改革时代。

至16世纪下半叶，这种发展已经深刻改变了欧洲格局。天主教和新教的阵营已经明确，在新教内部也出现路德宗（信义宗）、加尔文宗（归正宗）和安立甘宗（英国圣公会）等多个派别。从欧洲范围看，以信奉新教为主的国家包括了德国、瑞士、英国、挪威、瑞典、芬兰和部分的尼德兰地区。仍然以信奉天主教为主的国家有西班牙、葡萄牙、法国、比利时、意大利、波兰等。保加利亚、南斯拉夫、希腊、俄国等国家主要是信奉希腊正教。此外，无论是天主教还是新教都开始了向亚洲传教，耶稣会和新教传教士为此都做出了卓越努力。耶稣会在中国传教的著名人物有利玛窦等。最先在菲律宾传教的主要是奥古斯丁派的传教士。1611年多米尼克派还在菲律宾创建了马尼拉大学。葡萄牙的传教士在非洲进行了传教活动。随着新航路的开辟，耶稣会、多米尼克布道团、法兰西斯派的传教士的足迹甚至还到达美洲。

近代前期发生这些变化的原因，可以在这一时期世界的政治、经济、文化和社会变化中找到答案。随着资本主义生产方式的兴起，封建主义的没落，世界经济关系、文化关系联系加强，随着各个民族国家、主权国家的成长，随着科学主义的传播，都会加深新的社会结构同中世纪政治化、世俗化和财产化了的封建教会的矛盾。宗教改革运动和改革以后的新的宗教的产生，实际上是要使宗教生活同新的社会环境相适应。因此，近代前期宗教改革运动的爆发和整个世界宗教领域中所发生的变化，也就是整个世界局势发展的一个组成部分，体现了欧洲历史从中世纪向近代的转化。

一 茨温格利的宗教改革

当路德在维腾贝格领导宗教改革的同时，茨温格利（1484—

1531）也在瑞士德语区的乡村中发动了宗教改革。这时瑞士虽然名义上是神圣罗马帝国的一部分，但实际上已经独立。这个独立的新国家就是由13个小州组成的松散的瑞士联邦，其中乌里、施维茨、翁特瓦尔登、楚格、格拉鲁斯和阿彭策尔6个州是农业和森林州。这些东部的农业州和森林州的政府比较开明，重大事项总是通过公民大会的表决来决定的，如阿彭策尔地区的人们常常召开全体男性公民大会，讨论和决定政府事项。在山区，政府的组织十分松散，常通过各地派来的代表的表决解决政治事项。苏黎世、卢塞恩、伯尔尼、弗里堡、索洛图恩、巴塞尔和沙夫豪森7个州是城市州，少数城市贵族在政府中掌权，但人民也有一定的参政权利，他们参与许多政治活动。弗里堡、索洛图恩、巴塞尔和沙夫豪森四邦加入联邦的时间最晚，是在1481—1501年间加入联邦的。在13个州以外，还有一些边疆领地和城市也加入了联邦，主要有南部山区的格里松地区马焦雷湖以北的提契诺。在西边存在自由城市日内瓦和说法语的沃州和纳沙泰尔。在北部则有隶属于巴塞尔和苏黎世州的阿尔部和图尔部领地。各个州都是完全独立的，它们自愿组成一个联邦，以便进行军事防御。1499年，瑞士联邦打败了神圣罗马帝国皇帝马克西米利安的军队，联邦制度得到巩固。

瑞士自由气氛浓厚，人文主义得到发展，并且有着地方自治的传统。人民对教会的憎恶、对占有大量土地的修道院的勒索的抵制，这一切构成了瑞士宗教改革的背景。

瑞士宗教改革的领袖是乌利希·茨温格利，他于1484年1月1

日生于维尔德豪斯，其父是当地的村长，家境小康。他的叔父是韦森地方主教堂的首席牧师，这位叔父是他的启蒙老师。后来茨温格利来到巴塞尔继续求学，从1498到1500年又在伯尔尼受教于人文主义者亨利希·沃尔夫林（卢普卢斯）。茨温格利还在维也纳大学学习过两年，并在1502至1506年期间先后在巴塞尔大学继续深造。在巴塞尔大学学习期间，他受到人文主义者托马斯·威滕巴赫（1472—1526）的教诲。在那里，他确立了《圣经》是唯一权威、基督之死是赦罪的唯一代价、赎罪券毫无价值等信仰。

与奥古斯丁派教会僧侣路德不同，茨温格利是一个基督教人文主义者。尽管他热衷于研究信仰问题，但基督教人文主义传统和瑞士的联邦制度，使茨温格利的神学理论比较富有理性而少神秘性，他还从基督教人文主义者那里继承了通过《圣经》改造教会，通过教育改革社会的传统，这样，他的理论和社会改革的理想就紧密结合在一起，思想比较激进。

茨温格利毕业后，被任命为格拉鲁斯的教区神父。茨温格利的讲道富有激情，他激烈地反对瑞士人去当雇佣兵，但他不反对受雇于教皇。他受到基督教人文主义的影响，为人和气达观。由于茨温格利反对瑞士人当雇佣兵，加之他的讲道精彩，声望卓著，苏黎世大教堂的教士会把他选为人民神父。他于1519年接受该职，成为苏黎世城最重要的教堂的神父。在当神父的十几年中，他追随伊拉斯谟，对教会的各种腐败现象做过猛烈抨击。他特别反对教会出售赎罪券的行径。在成为苏黎世教区神父后，为了说明耶稣的生活故事，他从《圣经·新约》的“马太福音”篇讲起，在六年中讲完了整部《新约全书》。茨温格利几乎和路德在同一时期独立提出基督教的全部真理是包含在《圣经》之中，而不是包含在天主教会的传统和仪式之中。他接受路德关于“因信称义”的说法，认为灵魂得救是出于上帝的恩赐和对上帝的信仰，不是出于俗世中功德的积累，即行为称义。

德国的新教诸侯们认为如果路德和茨温格利能够携手共进，对于孤立和打击天主教会的势力将起到一定作用。他们说服路德和茨温格利会面，在1529年这两位宗教改革家终于见面。由于教义的分歧和性格的差异，结果两人没有达成协议。在教义问题上，争论的焦点是对于圣餐的解释。茨温格利“否认基督的身体临在圣餐中的任何教义，强调圣餐的纪念性质，注重圣餐在联合全体教徒共同向上帝表示忠诚方面的意义”。他认为“路德坚持基督身体临在说是天主教迷信的残余，是违反理性的。一个物质的身体（同一时刻）只能在一处”。路德则认为，茨温格利的解释是把理性的地位提高到《圣经》之上，是罪过的。路德试图用大概出自奥卡姆的一种经院哲学中的主张来解释基督的身体可以同时临在一千个圣坛上。[①] 茨温格利认为圣餐是对基督的纪念，基督本人并没有在场，葡萄酒和面包只具有象征意义，不能认为即是上帝的血肉之转化。路德认为天主教把葡萄酒和面包解释为基督之血和肉是一

① ［美］威利斯顿·沃尔克：《基督教会史》，孙善玲、段琦、朱代强译，朱代强校，中国社会科学出版社1991年版，第410页。

种错误，而茨温格利认为基督不在场的说法也是一种错误。这次会面最后不欢而散，致使瑞士和德国的宗教改革运动终于不能会合。

在1522—1525年间，茨温格利说服了苏黎世的城市政府在该市进行新教改革，内容有否认教皇的权威、废除天主教的弥撒仪式、废除偶像崇拜、拆除教堂中的彩色玻璃窗户、搬走教堂中的管风琴等，把教会改造成一个便于人们学习和讲解《圣经》的朴素场所。苏黎世当时的情况是：茨温格利作为受信任的《圣经》解释者和当然的民众领袖，州政府对他言听计从。许多政府提倡的改革都是在他劝说下进行的。按照茨温格利的主张，1523年1月苏黎世举行关于宗教的大辩论，规定辩论只准用《圣经》作为标准。茨温格利写了67篇短文，肯定福音的权威不是来自教会，得救要靠信仰，并对弥撒礼的献祭性质，善功的救赎性质，圣徒代祷的价值，隐修誓愿的约束力以及炼狱的存在一概加以否认。他还主张基督是教会的唯一首领，主张神职人员可以结婚。政府支持他的学说，宣布茨温格利在辩论中获胜。茨温格利的教义在瑞士很快得以传播。

这时发生了拒绝在斋期禁食事件。茨温格利宣扬《圣经》是唯一权威的理论被市民们用来拒绝在大斋期禁食。为了禁食问题，苏黎世所属的康斯坦茨教区主教派专人来压制这场革新。州政府裁决：关于禁食，《圣经》并无明文规定，不过为了维持秩序，应予遵守。这一妥协性的判决实际上是否决了主教的管辖大权，把苏黎世各教会置于州政府的管理之下。同年8月，苏黎世市的市长规定只许宣讲纯洁的上帝之道，至此宗教改革在苏黎世拉开了序幕。

茨温格利的改革富有成效。改革家们宣布神父和修女可以结婚，茨温格利自己也于1524年4月2日与寡妇安那·莱因哈德结婚。宗教改革家们宣布洗礼和葬礼不再收费。1523年，茨温格利抨击圣像崇拜和弥撒时的献祭。政府支持他，但要他小心行事。1524年1月又举行大辩论，结果是旧礼教的维护者要么遵从新礼仪，要么流放国外，二者必居其一。1524年6月和7月，圣像、圣徒遗物、风琴从教堂搬走。12月修道院的财产被没收。大部分的修道院被明智地改造成学校。弥撒礼继续到1525年，以后不再举行。城市政府还建立了道德法庭审判案子，没收教会财产供政府福利事业的开支，并且宣布再浸礼会为异端，这些行动，为以后的加尔文在日内瓦的宗教改革树立了榜样。形式方面的改革至此告一段落。

对于瑞士的宗教改革，罗马教廷采取宽容的态度。因为当时瑞士的雇佣军和瑞士的政治立场对于当时的战争极为重要。康斯坦茨的主教虽然竭力加以阻止，但全无收获。苏黎世的势力达到登峰造极的地步，被视为福音派运动的政治首府。

茨温格利在苏黎世的改革成功以后，对瑞士各地产生影响。茨温格利也竭力支持瑞士各地的宗教改革运动和南部德国的改革运动。在德国农民战争爆发时期，他在1525—1526年间曾经支持过蒂罗尔农民起义的领袖盖斯迈尔。他热切支援巴塞尔地方政府推行的宗教改革运动，这主要是通过他的密友约翰·奥科兰帕迪乌斯进行的。1529年，巴塞尔废除了弥撒礼。在瑞士最大的州伯尔尼，也开始宗教改革，1528年茨温格利曾经参加那里的公开辩论。地处瑞士和德国边界地区的圣加伦、沙夫豪森、格拉鲁斯和阿尔萨斯也开始宗教改革。茨温格利企图将苏黎世的改革推向整个瑞士联邦。1529年，信奉天主教的各州与瑞士的宿敌奥地利联合起来与新教州对抗。茨温格利方面只有2500人，他在一次战争中战死。茨温格利死后，茨温格利派中的许多人后来并入了加尔文教，瑞士的宗教改革运动最后是在加尔文的领导下完成的。

二 加尔文的宗教改革

加尔文（1509—1564）是法国的神学家和宗教改革家，1559年后成为日内瓦公民。他出生于法国西北部的努瓦永城。他的父亲是当地主教的财政秘书。14岁时他进入巴黎大学学习，学习文学和人文主义的作品。1528年他获得了硕士学位。他的父亲希望他学习法律，但加尔文自己的学习兴趣却是学习希腊和希伯来古典作品。他受基督教人文主义的影响颇深，1532年他还出版过一部评论塞涅卡的书，尽管这部作品没有引起人们关注。

加尔文出生在一个宗教改革的时代。他说自己曾经历过一次“顿悟”，但我们现在已无法知道这次顿悟的确切日期。我们知道的是1533年他经历了一场宗教危机，结果他皈依了新教。1533年11月他曾被指控为宗教异端，这迫使他流亡到了瑞士的巴塞尔城。1536年他开始撰写《基督教要义》，并于1539年首次出版。后来他不断地修订这部书，最后的一版是在1559年面世的。这是一部非常经典的宗教学著作，为他赢得了广泛的声誉。

加尔文于1536年去了日内瓦这个地处西北部的瑞士重要城市，该市在1532年传入了新教，但并未被人广泛接受。日内瓦教会的领导人是纪尧姆·法雷尔。他听说加尔文来到该城，就劝说他留下来。由于确信上帝选择某些人从事他的事业，加尔文接受了日内瓦的邀请，留在该城为保罗派的教堂讲解《圣经》。1537年，他颁布一项宗教戒令，要求公民服从纪律。但是，许多人拒绝宣誓，于是教会出现分裂。第二年城市举行大选，对加尔文有敌意的人员被选入城市委员会，颁布命令采用伯尔尼的教会仪式，不再采用当地的仪式。这件事情引起加尔文的思考：城市委员会有无指导城市宗教事务的权力？由于加尔文和法雷尔均不同意城市委员会干涉宗教事务，结果双双遭遇放逐，1538年，加尔文遭遇了日内瓦的驱赶。

但是，日内瓦不久却遭遇到宗教和政治危机，因为伯尔尼企图将日内瓦置于自己控制之下，日内瓦的人民于是酝酿宗教改革，加尔文也再次得到邀请，回来主持该城的宗教改革运动。从1541年开始，加尔文在日内瓦勤奋工作。在城市地方官员的支持下，加尔文开始领导日内瓦的宗教改革，并且逐渐把日内瓦变成了16世纪新教改革的模范城市。

加尔文的宗教改革思想主要表现在他的《基督教要义》一书中。他特别尊奉上帝的权威，觉得人在上帝无限的力量面前无足轻重。他这么写道：

> 在上帝的光辉里，我们的灵魂微弱地闪烁。我们被他创造，他没有起始点。我们受到无知和羞耻的支配。上帝在他的无限权威里是所有美德的总和。无论我们什么时候想起他，我们都应该因崇拜和震惊而狂喜……人类的首要目标是享受上帝的情谊，人类的职责是赞美上帝。[①]

像路德一样，加尔文也要求简化宗教仪式。他认为教会的主要活动是布道和教人理解《圣经》，因此废除了一切《圣经》中没有记载的仪式。也像路德一样，加尔文认为善功无助于灵魂得救。加尔文和路德都把圣·保罗和圣·奥古斯丁的学说看作是神学理论的基础，强调因信称义，灵魂得救要依靠上帝白白给人的无价恩赐。

前定论是加尔文神学思想的重要组成部分。无论是谁都不可能通过积极工作而自救，因为上帝已经用他无限的智慧在最初就决定了谁能获救，谁受谴责。在路德那里已经有前定论，但在加尔文那里，前定论发展得更为系统：

> 我们把上帝永恒的法令称为前定论，他亲自决定人类的每个个体将遭遇什么。他们被创造成拥有不同的命运，有些人注定会得到永生，而其他人是注定要受到诅咒的……

① Quoted by R. Baintion，*The Travail of Religious Liberty*，New York，1958，p. 65.

因此，与清楚明了的《圣经》经文一致，我们断言，按照一种永恒不变的秘密，上帝做出了只此一次的决定，这个决定既包括那些他承诺拯救的人，也包括那些受到宣判要遭毁灭的人。对于那些被选中的人，我们确信这个秘密建立在他无偿的仁慈上，完全与人类的价值无关，但那些受到上帝宣判的人，生命的大门则被一种公正的、不应受谴责的且不为人所理解的审判所关闭。

只去探究神意的缘由是多么的专横啊。实际上，能够被称为缘由的，是现实存在的每件事情的缘由。……因为上帝的意志是最高的正义，因此由于这个特别的理由，他的意愿必须被视为公正，因为他愿意这样。①

加尔文努力在日内瓦建立起一个基督教社会。在这里，教会和政府是不可缺少的、地位相等的两个要素，由上帝分别授权，在确立“神圣的戒规”中共同发挥作用。“神圣的戒规”是指一种基督教的生活方式，旨在提高信仰并使教徒的行为逐步基督教化。加尔文认为：世俗的权力和教会的权力都是从不同的角度来完成同一个目的的，因此，虔诚的政治组织就应该既是世俗的，又是宗教的。这样，加尔文就提出在一个虔诚的基督教社会里，宗教和世俗两种力量应当互相合作，共同荣耀上帝。但是，这两种权

① John Calvin, *The Institutes of the Christian Religion*, trans. By J. Allen, Philadelphia, 1930, book 3, chap. 21, paras. 5, 7.

力行使的范围和方式却应当有所区别，这样才能够做到互相补充和互相监督。世俗的地方官员（世俗权威一词在路德那里等同于君主、诸侯政府，在加尔文那里具有共和主义的成分，指城市委员会）执掌世俗的权力，教会则以信仰和《圣经》为法宝。双方都以自己的形式对建立基督教秩序、维护基督教伦理做出贡献。基督教秩序，本身也是既宗教又世俗的，这里只有分工的区别，并没有高下的区别。

为了具体贯彻这种思想，加尔文在日内瓦建立了一个宗教法庭，这个团体包括了十二个平信徒和一个牧师团，加尔文是终身主席。宗教法庭的职责在于监视每个人的生活，好言劝告那些胡乱过日子的人。虽然加尔文强调宗教法庭的活动应该非常彻底，而且“它的注意力应该遍布所有地方”，但修正是唯一能“让罪人转向神的良药”。[①] 城市和教会制定了严格的规章制度，对市民的基督教生活进行管理和监督：如果不参加宗教崇拜将会受到惩罚，即使是唱世俗的歌曲、跳舞和打牌，也将受到惩罚。

加尔文的宗教思想同路德很相似，但是，因为加尔文是来自君权专制的法国，成长于社区共和政治唯一成功的地方瑞士，所以具有了专制主义和社区主义的混合精神，不像路德来自政治分裂、封建气氛浓厚的神圣罗马帝国的南部小城。从学术渊源上看，路德得益于奥古斯丁修道院精神的熏陶，而加尔文身上更受到基督教人文主义的影响和法律教育的影响。所以，在加尔文的思想

① E. Willian Monter，*Calvin' s Ceneva*，New York，1967，pp. 98–108.

中，对世俗世界的改革一直放在很重要的位置，他的理想中也处处闪耀着建立人间天国的基督教人文主义的精神。

加尔文对城市建设十分重视。他强调个人和社会两者之间应当互相信任。在一个社区里，没有人可以谋取私利。城市的财产要用于它的成员。从社会的角度说，应当照顾好每一个人的生活，政府要对穷人实行救济，对乞丐要严禁。加尔文允许利率为5%的贷款，但他不允许牟取暴利，因此主张对穷人进行无息贷款。他提倡发展工业和商业，特别是发展丝绸业和制衣业。他主张要对每个日内瓦的人提供工作机会，让他们享受劳动生产的权利。在工作态度上应当做到勤恳努力，因为工作是上帝赐给人们的天职，做好工作也就意味着在荣耀上帝。加尔文还认为：一个虔诚的农民所干的活并不比一个教士来得低下。体力活也是人们履行的天职，工作好就是服从上帝的召唤，所以也是宗教信仰的一部分。“天职”观还意味着一切工作机会都将向普通人开放，在机会面前人人平等。这样，加尔文不仅推动了城市经济的发展，也因此拥有了广泛的社会基础。

加尔文教后来成为瑞士大多数人信奉的宗教。加尔文教也在尼德兰获得了大量信众，那里的人民在加尔文教的旗帜下团结起来，反对统治他们的西班牙国王菲利普二世。加尔文教也传播到德国，成为德国重要的教派。在加尔文的故乡法国，得到城市中等阶级（约占法国13%的人口）的支持，但贵族和农民信奉加尔文教的较少。加尔文教也传到了英国，并通过约翰·诺克斯等人的努力，传到了苏格兰。诺克斯曾经到过日内瓦跟从加尔文学习。1560年，在他的劝说下，苏格兰的贵族废除了天主教，创立了一个自己的教会，即苏格兰长老会。17世纪初期，一批信奉加尔文教的英国新教徒在宗教迫害下离开了英国，并在荷兰新教徒的帮助下，乘“五月花号”船，航行至北美的马萨诸塞，这些避难的新教徒在美洲继续扩大了加尔文派教会的事业。

三 宗教宽容政策

德国宗教改革的一项成就，是出现了宗教宽容的迹象。德国的新教徒通过斗争，最后获得了由世俗统治者决定自己领地信奉什么宗教的权力，从而新教徒被公开承认并得以合法化。在教派分裂和宗教战争的形势下，有必要在制度上确立宗教宽容制度。在伊丽莎白一世统治英国时期（1558—1603），这终于演变成为国家稳定的一个重要步骤，即政治和宗教分离，宗教宽容成为近代国家的一项基本国策。

宗教改革之前，西欧的人们都是天主教基督徒，宗教冲突不是十分明显。宗教改革运动以后，基督徒分裂为天主教、路德宗教会、加尔文宗教会、英国国教会、苏格兰长老会等各种宗派。还有激进派的教会如再浸礼派教会。这些教会彼此之间互相争论、互相残杀和互相战争。这些冲突虽然起于宗教问题，实际上同各国君主、贵族、城市、民众的实际利益是联系在一起的。除了教会究竟由谁来控制这个问题以外，还在于宗教是一种意识形态，当时各国的君主，无论是新教徒，还是天主教徒，都坚持以前的信念，认为政治上的统一必须依赖于宗教上的统一。各国的君主们都采用各种手段来迫使自己统辖的人民信奉同样的宗教，各个教派的领袖们也怂恿世俗的统治者支持自己的教派。结果是造成了许多宗教战争的惨痛的教训。以后，世俗统治者们终于明白了“宗教宽容”这个词。政治统一和宗教统一相分离，一个国家内的人民可以信奉不同的宗教，参加不同的教会。宗教宽容政策成为近代政治需要奉行的重要原则。

德国宗教改革后，新教在法国也得到很多人的拥护。主张宗教改革的人士开始同天主教会辩论，而国王则在两派之间摇摆不定。不久在法国掀起了迫害新教徒的运动，包括加尔文在内的一些人被迫流亡外国。法国在亨利二世（Henry Ⅱ，1547—1559在位）时期设立异端审判法庭，镇压改革派人士。但是，加尔文在瑞士改革成功后，加尔文教迅速在法国传播，在法国南部一些城市成立了加尔文宗教会。1559年，法国的加尔文宗教徒召开全国代表会议，组成新教教会。法国的加尔文宗教徒被称为胡格诺派（意为新的耶稣教派）。

胡格诺派的改革运动遭到信奉天主教的法国贵族们的仇恨。1562年3月，一位贵族率众袭击和血洗了正在做礼拜的胡格诺派教堂，造成200多人死伤。这一事件导致了法国的宗教战争。在此后的30年中间，天主教派和胡格诺派教徒之间发生了一系列武装冲突。1572年天主教圣巴托罗缪节前夜，天主教派在国王的支持下袭击胡格诺派，杀死胡格诺派教徒2000多人。胡格诺宗教战争使法国处于分裂之中，1573年胡格诺派在法国的南部和西部宣称自立共和国，天主教派贵族则组织了天主教同盟，企图进攻胡格诺派。1589年，法国国王亨利三世（Henry Ⅲ，1574—1589在位）被天主教多明我会的一个修士刺死，这同他企图调解两派冲突有关。继位的亨利四世（Henry Ⅳ，1589—1610在位）原来是胡格诺派，他也想调和两派的冲突。为了平息天主教派的反叛和巩固王位，他在1593年宣布放弃胡格诺派宗教信仰，改信天主教会。这样，结束了胡格诺战争。1598年，亨利四世颁布《南特敕令》，规定了天主教为法国国教，但罗马教皇不得干涉法国天主教会事务。《敕令》还规定胡格诺派教徒信仰自由，有权召集自己的宗教会议，并享有与天主教徒同样的政治权利。这个《敕令》使法国实现了教会的民族化，并且是法国第一个实行宗教宽容的法律性文件。

改革后的英国的教会称英国圣公会，又称安立甘宗，简称为英国国教。国教的教义、组织形式和祈祷形式是通过国会颁布的法规规定的。1534年，英国国会通过《至尊法案》，宣布教皇无权支配英国国教，只有英国国王才是教会的最高首领。《法案》还规定英国有决定自己教会教义、崇拜仪式、宣判异端和任命主教等神职的权力。1539年，国会又颁布《取缔分歧意见的六条信仰法案》，拒绝路德教、加尔文教的教会形式，主张维护原有的圣礼和组织制度不变。同时，亨利八世又下令镇压亲罗马分子和宗教异议分子，并封闭了500多所天主教会的修道院，没收其财产。

英国原来是一个天主教国家，亨利八世同罗马教廷的冲突，导致英国脱离了罗马的控制，成立了自己独立的英国国教。爱德华六世时期（1547—1553在位），出现了一批要求进一步进行宗教改革的新教徒。例如：摄政大臣萨默塞特公爵倾向新教。他高兴地发现：在亨利逝世的1547年，枢密院中只有一个成员在坚持天主教立场，其余的人士都倾向于新教。所以，进一步倒向新教实际上并没有什么阻力。这样，英国各地的教堂出现了捣毁偶像的举动，人们冲进教堂，把许多圣像彻底捣毁，这激起了天主教徒的强烈不满。

在这种局势下，一批在亨利八世时期因躲避迫害而流亡到瑞士的宗教激进派人士纷纷回国，他们是路德派信徒和茨温格利派的信徒。他们盼望在英国实行真正而不是名义上的宗教改革，特别是要求废除天主教的礼拜仪式。在他们的影响下，国会取消了《六条信仰法案》，1549年，又通过《统一法案》，规定英国教会使用统一的官方颁布的《公祷书》。《公祷书》详细规定了教士举行宗教仪式时的步骤和祈祷文，尤其是对圣餐中的葡萄酒和面饼的含义做出了解释。1552年，在另一个重臣沃里克伯爵的主持下，修订后的《公祷书》更加具有了新教的色彩。在萨默塞特公爵和沃里克伯爵的主持下，英国议会下令焚烧旧的祈祷书和捣毁偶像，以便把教会的权力交给国王。历史学家里克勒指出：沃里克伯爵推行无情的、不宽容的宗教政策，目的不是出于宗教虔诚，而是为自己牟取利益。[1]

1549年的《公祷书》颁布后，在英国西部爆发叛乱。叛乱者拒绝承认新的宗教崇拜仪式，要求恢复亨利八世时期的《六条款》中规定的仪式，反对捣毁圣像。这次反叛在英国历史上被称为《公祷书》叛乱。除西部地区之外，英国的大部分区域还是勉强接受了《公祷书》，英国国教会的新教倾向更明显了。

1553年，爱德华六世死，亨利八世的第一位妻子凯瑟琳的女儿玛丽即位（Mary I，1553—1558年在位）。玛丽女王信奉天主教，进行恢复天主教的活动。玛丽的丈夫就是西班牙的菲利普二世，也是天主教徒。玛丽处死了英国的大主教克兰麦，因为他是一位倾向新教的领袖人物。玛丽镇压英国的新教徒以残酷著名，当时有一位学者福克斯编写的《殉道者传》，在英国被奉为第二部《圣经》。在这部书中，福克斯为被玛丽处死的改革派人士立传，把玛丽称为"血腥的玛丽"。在玛丽女王统治时期，宗教改革的传统被颠覆，天主教势力和罗马教皇重新在英国确立起权威，而玛丽的政府却被置于神圣罗马帝国、西班牙和罗马教皇的保护之下。在玛丽的丈夫西班牙的菲利普二世离开英国后，玛丽开始在国内疯狂镇压新教徒，把一大批享有盛名的宗教领袖处以火刑，致使英国人人自恐。玛丽时代许多新教徒逃到国外。在一份逃往国外的472人的名单中，有166名乡绅，67名教士，40名商人，119名学生，

---

① Joseph Lecler，S. J.，*Toleration and the Reformation*，vol. Ⅱ，New York: Association Press，1960，p. 246.

32名工匠，13名仆侍。[1] 总之，玛丽是把所有英国有实力的阶层都得罪了。逃亡者中一些人信誓旦旦发出“要在英国重建耶路撒冷之墙”的呼声，得到所有的英国虔诚的新教徒的响应。

1558年玛丽女王死，她的同父异母的妹妹伊丽莎白一世继承王位。伊丽莎白女王是一个政治家，她从政治角度出发试图调和天主教徒和新教徒的矛盾。据说伊丽莎白女王在听说玛丽死讯时说：“这是上帝的意愿，从我们看来，真是太好了。”伊丽莎白女王倾向新教。不久，她宣布恢复爱德华时代的宗教仪式。她颁布了第二本《公祷书》，规定了宗教圣礼。她的反对罗马教会的行为更为坚决，把《四十二条款信纲》修订为《三十九条款信纲》，在英国推行新教。1571年罗马教会把伊丽莎白女王开除出教，英国成为一个新教国家的原则完全确立。在苏格兰，新教也开始盛行。苏格兰比较贫穷，人们对罗马教会的不满程度更加坚决。所以，苏格兰没有什么动乱就转向了新教。根据《信纲》，《圣经》成为基督教最主要的权威，放弃了天主教关于圣餐礼的变体论，取消了教士独身的制度，承认崇拜礼仪在不违背教会和国家认可的传统的前提下可以有一定的变通性，肯定国家君主对教会拥有最高的权力。另一方面，《信纲》强调在英国仍然保留主教制，反对再浸礼派财产公有的主张。《信纲》反映的是伊丽莎白女王在天主教和新教两派势力中寻求调和的意图。这种做法主要是从政治角度考虑的。

---

① 阿萨·勃里格斯:《英国社会史》，中国人民大学出版社1989年版，第141页。

伊丽莎白与罗马教皇的关系紧张：罗马教廷视她为非法所生，不具备任何继承权，并且在她继位之时，对她做出了种种非难。虽然伊丽莎白的姐夫西班牙的菲利普二世曾派来使节，向她陈述：如果女王改信天主教，菲利普可以充当她与罗马教廷和好的调解人。但女王对此不置可否，因为她与罗马教会的仇恨太深。她友善地感谢西班牙的善意，然后回到自己屋里对上帝祈祷。伊丽莎白无法忘记1535年教皇保罗三世对她父亲亨利八世所下的绝罚诏书。这个诏书似乎永远剥夺了亨利八世与安妮·博林所生子女的合法身份和继承权。女王让人把这个诏书拿来，她要再仔细看看这个令她父母和她自己永远难堪的文件。看到下列句子时，她禁不住再次大发雷霆。教皇在文件说道：

> 如果亨利王与上述诸人在前所说的为各人指定的限期内拒不到案，或者在此期过后三日内对上述绝罚令无动于衷（此为上帝所不允），我将连续地对之施加更重的处罚。我宣告亨利王已被处以剥夺王权的罪罚，这些人也已被排除在虔诚的基督徒与其福分之外。如果他现在离开人世，我以上述的充分权力命令并宣布，他应被剥夺举行教会葬礼的名分，而且，我用革除教籍令的利剑来惩罚他们，使他们遭受诅咒与永罚……

更令女王气愤的是，在她未出生之时，教皇已经剥夺了她的合法人权。她看到了以下的讨厌字眼：

务使亨利王的儿子及其同谋、支持者之流同样受这一处罚。我命令并宣布，对亨利王与上述安妮（博林）所生的一切儿子，以及上述诸人的儿子，不论已经出生或者将要出生的，并所有属于这一惩罚范围之内的其余诸后裔（不管人数、性别、得子与否，一概无例外地），剥夺他们原有的一切地位和享受的一切荣誉，剥夺他们所占有的或供他们使用的一切东西，剥夺他们的一切特权、豁免、特恩、大赦、免税、赦罪和恩典，并他们所有的一切主权、领地、城堡、土地、国祚、城池和其他一切财产，无分动产与不动产，剥夺一切原属于他们的权利与活动……我更命令和宣布，即使在今后他们也不能得到这一切。

对这同一个亨利王的附庸，我今宽免和解除他们对之效忠的誓言，他们不再以任何形式归附和隶属于这个国王及上述诸人。与此相反，我以开除教籍为戒，命令他们彻底地摆脱上述亨利王及其官员，包括司法和民政官员的发号施令，不要对他们以长官视之，不要听从他们的命令。

我命令将亨利王及其一伙，并他们的上述后代，从现在起剥夺公民权利（使其声名狼藉），不允许他们替别人作证人……不允许他们有裁判权或制裁权，不允许他们充当公证人或从事任何法律行为（由此他们的诉讼行为或其他行为均失掉力量或归于无效）。[1]

尽管如此，在16世纪欧洲宗教改革风云中，伊丽莎白保持住了一个政治家的相当冷静客观的态度。作为世俗的统治者，她感到最为重要的就是管理好自己的国家，而不是使自己的国家因为宗教冲突而导致分裂，或者在变换的国际风云中触礁。

伊丽莎白女王是在1558年11月17日被立为女王的。她在爱德华六世统治时期很像是个新教徒，而在玛丽执政时她又像一个天主教徒。在玛丽病重时，伊丽莎白被问到是不是天主教徒时，她对天发誓说如果自己不是一个虔诚的罗马天主教徒的话，就让她遭受天诛地灭。所以，在登基之初，她仍然表示自己是一个天主教徒。她登基的消息也通知了教皇。但是，作为一个政治家，伊丽莎白却对丹麦国王的使节和信奉新教的德国诸侯们说自己是一个新教徒。

无疑，伊丽莎白在内心深处是倾向新教的，这既是受到她的新教老师们的影响，也是她自己的决定。伊丽莎白无法接受玛丽的那种天主教会，但她更希望用一种稳妥的方式来解决宗教问题。她陷于两难的选择之中：如果她接受新教，将会拉开英国同西班牙的距离。但是在这个问题上女王别无选择，她必须选择新教，决不能让由于玛丽女王因宗教问题带来的混乱再继续下去。她尤

① 《教皇保罗三世绝罚英王亨利八世诏书摘译（1535）》，沈毓元译，见《世界中世纪史研究通讯》，中国世界中世纪史研究会理事会编，1984年，第73—74页。

其不能容忍英国继续受罗马教会势力的控制，因为罗马教廷一直不承认亨利八世的合法地位，因此不承认女王是英国的合法君主。伊丽莎白坚信自己是英国的合法君主，包括英国的教会，必须由她来控制。那些遭遇玛丽女王迫害的新教徒，更是把伊丽莎白当作了救星。女王决不能背叛那些长久以来一直支持她的人们。

伊丽莎白明白如果宗教问题不妥善解决，英国很可能会引起分裂。于是，她要告诉人们一个十分简单的道理：宗教应当给人们带来和平而不是带来分裂与战争。因此，她为自己塑造了一个中立的形象：既不是一个新教徒，也不是一个天主教徒。这样做，并非是因为她对新教有特殊的感情，而是作为君主，她自有一种独立的地位，能够像她的父亲亨利八世一样，用权力来化解宗教上的矛盾。她坚信：不能让任何外国的力量来控制英国。她也不赞同玛丽女王对新教徒的迫害，那些视死如归的新教徒在走向火刑场时的英雄气概，给她留下了非常深刻的印象。她母亲的婚姻得不到罗马教会的承认，而玛丽女王一直用这一点来提醒她的私生女地位更使得伊丽莎白对罗马教廷没有任何好感。最后，是在最热烈支持伊丽莎白的绅士、市民中，有不少人是新教徒。所有这些，都使伊丽莎白在内心中倾向于新教。不过，在玛丽时期，伊丽莎白为了生存曾虔诚地尊奉过天主教的礼仪，再有，支持她继位的西班牙国王菲利普二世是一位强硬的天主教徒。伊丽莎白不得不在新教和天主教两者之间进行艰难抉择。为了英格兰的国家利益，女王最后决定实行温和的改革。

女王的一个明智做法就是既坚持英国教会独立，又不能让新教走向极端。也许，女王心目中的宗教就是她父亲亨利八世所倡导的英国国教。英国的国教与天主教的仪式比较接近，对此加以提倡可以达到消除宗教对立的目的。伊丽莎白的做法是绝对聪明的，她谨慎地把天主教与新教的尖锐冲突说成是英格兰的教会与外国教会的区别。这样，在1559年4月29日，国会通过至尊法案，重申了亨利八世的英国教会独立的原则。法案否认教皇的权威，禁止向教皇交付一切款项，不准向教皇上诉。[①] 同时，伊丽莎白被称为英格兰教会的“最高管理人”，而不再是“最高首脑”。

在女王的授意下，一个修订《公祷书》的委员会成立了。委员们把爱德华六世统治时期颁布的两版《公祷书》进行修正，删除了一些明显反对教皇的祷文，即把表示跪领圣餐不含有赞美颂扬意思的那段被删除，同时把《公祷书》中授予饼酒的仪式合并，以此有意对基督的身体是否实际临在圣餐之中这一问题不置可否。这些修改的目的是使新教礼仪比较符合天主教徒的口味。[②] 新教经过这样调整以后，就颁布了一个规定，在1559年6月24日以后一切礼拜必须按新礼仪来进行。新教于是在强调教会民族化的观念下得到了复活。

伊丽莎白十分明白，在经过玛丽女王对新教的血腥镇压后，

---

① Christoper Haign，ed.，*The Reign of Elizabeth I*，London: Macmillan，1984，p. 30.

② ［美］威利斯顿·沃尔克:《基督教会史》，孙善玲、段琦、朱代强译，朱代强校，中国社会科学出版社1991年版，第466页。

英国人民最需要的是一种宗教和平的环境。天主教和新教之间的仇恨必须加以缓和。她现在是一个非常合适的调解人。在女王即位初期，西班牙的菲利普就通过他的驻英格兰大使菲利亚向她提出求婚要求，这位西班牙国王一直对这位妻妹怀有好感，虽然他们之间的宗教信仰不尽一致。但是伊丽莎白倒向天主教也是可能的，在玛丽时代，她出于逃避迫害的无奈，也曾经参加天主教的弥撒，所以在表面上她也可以说是一个天主教徒。菲利普期望这位妹妹能够真正皈依天主教，而他们之间的联婚，也可以为女王扫清通向天主教道路上的一切障碍。伊丽莎白充分利用了这个求婚的机会，但迟迟不做明确的答复。她不会变成第二个玛丽，也不会重蹈她母亲的覆辙，与自己的姐夫结婚。但是有菲利普的支持，至少她可以为英国赢得一个短时期的和平。她需要仰仗菲利普的力量，来实现自己的计划。

伊丽莎白期望的是实现英国的独立自主，从根本上摆脱外国势力的干涉，无论是来自哈布斯堡王朝，还是来自罗马教廷。她十分清楚这里面的利害关系，也明白这么做必然需要付出代价、承担风险。

1559年，她的王位开始巩固，于是颁布一系列议会法令，恢复了爱德华时期的祈祷仪式，修改了克兰默制定的英国教堂圣餐仪式。她重申自己是英国教会的首领，于是掌握了神职人员的任命大权。1562年，她召开教士会议，于1月23日，要求教士会议把爱德华六世时期公布的英国教会《划一法》略加修改而成为教会法律。

1559年，伊丽莎白女王颁布了她的宗教政策。她认为里通外国的天主教会和极端激进的新教都是不可取的，而天主教也不值得过分打击。她期望恢复亨利八世所建立的英国的国教会，期望这能够成为一种合适的纽带，把英国的基督徒联合起来。一般来说，伊丽莎白有宗教宽容的思想，不过她不是像其他欧洲君主那样，经过一场严酷的斗争后，被迫颁布不对宗教各派系进行镇压的敕令。她要做的是建造一个名称为英国国教的大盒子，把许多的宗教派别，如不太保守的天主教、不激进的新教，以及其他种种的路德教徒、加尔文教徒，统统装在这个盒子里。她保障他们的安全，也希望他们不要节外生枝，制造麻烦。

1559年，一本收有12个布道的《布道集成》出版，全面批驳了教皇宣布伊丽莎白为宗教异端的说法。这些布道书与教皇敕令针锋相对，特别宣扬英国基督徒只尊奉《圣经》，不尊奉任何其他教会的权威，从而使罗马教皇的敕令成为一纸空文。值得注意的是，一篇1559年的布道书特别强调了《圣经》中所描述的犹大及以色列王大卫的故事，可以看作对伊丽莎白外交政策在社会上的一个反映。该文写道："大卫可以杀死他的仇敌扫罗，但他都饶了扫罗的命，大卫不是不知道扫罗的罪恶，但作为上帝所宠爱的，他不杀他的故主扫罗。他要听上帝的旨意。"这说明伊丽莎白的克制态度，得到了英国社会的支持。

伊丽莎白这一政策在当时是十分先进的，它开了宗教宽容的一种特殊形式。

女王任命了马可·帕克为坎特伯雷大主教，协助她管理英国的宗教事务。帕克是一位声望很高的神学家，他是伊丽莎白母亲安妮·博林的忏悔牧师，所以是伊丽莎白的老朋友。伊丽莎白的任命遭到了帕克的拒绝。他说自己并不适合担任这个重要职务。伊丽莎白不让他说下去，于是一切仍然按照君主的意图进行。帕克的授职礼是由三位被玛丽女王放逐现在归来的主教主持的，这可以说是一个女王转向新教的信号。帕克是一位博学的、具有声望的、温和的新教徒，由他来担任英国宗教事务的主持人，可以说没有什么麻烦。这位大主教果然不负所托，他全力以赴地在英国恢复新教，但对在英国进行宗教改革的兴趣却不大。①

帕克与伊丽莎白和国务大臣塞西尔都有私交。所以伊丽莎白在帕克面前像一个被宠爱的女儿那样说话毫无顾忌。她最喜欢用玩笑的口气来挖苦这位著名学者。有一次她调侃说她最讨厌看到的情景就是僧侣们拖儿带女，妻妾成群，所以要下令恢复主教不得结婚的命令。她说她任命帕克的时候还没想到这一点，否则一定不会任命有家室的帕克来担任英国最为重要的宗教职务。帕克听了这些话也不生气，只是对她微笑，说这很像天主教的说教，而不像是倾向新教的女王说的话。伊丽莎白的诡计于是得逞，她从自己的嘲笑帕克的恶作剧中得到相当大的快乐。

---

① Harold J. Grimm，*The Reformation Era，1500–1650*，New York，Macmillan Publishing Co.，Inc.，1973，p. 385.

在宗教问题上，伊丽莎白表现得特别谨慎。她为自己定下了一个宣传的调子，就是自己其实是一个天主教徒，只不过脱离了罗马教廷而已。她不止一次地向西班牙和法国的大使们重复这句话，博得他们的好感。她说谁让罗马教廷对她这么不公正呢？把她当作私生女对待，谁让她的姐姐如此虐待她，使得她愿意同新教徒交朋友。为了证明自己是一个天主教徒，她的专用的小教堂中，一直放着两个银制的蜡烛台，插着两支从来也没有点燃过的蜡烛，还放着耶稣遇难像，这表明她一直是在做礼拜，所用的礼仪与天主教相差不远。伊丽莎白的这种态度也许并不是装出来的，她的宗教信仰确实是由环境造成的。本质上说，她是一个强调个人自由意志的人文主义者，而不是什么宗教改革家，虽说是挂上了英国教会的总督这一头衔。

女王在宗教问题上有不明白的地方，总是喜欢同大臣塞西尔商量。塞西尔的好处就是他可以撇开宗教倾向，把宗教问题当成政治问题来加以对待。从国家利益这一点上来考虑问题正合伊丽莎白的胃口。所以，无论伊丽莎白有什么难题，塞西尔总能够给予完全合理的建议。同时，塞西尔实际上是在代他身后的一大批政府官僚在说话，他们的想法，伊丽莎白不能不听。塞西尔相信要进行一场完整的国教改革而不是遮掩的宗教改革，只有这样才能把已经在腐烂的毒瘤弄得干净。塞西尔说“基督的宗教”对于教会来说是至关重要的，所以，必须有全国统一的宗教仪式，任何地方都需要由基督的光辉来照耀。《公祷书》所规定的教会仪式于是在英国流行，因为英国教会废除了除《公祷书》规定之外的一切仪式。再版的《公祷书》废除了死亡之时的祈祷仪式。“圣坛”被解释为一张桌子，在礼拜时信徒的跪拜也不意味着对仪式的崇拜。1552年国会又通过《有关信仰的四十二条款信纲》，后来在伊丽莎白女王时被修订为《三十九条款信纲》，成为英国教会的基本教义和教会组织原则。

为了让基督之光照耀整个英国，伊丽莎白让国会在1559年又颁布了两个文件，《至尊法令》和《统一法令》。《至尊法令》是要确立君主对于教会的领导权，它废除了在玛丽时期确立的天主教会的合法地位，重申外国的君主和僧侣不得在英国行使他们的权力。在这个法令中，伊丽莎白被称为“宗教和世俗事务英王国的最高的总督”，这个带有加尔文色彩的字眼儿不像她父亲那样被称为教会的领袖那么听起来刺耳。这种颇具新意的称谓，是伊丽莎白对天主教徒所做的一个姿态，她想借此说明自己只是管理教会，而不是教会的领袖，因为教会的真正领袖当是耶稣基督。她也不要求拥有《圣经》的解释权和决定教会仪式的权力，但实际上，《至尊法令》赋予了女王充分的管理英国教会的权力。现在英国的教会又在一位贤明的君主控制之下了。

《统一法令》重申了爱德华六世时期颁布的宗教法规，特别声明人们应当按爱德华六世1552年颁布的第二版的《公祷书》来举行宗教仪式。僧侣的制服、图像、祭器和教堂音乐现在都需要标准化，强烈攻击教皇的词句却被巧妙地删除，以便不激怒那些天主教徒。所有的僧侣必须服从这个法令，需要按这个法令所规定的仪式从事宗教崇拜和布道。通过这两个法令，伊丽莎白女王把所有的基督徒都统一在国教会内。

为了实现温和的新教这个原则，女王觉得需要对爱德华时代颁布的《四十二条款信纲》进行修改，这一工作终于在1563年得以完成。新颁布的是《三十九条款信纲》。这个文件是一个折中、温和的文件，它企图消除各种教派之争，用一种大家可以接受的方式来进行宗教仪式。例如：路德派和加尔文派关于圣餐的仪式是不同的，《三十九条款信纲》巧妙地避开了这一问题，期望用一种大家都能理解的方式来举行圣餐礼。《三十九条款信纲》的神学主张介于路德派与加尔文派之间，它期望促成新教各派联合而不是分裂。

对于《统一法令》究竟实行到什么程度是可以猜想的。在《统一法令》颁布后，各地仍然按各自的习惯行事。有的僧侣在布道之时穿着黑衣，戴着僧帽，有的则不理会这些。有的有专门的圣餐杯用来做圣餐礼，有的则用普通的杯子。有的地方教堂中间放上一个桌子，有的则不放桌子。有的教堂放置偶像，有的教堂却把偶像撤除了。有的地方的僧侣坚持独身，有的地方僧侣已经结婚了。因为在1547年与1559年英国曾两次制定法律，允许教士结婚。

大部分英国民众接受了伊丽莎白的调解，但极端的天主教徒和激进的清教徒却反对伊丽莎白的宗教政策。伊丽莎白温和的新教倾向，并没有能够完全消除英国的宗教仇恨。尤其是在英国的新教徒中，出现了一批比较激进的清教分子。因为英国的宗教改革是在帝王的领导下进行的，它没有过多触动宗教信仰的信条和仪式。这样，就有一些人对此表示不满，他们要求在英国进行彻底的宗教改革，完全把天主教的仪式从教会中清除出去。这些人也因而得名，被称为清教徒。英国的宗教改革运动，国会一直处于领导地位。在玛丽女王时期，由于恢复天主教，国会不能再干涉宗教事务。现在伊丽莎白女王执政，国会就又开始管理宗教事务，而清教徒在其中拥有强大势力。英国的新教因此有了温和派和激进派之分，清教徒就是要继续推进英国宗教改革的社会力量。一些清教徒提出基督教神圣团体的构思，认为基督徒的团体高于教会，它不必遵循教会的纪律，可以脱离国教而独立存在。另外一些清教徒是加尔文主义者。在玛丽时代这些人因躲避宗教迫害而去了加尔文的日内瓦，成了加尔文派信徒。他们现在回到了英国。他们宣传前定论和上帝的计划，特别是把日内瓦的《圣经》带到了英国，一时在英国相当流行。加尔文主义在英国的传播推动了清教徒的活动。他们提出要在英国进行第二次宗教改革。尤其是，这些清教徒不顾英国国教的规矩而自行传教、布道，完全把国教会搁到了一边。伊丽莎白和英国的国教会都非常清楚清教势力发展的危险性。

但是英国的新教徒，既是支持伊丽莎白的力量，又是伊丽莎白期望建立国际新教联盟的国内基础。伊丽莎白也知道激进的新教运动会导致英国的内战和人民革命运动，而这正是她竭力避免的。她执政以后明显的新教倾向是她接纳新教徒的表示，而她几次三番地反对新教运动走向激进，是她君王的本能和考虑。对于天主教徒，伊丽莎白的态度也是谨慎的，因为英国有许多天主教徒，过分侵犯天主教徒的利益，如剥夺他们的权益，会导致国际上反对英国势力的联合。因此，她既让那些因玛丽女王迫害而逃亡国外的新教徒愉快地归国，又让他们感到失望，因为她不允许在英国进一步进行新教改革。在1570年，伊丽莎白萌生出有限度镇压新教激进派的想法，起因是一位剑桥的神学家托马斯·卡特赖特事件。卡特赖特以《圣经·使徒行传》为依据，提出早期教会实行的是长老制，所以英国应当遵奉《圣经》，取消大主教和主教制度。尽管卡特赖特被辞退并被迫逃离英国，这却成为引发更大冲突的导火线。次年，英国长老会把自己的两份论纲递交国会，而其中一份显然是出自卡特赖特之手，其中进一步要求“真正的教会当按《圣经》行事，无论是亨利八世的牧师，还是爱德华六世和玛丽女王时代的牧师都应被撵走”。该文虽然没有直接针对伊丽莎白女王，但其倾向已跃然纸上，一场清教革命眼看就要爆发。

愤怒的伊丽莎白要求继任帕克为坎特伯雷大主教的埃德蒙·格林达镇压这批狂热的清教徒，然而却遭到了格林达的拒绝，1576年12月20日格林达写了一封长信给女王，提出拒不执行的理由。1583年，伊丽莎白女王因格林达逝世，任命约翰·怀特吉福特为新任坎特伯雷大主教，后者即遵奉女王的意旨组织申辩教义、斥责卡特赖特派。老臣威廉·塞西尔把一切看在眼里，不得不给坎特伯雷大主教写信，劝他不要激动，以免罗马教皇和罗马的宗教裁判所乘机而入。塞西尔永远是一个相当成熟的政治家，他的劝说使对新教激进派镇压的热度降了下来，从而避免了一场更为严重的危机。

天主教徒的势力在英国相当强大，而且与国际天主教势力及罗马教皇均有联系。伊丽莎白明白，只要国际上有不利于英国的举动，英国的天主教徒，包括名义上加入国教的天主教徒，都会起来反叛。伊丽莎白的聪明之处是知道英国的宗教实际上已经掌握在自己手里，所以只要应付好国际势力，国内的天主教徒则不足为虑。为此，伊丽莎白一直在与外国君主进行婚姻谈判，这使得天主教徒抱有一丝希望，不致起来反叛。在对西班牙斗争胜利后，英国的安全获得保障。伊丽莎白对天主教会的态度也强硬起来。在伊丽莎白时代，天主教徒曾举行过好几次叛乱，但都被镇压下去。伊丽莎白一朝，由于采用政治的手段对待宗教问题，结果使英国逐渐向新教方向前进，没有发生巨大的混乱。这一前进的方向，却为以后的清教革命奠定了基础。

因此，伊丽莎白对天主教会和清教徒都采取了不同程度的宽容态度。对天主教徒，玛丽的主教团保留下的17位主教中，除了两人之外，都拒绝向新的信纲宣誓，结果被剥夺了教职。两名主教逃离英国，其余的主教们被关进了伦敦塔。在英国9000神职人员中，只有200多人在伊丽莎白统治的前六年中拒绝宣誓服从国教。对激进的清教徒，伊丽莎白暂时采取更为宽容的态度，因为现在政策的主流是对付天主教徒，而不是对付清教徒。有一些天主教僧侣逃到了大陆，在那里他们建立了一些小的天主教教区，期望有朝一日回到英国复辟天主教。国会的法令宣称：最尊贵的女王陛下，在同她的荣耀的枢密院商量之后，为推进万能的主的真正的荣耀，决定在她的王国和领地中杜绝迷信，推进真正的宗教，希望她的臣子们和人民能够加以贯彻。

在苏格兰，新教传播得很快。16世纪时，苏格兰是个贫穷的小国，在这里天主教会的腐败十分明显。教会约占有全国二分之一的土地，而教会的主要职务都掌握在贵族子弟手里。苏格兰这样的局势，与整个欧洲宗教改革的大形势正好形成鲜明的对比。更为糟糕的是，苏格兰的王权十分微弱，它不得不仰仗教会的势力。加上这里的教育落后，使得苏格兰的民众忍受着腐败的统治而无法自拔。

苏格兰的王权软弱，又害怕信奉新教的英格兰对它进行并吞，所以对于新教和英格兰很是防范。为了使得自己的统治和天主教会的利益得到保留，苏格兰的斯图亚特王朝采取了向法国靠拢的策略。亨利八世时期，信奉国教的英格兰同信奉天主教的苏格兰进行过几次大的战争，如1542年索尔威茅斯战役，1547年的平基战役，英格兰方面均获得胜利。这更加增强了苏格兰对英格兰的敌对心理。由于苏格兰地位重要，所以法国和英格兰都在苏格兰培植自己的势力。苏格兰国王詹姆斯五世（1513—1542年在位）是亨利八世的侄子，但他倾向于与法国联盟。他先娶了法国国王法兰西斯的公主为自己的王后，她死后又娶了法国大贵族吉斯家族的洛林的玛丽为后，这样就把苏格兰的命运与法国紧紧地捆绑在一起。詹姆斯五世与洛林的玛丽生一女，她十分美丽，就是后来嫁给法国王太子、以后法国的国王法兰西斯二世的苏格兰的玛丽女王。

在英格兰的玛丽女王统治时期，由于玛丽笃信天主教，所以英格兰和苏格兰的关系有所改善。但是后来玛丽女王因她丈夫西班牙的菲利普二世的缘故，联合西班牙与法国开战，于是英格兰和苏格兰的关系又出现紧张局势。1558年4月24日苏格兰的玛丽女王同法国的王太子结婚，并且于次年因她丈夫的继位而成为法国的王后。她与她丈夫之间似乎暗中订立了一个密约：如果他们两人生有子女，那么他将统治法国和苏格兰，如果一旦她死后而无子女，那么苏格兰也将归法国来统治。[①] 这样，苏格兰的独立地位就遭到巨大威胁。更有甚者，在伊丽莎白女王即位之时，苏格兰的女王玛丽并不承认她的合法地位，指出伊丽莎白是篡夺王位，她自己才是英格兰的王位继承人。这样两国的关系迅速恶化。

在苏格兰，于是出现了两股反对玛丽女王的势力。一是苏格兰的新教徒，他们要求在苏格兰进行宗教改革，二是反对法国统治苏格兰的贵族势力。这两股势力渐渐合并起来，成为苏格兰反对政府的强大力量，并且在暗中得到伊丽莎白女王的支援。苏格

① ［美］威利斯顿·沃尔克：《基督教会史》，孙善玲、段琦、朱代强译，朱代强校，中国社会科学出版社1991年版，第470页。

兰新教的传播，得益于两个重要人物，一是帕特里克·汉密尔顿（1504？—1528），二是约翰·诺克斯。汉密尔顿属于路德派教徒，他曾经到过德国新教改革的中心维腾贝格，就是路德贴出《九十五条论纲》的地方，后来又在马尔堡求学，是他把路德的新教带回了苏格兰。汉密尔顿在1528年2月28日被处火刑。此后，在苏格兰不断有新教的布道师被处死的事件。1547年，一位被官方通缉的著名布道师诺克斯来到了苏格兰，从而使得苏格兰的宗教改革运动又掀起了高潮。

诺克斯有一个相当曲折的经历。他约在1510年左右出生于哈丁顿的郊区，早期生涯已无从考证。他信仰新教，是一位新教神父，并且卷入反对法国的起义之中，在法国军队攻占圣安德鲁斯堡时，他被法军俘虏并被送到法国当苦役犯，据说在船上当了19个月的奴隶。获释后他来到英格兰，正值爱德华六世推行新教之时，结果就被任命为王室的牧师，1552年他还被任命为罗彻斯特主教，但他推辞掉了这一职位。玛丽女王执政后，他是要被镇压的第一批人士，不得不逃离英格兰，前往德国，继续在法兰克福等地的英格兰流亡者中间传教。不久，他又去了日内瓦，在那里受到热烈欢迎。他于是热心追随加尔文，致力于《圣经》的英文翻译工作，他的《圣经》译本后来在英格兰和苏格兰广为流传。①

加尔文主义的种子就这样在苏格兰传播了。1557年，一批新

① ［美］威利斯顿·沃尔克:《基督教会史》，孙善玲、段琦、朱代强译，朱代强校，中国社会科学出版社1991年版，第469页。

教徒在苏格兰进行叛乱，结果许多人被流放。苏格兰比较贫穷，人们对罗马教会更加不满。

1558年伊丽莎白即位，对于苏格兰这批新教徒来说，是个巨大的鼓励。他们纷纷回到国内，诺克斯也于1559年5月2日回到苏格兰。约翰·诺克斯努力把加尔文教传到苏格兰。诺克斯是一个狂热的传教士，他认为自己的所作所为都是上帝的意愿，决不同他所仇恨的罗马教会妥协。他提出人民有权反对不敬神的政府。苏格兰的新教徒密切注意英格兰的政治、宗教动向。在他的布道影响下，苏格兰的新教徒自行起来捣毁修道院，而这并不是诺克斯的初衷。这一行动遭到了摄政玛丽的镇压，玛丽利用法国军队与新教徒进行作战，但双方都不能明显取胜。1559年7月10日，法国国王亨利二世逝世，玛丽女王的丈夫法兰西斯即位，立即派出一支军队至苏格兰，形势开始对新教不利。

诺克斯转而寻求伊丽莎白女王的支持。但是他首先要向伊丽莎白道歉。因为这位新教领袖，对于女性治国一直采取大不恭敬的态度。在这个问题上伊丽莎白相当反感。在伊丽莎白登基前夕，诺克斯曾经出版过一本著名的著作，题目是《反对可怕的女人当政的第一声号角》。书中写道："上帝向我们时代的某些人启示，女人位于男人之上，承担起治国的重任，是比大自然中畸形怪物更可怕的事，我坚信这一点。"他说，大自然赋予女人以软弱、脆弱、虚弱、愚蠢、缺少耐力等特点；她们是魔鬼的入口和门径，她们的贪婪的欲望，有如地狱的深渊，是永远也填不满的。如果女人统治男人，就是对上帝的亵渎。[1] 诺克斯的这些攻击女性的言辞，我们现在听来非常刺耳，却是当时新教徒的一般观念。路德也认为妇女的作用就是生育，否则男人根本不需要她们。伊丽莎白自然不会放过阅读这部绝妙著作的机会，所以对诺克斯全无好感。现在诺克斯向伊丽莎白公开道歉。7月，他写信给伊丽莎白，说他的小册子不是针对伊丽莎白的，他本人对女王敬仰之极，女王的即位是上帝给他的特别的恩典。但是这封信他写得相当没有诚意，他居然这么说："我不能否认我写过一本反对女人窃取权力、反对女人的不当统治的书，但是我并不打算撤回我的任何主要论点或某一主张，除非有能够否认我的论点的真理或事实出现。"[2]这就更加使得伊丽莎白恼怒。伊丽莎白现在一听到诺克斯这个名就讨厌万分。

虽然女王对于诺克斯很憎恶，但是，从英国的利益出发，伊丽莎白还是决定支援苏格兰。1560年1月，英格兰的军队来苏格兰，战争因此向有利于新教方面转化。7月6日，在西班牙国王菲利普的调停下，英法两国签订条约，法国军队从苏格兰撤离，法国人也不再在苏格兰政府中担任要职。苏格兰的这次新教运动在伊丽莎白的支持下得到一个圆满的结局，苏格兰也由此没有丧失独立。

这次新教运动成功之后，改革派乘机控制了国会。1560年8

---

① ［英］J. E. 尼尔：《女王伊丽莎白一世传》，聂文杞译，商务印书馆1992年版，第68页。

② ［英］J. E. 尼尔：《女王伊丽莎白一世传》，聂文杞译，商务印书馆1992年版，第59页。

月17日，国会决议采纳一部大部分由诺克斯起草的信仰宣言作为王国的信经。一周后，国会废除了教皇的管辖权，禁止弥撒，违反三次者要处以死刑。住在法国的国王和王后虽然拒绝批准，但在苏格兰，却得到大多数人的拥护。①

1560年，苏格兰的贵族废除了天主教，创立了一个自己的教会，即苏格兰长老派教会。从此，《圣经》成为基督教最主要的权威，放弃了天主教关于圣餐礼的变体论，取消了教士独身的制度，承认崇拜礼仪在不违背教会和国家认可的传统的前提下可以有一定的变通性，肯定国家君主对教会拥有最高的权力。苏格兰宗教改革具有重大意义，它保证了苏格兰完整的主权，也使得英国得到了边境的和平。

在伊丽莎白的宗教信仰问题上，学者们的看法不尽一致。一种意见以尼尔为代表，倾向于把伊丽莎白说成是一位政治家。尼尔观点的核心在于，认为伊丽莎白其实并无意图要在英国建立新教教会，她真正的意愿，只是要恢复国王至尊的地位。这是1559年伊丽莎白推行新教祈祷书的真正目的。另一种观点则认为伊丽莎白不仅是一位政治家，也是一位真心实意倾向于新教的君王。当英国国会的上议院拒绝1552年的祈祷书时，伊丽莎白立即采取行动，逮捕了两名不愿服从的主教，从而减弱了反对派的势力。这种意见是以N. J. 琼斯为代表的，认为伊丽莎白不是在做表面文

① ［英］J. E. 尼尔：《女王伊丽莎白一世传》，聂文杞译，商务印书馆1992年版，第73页。

章，而是相当认真地在英国扶植、提倡新教。如果我们撇开伊丽莎白对新教的态度而仅仅论及她的政治态度，那么，琼斯的观点似乎更有说服力。

在伊丽莎白的宗教观中，我们看到一个重点，即把宗教和僧侣统治的社会，变成让宗教和僧侣服务于民众的社会。宗教代表应为理性所升华了的社会的一个方面，而不是压抑理性的一种力量。伊丽莎白的英国国教对社会的看法是理性的升华，而非压抑。伊丽莎白推崇公共祈祷书，推崇统一的圣礼、《圣经》和布道内容，要求宗教的布道与英国的政策及传统相一致。事实上，英国的国教是一个包容面极广的综合体，其中既有天主教的一些仪式和传统，又有加尔文教和大陆一些新教改革家思想的影响。当然，仅仅这样还是不够的，必须要在神学和制度方面加以保证。伊丽莎白于是要求神学家们撰写布道论集，这样可以用宗教的语言阐明政府的态度和教会的联系。伊丽莎白批准认可的一系列有关教会的文件，旨在加强教会与自己政府的联系，而不是相互对立，制造摩擦。正因为伊丽莎白的国教具有广泛的包容性，宗教的争论就可以在国教的内部进行解决。对于英国国教及仪式的问题，国教徒内部有两种争论：一种是激进新教徒的意见，他们认为布道要以《圣经》为基础，要进一步扫除迷信，减少仪式，提高因信称义的分量。另一种是坚持天主教的一些仪式和英国文化与教会的一些传统，主张国教应以仪式、《圣经》和传统为基础。国教中的这两派都曾向加尔文教派那里寻求支持，而加尔文教派也给这两派人指示。不管这种争论有何意义和后果，教会已被纳入社会和国家的管理之下。英国没有废除教阶制度，但大主教、主教、神父都听命于政府，而不再是凌驾于政府之上的独立的权威了。通过英国国教这个形式，神学与政治、教会与政府更为统一了。

这种统一并不只限于那纯粹世俗法律所规定的范围之内，还包括教会内部需要统一和秩序化的方面。英国国教在伊丽莎白时代的改造，不仅消除了人们因英国宗教经常变动而带来的极度紧张矛盾心理，还增加了人们对国家律法的尊重。这种敬重不是因强迫压制而被迫产生的，乃是由衷感到欧洲各国因宗教分歧而流血战争之际，英国的国教产生反而是稳定和平。要在英国进行宗教战争，不管举的是什么旗号，总是支持者不多。伊丽莎白的理性主义较各种极端的宗教思想，更重视了社会的实际现实效果。

如果说伊丽莎白的宗教观的本意只在于消除英国人因宗教信仰不同而导致社会分裂的话，那么国际形势的发展，却要她修正这种态度，把英国的教会推向一种更高的民族化发展方向。英国的主要国际上的敌人既然是把天主教作为一种反对英国的武器，我们就不能把伊丽莎白坚持英国教会要独立自主的看法与国际形势这个大背景分离。很自然的，英国的教会要采用一定的方法，把英国的基督教建立在自己的本土文化的传统上，而不是在那腐败了的中世纪罗马教皇的传统上。伊丽莎白事实上是英国和世界上的所有新教徒的领袖和保护人，英国教会神职人员的任命及仪式是由她决定的。伊丽莎白所领导的英国教会，是与罗马教皇的天主教会分离的、不受其管辖的。

尽管伊丽莎白领导的英国教会事实上与罗马天主教会分道扬镳，它却具有广采博纳、兼收并蓄的特点，这就给自己增添了社会的向心力。伊丽莎白虽然颇不喜欢僧侣和神职人员让妻子来往于教堂的风气，但她宽容英国的天主教徒和清教徒，只要他们遵纪守法，可以加入国教并在其中承担高级职务，其结果，是进一步促使了国教的强大。

伊丽莎白的宗教宽容政策是取得一定成效的。在国会中，伊丽莎白温和的新教观念得到大部分人的赞同。在下院中，大部分成员是新教徒，他们认为伊丽莎白女王是稍微软弱了点，保守了点。总的说来，下院的成员是完全支持女王的，他们和女王站在一起，共同对抗更为保守和倾向于天主教的上院。这种局面，促成了宗教宽容的局面。而坎特伯雷大主教帕克正是代表了温和新教的立场，可以起一种联合各派的黏合剂的作用。当伊丽莎白谨慎地倾向于新教的时候，苏格兰新教徒却迫使她在转向新教方面迈开更大的步子。

在普通百姓之中，女王的宗教政策被证明十分成功，因此她不仅得到新教徒的支持，也得到许多天主教徒的支持。有一份罗马教会编写的非常愚蠢的《鲜血问卷》，是专门用来审判英国天主教徒的。我们从中可以看出伊丽莎白时期英国天主教徒对女王的一般态度。1564年特兰托宗教会议规定：一切天主教徒必须发誓效忠于教皇。所以，对于英国的天主教徒也需要他们彻底同女王陛下划清界限。罗马教会用《鲜血问卷》来审问两个名为亨利和约翰的英国天主教徒：一、你们是否承认教皇庇护五世反对伊丽莎白的赦令是合乎法律的？是不是每个英国的天主教徒必须遵守的？二、教皇有没有鼓动伊丽莎白的附庸起来反叛的权威？三、教皇有没有处罚那些与伊丽莎白联合的教徒的权力？四、如果教皇下令废除伊丽莎白的王位，宣布她是不合法的，号召她的臣民起来反对她，或指派他的代表入侵英国时，你们会站在哪一边？是帮助教皇还是帮助女王？这两个可怜的英国人感到难以启齿，但亨利还是坚持回答：教皇的法令是不符合法律惯例的，教皇无权鼓动君主的部下起来反对他们的君主，也无权处罚与君主站在一边的教徒。最后亨利认为如果教皇的军队入侵英国，他将奋起保卫祖国，抵抗外国势力的干涉。约翰的态度没有他这么坚决，但也认为对这些问题不能作答。他认为，在教皇和英国君主发生冲突的时候，他会明哲保身，努力不卷入冲突。①

在宗教宽容政策下，英国的清教徒也没有同国教徒真正决裂。他们视伊丽莎白为合法的英国宗教领袖。不过，他们加紧了自己的活动，结果就是让许多国教的主教们接受了前定论的说法，并承认了生活就是一场灵与肉的永恒斗争，自律和履行基督徒义务在斗争中起至关重要的作用。清教徒和国教徒在两个问题上意见明显分歧，一是关于自由意志的问题，国教徒一定程度上对人的

---

① Nenys Cook，*Documents and Debates in Sixteenth Century England 1450–1600*，London，Macmillan，1980，p. 86.

自由意志持肯定态度，相信人具有一定的自由度，可以用来抵制罪恶，争取灵魂得救，而清教徒强调前定论，认为人没有自由度。二是国教徒坚持英国教会的组织性，承认女王政府对英国教会的领导权，而清教徒受到加尔文主义的影响，提出建立基督教社区，通过选举产生自己的牧师，拒绝服从来自上面的任何教会的领导。这样，清教徒和国教徒之间的裂痕就日益明显了。于是，在英国国教外，出现许多宗教改革派别，它们的成员形形色色，却都自称是清教徒，要求“教会进一步纯洁化”，即要求在英国实行真正的宗教改革，以彻底肃清罗马天主教的影响。这样，清教徒和国教徒终于走上了对立的道路。伊丽莎白女王和继任的国王们如何对待清教徒，成为英国一种很难处理的政治问题。最后，清教徒深刻地影响了英国政治，在1640年的国会代表中，清教徒已成为多数。倾向国王的国教徒则始终站在国王的那一边。在英国资产阶级革命中，许多清教徒于是成了革命的发动者。

第九章

宗教改革对德国近代化的贡献

如果今天的人们回顾16世纪上半叶的德国，会惊异地发现，宗教改革不仅是通过社会政治关系的关键性转变来废除封建主义教会阻碍德国社会发展的一种努力，而且也是德国近代化的开端，包括对政治、社会、宗教、经济和社会道德规范方面的全面调整。这场运动的推动力量不是德国皇帝一类的人物（在英国，君主曾是推动宗教改革的中心人物），而是包括市民知识分子在内的普通百姓。运动的社会目标，消极地说是废除和削弱僧侣群体的政治权力和经济特权，扫除德国近代化的障碍；而积极地、用宗教改革的语言来说是实现“公共利益”和建立“基督教兄弟之爱”。从这些社会目标中产生了运动的政治目标：在国家的范围，废除教会凌驾于国家和民众之上的政治干预权，促进国家主权的完整性；在邦国的范围，实现由世俗政府管理宗教事务，打击了地方贵族和教会势力，强化了一定程度上代表公共权利的邦国政府；在地方范围，扩大民众参与政治的权利，维护了向近代社会过渡必需的农业生产和农村经济秩序，并且自下而上地推动政治的民主化和经济的近代化。

把宗教改革与现代性结合起来研究是一个传统。例如：兰克认为宗教改革运动并非只是德国的运动，而是欧洲和世界的运动。他指出："这是世界历史最为伟大的巧合之一，在对另一个半球实施统治的前景降临到罗马—日耳曼拉丁国家时，德国却开始了旨在恢复纯洁的宗教运动；当其他国家都忙于征服遥远的国度时，德国没有加入这个行列，反而承担了宗教改革这项巨大的任务。"[①] 兰克还认为：德国的真正转变是从宗教改革运动失败以后进行的，由于罗马天主教会反对，改革最终失败，导致德国近300年的分裂。[②] 黑格尔认为：宗教改革是现代社会的开端，它推动了日耳曼人的自由精神的发展，消除了对天主教会的"盲目服从"，摆正了政府与教会的关系，让人们认识到"国家内的道德和法律的东西也是神圣的东西，是上帝的命令"。因此，是从中世纪向近代社会过渡的转折点。[③]

英国学者C.司各脱·狄克逊指出："把宗教改革与现代性结合起来研究，如同理查德·凡·丢尔门（Richard van Dulmen）所言，其力量在今天丝毫未曾减少。许多我们今天赞同的特性（所以其被

① Leopold von Ranke，*Deutsche Geschichte im Zeitalter der Reformation*，vol.1，ed. by Paul Joachimsen，Munich，1925，p. 176.

② Thomas A. Brady Jr.，*German Histories in the Age of Reformations，1400–1650*，Cambridge and New York：Cambridge University Press，2009，p. 4

③ ［德］黑格尔：《历史哲学》，王造时译，上海书店出版社2006年版，第425—446页。

视为现代）都可以追溯到宗教的教派运动。现代性，从某种意义上看，产生于历史的需要。在神圣罗马帝国的土地上，教会分裂为教派的事件迫使政治关系、社会关系发生变化。原本由天主教一统天下的帝国，现在成了容纳不同教派的国家。这种需要孕育了新的宗教认同，即多种标准的基督教信仰。今天的欧洲，现代的欧洲，就是由众多拥有独特的政治制度和文化标准的国家组成的，其渊源可以追溯到宗教改革时代。”①要了解这一点，我们有必要将目光集中于宗教改革运动对德国近代化所做出的贡献上。

一 宗教改革与德国政治民主化的初现

16世纪，德国是深受教会干涉和压迫的国家之一。罗马教廷在德国无疑具有令人信服的特殊地位，德国皇帝作为教会的保护人，竭力维护天主教会的利益。德国的高级教士不仅是灵魂之剑的掌握者，也同样是世俗之剑的掌握者。德国的高级教士（大主教选帝侯、主教诸侯）占有的土地达到帝国所有土地面积的15%。凭着领地上的完全主人、罗马教廷在德国的代理人、皇帝麾下的地方统治者三重身份，他们发动战争，在世界各地制造动乱，所作所为与世俗领主毫无二致。大量的金钱源源不断地流向了罗马。据估计，每年从德国流向罗马的现金达30万古尔登以上，而德国

① C. Scott Dixon，“Editor’s Introduction”，in C. Scott Dixon，ed.，*The German Reformation*，Oxford and Massachusetts，1999，p. 193.

高级教士在就职时必须向教廷缴纳1万—2万古尔登，这只是教会从德国获取的额外收入之一。德国教会腐败成风，教廷办事时的奢侈浪费程度令人吃惊。几乎每个人都相信罗马教会的存在代表了对国家安全的政治威胁，封建教会已经成为德国社会向近代过渡的最大障碍。

在这种背景下，马丁·路德的《九十五条论纲》无疑就是点燃火药库的导火索。宗教改革运动迅速形成燎原之势，路德把斗争矛头直接指向罗马教廷，强调《圣经》的权威，取消了教皇的神性，进而取消了教会作为平信徒与上帝之间的中介位置。路德的宗教改革迅速激起了德国民众的爱国热情，反对罗马的情绪在各地高涨。人文主义者给予积极支持，帝国城市和自由城市也迅速做出反应，成为宣传新教的主要阵地。路德把《新约全书》翻译成德语，更加唤起了民族自豪感。

宗教改革发展成为改革教会制度的社会运动，路德呼吁没收教会财产，废除赎罪券、教士的豁免权和教士的独身制度，关闭修道院，由世俗政府管理宗教事务。路德一直没有忘记号召德国人民起来反抗罗马教皇对德意志的剥削，在1520年《致德意志基督教贵族公开书》中他发出呼吁：

> 现在意大利已经被榨干了，于是他们来到了德意志，如此隐晦地开始了剥削。但是我们要小心防备，德意志将马上变成意大利。他们刮走了主教辖区、修道院和僧侣俸禄的油水，而

且他们还没有冒险使出他们曾在意大利使用过的所有卑鄙手段，所以暂时他们只是十到二十个高级僧侣搅在一起欺骗神灵，一年轮一个人，这样他们最后搞到了可观的金额。维尔兹堡小修道院出了一千个古尔登；班贝格也出了一些钱；美因兹、特里尔和其他地方出的钱更多；因此一个罗马的枢机主教可以像一个富有的国王那样生活。

我们德意志人必须忍受这样的掠夺和教皇对我们财产如此的勒索吗？这是怎样一回事呢？如果法兰西王国阻止了这一点，那么我们德意志人为什么要让他们这样愚弄？如果他们只是窃取我们的财产，还是容易忍受的；但是他们损毁教会，从他们虔诚的牧羊人手中抢夺基督的羊群，破坏信仰和上帝的言词。他们没有为基督教世界做任何事，他们只是为主教辖区的高级教士的收入争吵，就像任何强盗所做的那样。[1]

路德的这些爱国主义呼吁赢得德国各个社会阶层的支持。农民们冲进了修道院领主的城堡，要求领主们放弃对于农民的苛刻盘剥。城市的平民奋起支持路德，因为他们早就不满教会的奢侈挥霍，任意掠夺市民们的财富。在各个公爵领地、边疆伯爵领地、自由城市和主教辖区都出现了接受路德神学教义、没收修道院财富、把教会财富归还俗界的运动。德国的诸侯们也从中看出有利于自己的因素，因为“放弃罗马天主教，接受新教，将意味着大

① Martin Luther, *Three Treaties*, Philadelphia, 1947, pp. 28–31.

片农田、富有的修道院和神殿充公”。他们立即付诸行动，通过支持宗教改革而增进自己的财富和权力。结果是：“在1521年传达到沃尔姆斯的谴责路德和他的教义的决议没有得到执行，因为德意志的诸侯不想执行它。”[①]这些财富归还给了俗界，部分转化为德国经济发展必需的原始资本，部分成了增强德国世俗政府的物质基础。

宗教改革对于罗马教廷权威的打击是如此致命，以致于罗马教廷几乎丧失了其利用宗教控制欧洲各国政治、司法的地位。自胡斯运动以来，欧洲还没有出现过像德国宗教改革那样的改教成功的事例，它必然极大地鼓舞了各国民众摆脱罗马教廷、建立自己的民族国家的信心。在德国成功榜样的激励下，先是瑞士出现了茨温格利和加尔文的改革，其后又出现英国的宗教改革，逐步形成一个包括德国、瑞士、英国、挪威、瑞典、芬兰和部分尼德兰地区在内的欧洲新教区。教派运动的发展从制度上打破了罗马教廷一统天下的局面。在德国信奉新教的地区，发明了由教团推举或由政府任命神职人员的制度。这种制度从根本上改变了德国教会听命于罗马教廷的传统，也部分地切断了德国金钱流入罗马的渠道。凌驾于各个民族国家之上、随意发号施令的罗马教廷遭受重创，而德国通向近代社会的一个主要障碍被拔除。

15世纪末德国的局势，正如恩格斯在《关于德国的札记》中指出的那样：“越来越分裂，中央削弱，而在同时，法国和英国都

---

① ［美］约翰·巴克勒、贝内特·希尔、约翰·麦凯：《西方社会史》第二卷，霍文利、赵燕灵、朱歌姝等译，朱孝远审校，广西师范大学出版社2005年版，第125页。

已或多或少地中央集权化并已形成民族国家。这在德国是不可能的：1.封建制度在这里比各征服国发展较晚；2.德国曾有法兰西和斯拉夫领地，德国把意大利视为自己的属地并把罗马视为自己的中心——这样，德国当时不是一个民族的集体；3.主要的是当时各地方和地方集团还真正是互相隔绝的，彼此之间没有来往；等等。”① 这样，罗马皇帝的称号及连带的统治世界的要求使一个民族国家不可能组成而力量却被浪费在历次侵略意大利的远征中，而这些远征向来是违背德国利益的。侵略意大利的远征也使德国的市民阶级无法与皇帝结盟，因为德皇无意建立民族国家，只会浪费德国的财产用于对外争霸战争。在德国拒付皇帝对外侵略军费的情况下，德皇只得动用其在奥地利和荷兰的金库来维持战争，甚至还出现靠俘虏法国君主和教皇获得赎金来支付有可能反叛的军人报酬的举措。

这样，尽管德皇查理五世是天主教会有力的支持者，也有心镇压路德派新教诸侯联盟，但是，因为他长期不在德国，主要精力又是放在佛兰德、西班牙、意大利和美洲的领土上，以致于对镇压德国的宗教改革力不从心。1521到1555年间，为了争夺领土和在意大利争夺霸权，他与法国瓦洛伊王朝进行了五次战争。为了阻止土耳其人的威胁，尤其当土耳其人在1529年围攻维也纳时，他和其弟斐迪南大公都需要得到新教徒的支持。这些原因最终使

① ［德］恩格斯：《关于德国的札记》，见恩格斯《德国农民战争》附录四《恩格斯手稿》，人民出版社1962年版，第173—174页。

其镇压新教徒的努力归于失败。作为某种妥协，1555年，他签署了《奥格斯堡和约》，和约接受现状，官方承认了路德教，允许每个诸侯自行决定自己领地上的宗教信仰。德意志北部和中部的大多数诸侯成了路德教徒，而南部保持了罗马天主教的信仰。①

结果，无论是奉路德教为信仰还是信奉天主教的地区，都出现了世俗政府管理教会的制度。这当然也是路德的愿望。在理论上，路德曾经一度设想过一种教会与世俗政府合作的关系。1534年，他指出：

> 宗教的政府或权威是纵向地把人们引向上帝，让人们行为得体，获得拯救；而世俗的政府则是横向地指导人们，关照每个人，关照身体、财产、名誉、妻子、孩子、房屋、家庭，让世间的一切都得到和平、安全和祝福。上帝要世间的政府成为得救和在天的上帝之国的象征，如同一出哑剧或者一个面具。②

然而，在实际上，路德却是更加看重世俗政府。他认为："哪里没有政府，哪里的政府没有良好的声誉，那么，哪里就不存在和平。倘若没有和平，那么，身处蛮横行凶、偷盗、暴行、邪恶之中，没有人能够维持生活或者做任何事情。在那里，根本不可能教导

① ［美］约翰·巴克勒、贝内特·希尔、约翰·麦凯：《西方社会史》第二卷，霍文利、赵燕灵、朱歌姝等译，朱孝远审校，广西师范大学出版社2005年版，第125—127页。
② "Commentary on Psalm 101"，1534，*WA* 51: 241.21—31; *LW* 13: 197.

上帝的话语或教导孩子敬畏上帝。”[①]这种思想最终导致路德明确认可世俗政府管理教会的制度。他指出：“当前，世俗权力的掌控者履行自己的职责要远胜过宗教的统治者。他们严惩盗贼和谋杀者，不会滥用职权搞腐败，而那些教会的统治者，除了诅咒、惩罚那些侵犯教会自由、特权和权力者之外，还常常姑息养奸，滋长出各种骄傲、野心、奢侈和争斗（因此，倘若把教士的那些世俗事务交由世俗权力来管理，也许会更加安全）。”[②]

在邦国层面，宗教改革的影响是双重的：一方面，宗教改革增强了诸侯领地政府的实力，因为对教会财富的接管和领地政府对教会的管理，都使诸侯成为领地内宗教事务最高的管理者。从此以后，教会无法再与领地政府分庭抗礼，而诸侯则被神化，他们的权力来自上帝的授予，进一步提高了其统治的合法性。另一方面，宗教改革推动了封建的诸侯领地向具有一定近代早期性质的诸侯邦国转化。诸侯的这些获益来自市民和农民的宗教改革，因此民众参与诸侯领地政府政治就成为可能。上文提到的1525年6月在因斯布鲁克召开领地会议就是一个例子。会议不仅成功地把高级教士排斥在议会之外，还制定了96条《梅拉诺—因斯布鲁克条款》。根据这份条款，人民的部分要求得到满足，如主教管区

① “The Bondage of the Will”，1525，*D. Martin Luthers Werke*，Kritische Gesamtausgabe（Weimar: Bohlau，1883— ），18:685. 6–7; Hereafter cited *WA*. *Luther Works*（American Edition），ed. Jaroslav Pelikan and Helmut Lehmann (Philadelphia: Foetress Press and St. Louis: Concordia Press，1955)，33:139. Hereafter *LW*.

② “Lectures on Romans，1515–16”，*WA* 56: 478. 26–32; *LW* 25: 471.

和修道院应根据对诸侯有利的原则世俗化，教士应服从乡村和城市法庭，以及本地社区有权选出自己的牧师。随着对教士财产及他的政治特权的剥夺，蒂罗尔人还要求剥夺贵族的政治特权。这种参与还表现为用选举制度取代地方官吏的任命制度，从而排除了由人民痛恨的地方贵族担任地方官吏的可能性。在蒂罗尔，市民和农民的势力强大到足以控制领地议会的程度。根据1526年6月蒂罗尔的领地会议的决定，教士的世俗权力被废除，地方贵族的政治权力也被削弱，并且在政治结构上做出调整。在邦国一级，同原来一样，仍然由诸侯和政府委员会执政，但是政府委员会的成员却由原来诸侯的任命制改为由贵族、市民、农民选举产生。在领地议会的层面，也由原来旧的四个等级（贵族、教士、城市、农村社区）改为了新的四个等级（贵族、城市、农村社区、矿区），由矿工的代表取代了教士的代表。在地方官吏的任命上，也由原来的诸侯任命制改为社区选举制。从经济方面看，这些改革增进了农民的经济权益，减轻了农奴劳役，放宽了农民狩猎的限制，并允许农民拥有自由买卖粮食的权利。所有这些规定都得到真正的实行，在1532年的宪章中得到更正式的认可。[①]

在主教诸侯辖区，民众参与政治显得相对困难。在班贝格，1525年成立了一个改革委员，提出过一个改革方案：在领地层面，由主教和总教堂牧师会执政改为由主教和政府委员会执政，后者

① Thomas A. Brady Jr.，*German Histories in the Age of Reformations，1400–1650*，Cambridge and New York：Cambridge University Press，2009，p. 191.

包括9个主教的代表，3个贵族代表，3个市民代表和3个农民代表，共18人。地方官员也由主教任命制改为社区选举制。在维尔茨堡主教辖区，也出现过非常类似的改革方案。只是随着1525年革命的被镇压，上述两个方案都没有得到具体落实。① 尽管这样，也显示出普通人参与领地政治的趋势，反映出宗教改革运动对于地方政治的重要影响。

宗教改革运动同样也推动了基层民主的发展。参加者不仅有农民，还有市民、矿工和公务员，因此被称为百姓革命。宗教改革前夕的经济衰退，不仅降低了农民的收入，而且也造成通婚、迁移自由被限制，社会贫富分化加剧，乡村自治权被取消等严重后果。社会经济结构的变化导致百姓的利益遭受侵犯，归根结底在于农民在政治上处于无权的位置。宗教改革和1525年的德国农民战争导致两大政治变化：农民和市民实行了大联合；他们发出政治改革的呼声，抗衡领主的专横统治，宣称要建立友爱、平等、互助、正义的人民共和国。这两种变化显示出民众对于政治的积极参与，他们承担了自下而上建立近代政治的使命，以求建立政治、经济平等的新社会。

值得注意的是，这种基层组织民主化的发展有力地维护了城市和农村的自治社区制度。一个更加公正、更加平等和更加公共权利化的社区制度不仅得以巩固，还企图发展成为全体德国的、

---

① Thomas A. Brady Jr., *German Histories in the Age of Reformations, 1400–1650*, Cambridge and New York: Cambridge University Press, 2009, pp. 191–192.

大范围的百姓共和国。在这种情况下，中世纪晚期的社区制度就有了一个共同的新目标。市民和农民都想在自己的自治社区范围内加强并扩展民主政治的威严；他们想要建立一个与所有人都能沟通的有效方式，以此来促进公共秩序的完善；他们想要拥有更多的政治权利并且运用这些权利来促进德国民众的福祉；他们为解决这些问题而找到了理论纲领（在闵采尔、盖斯迈尔、海尔高特等人撰写的政治纲领中，我们看到百姓旨在建立人民的政权，要“对现有社会政治秩序进行激烈的改变”的企图）和实现这些纲领的政治手段即1525年的普通人革命。这样，就奠定了建立德国统一国家的思想根基和行动方式。正如彼得·布瑞克所言：“统治者现在成了农民、市民和矿工的主要敌人，要么因为他们阻碍了通向福音之路，要么因为他们（新教会的统治者）反对普通人对‘神法’和福音书的解释。这导致城堡和修道院被夺占。由于《福音书》及其推论（‘神法’‘公共利益’和‘基督教兄弟之爱’）被付诸实施，牧师被剥夺了经济地位和政治权力，而态度很不明确的贵族被更加严格地限制在新的公社联盟之中并被剥夺了政治特权。因此，无论是在理论上，还是在事实上，普通人都成为社会与政权的塑造力量。”①

通过改革和革命，人民拥有了维护和发展自己政治、社会和

① Peter Blickle，*The Revolution of 1525: The German Peasants' War from a New Perspective*，Baltimore and London，1985，p. 189.

经济权益的基础。随着教士、地方贵族的被打击，随着领地议会制度的建立，随着建立统一的、大范围的百姓共和国理念的提出，干涉德国政治、经济的罗马教廷遭受重创，而德国的封建主义传统也跟着隐退了。与此同时，近代早期的由民众参与的国家开始在诸侯邦国里出现了，它具有法制机构和政府公共机构。如果诸侯们要肆意妄为，那么便会引发出百姓的大革命。邦国政府依赖于与其子民的合作——至少市民阶级与新式统治者之间的合作是在邦国的层面里实现了。宗教改革家如马丁·路德支持诸侯政府，但给予诸侯政府的却是教会的财富，这样，与其他国家不同，德国的市民阶级在自己的资本损失不大的情况下完成了与新式统治者之间的联盟，从而有效地建立了地方的政治秩序。作为回报，他们的财产和自治社区受到保护，而农民也能够利用自己参与政治和乡村社区组织的机会，维护德国向近代社会过渡的必要的农业生产和农村经济秩序。总之，宗教改革运动促进了近代早期国家在德国的兴起，尽管它还不是全国统一的民族国家，但它却是通向近代民族国家的一个重要的基础，因为无论是外部的政治干涉和经济剥削，还是内部地方贵族对农村和城镇的过分侵犯，宗教改革运动都把它们废除了。在这一点上，“德国的社区宗教改革就完全具有革命性了”。①

① Peter Blickle，*The Revolution of 1525: The German Peasants' War from a New Perspective*，Baltimore and London，1985，p. 185.

二 乡土自治对农村经济的维护

德国要向近代社会过渡，需要有过渡的物质基础。宗教改革切断了德国财富流向罗马的渠道，又把教会占有的财富归还给了世俗社会，德国社会的发展现在因具有了新的资源而得到充实。通过宗教改革和人民改革，德国农村的自治社区也得到维持，它开始抵御来自诸侯、城市和地方贵族方面的侵犯，并且开始维护农村的经济秩序，保证了农业生产。在这一点上，社区的乡土自治就对德国的近代化具有非常重要的意义了。

15、16世纪的德国，其政治、经济、社会和思想文化都发生了剧变。神圣罗马帝国的皇帝对德国地方上控制权的日渐衰弱、诸侯领地政府的兴起、商业经济的迅猛发展、农村中旧的等级关系的瓦解，都使新旧交替时期的德国既面临着巨大的机遇，又充满着普遍动荡和社会危机。时人并没有忽视这些剧变对农民的深刻影响。1524年德国农民战争在各地相继爆发，成千上万的农民、市民、雇工、矿工、手工工匠、下层僧侣和政府中的秘书、公务员联合起来，英勇抗击贵族领主的残酷压迫，强烈冲击了社会经济政治结构。革命导师恩格斯称它为“德国人民最伟大的革命尝试”①；而德国学者彼得·布瑞克则称它为“普通人的大革命”②。

---

① Friedrich Engels, *The Peasant War in Germany*, ed., Leonard Krieger, Chicago and London, 1967, p. 409.

② Peter Blickle, “The ‘Peasant War’ as the Revolution of the Common Man”, in R. W. Scribner and Gerhard Benecke, eds., *The German Peasant War of 1525: New Viewpoints*, London, 1979, p. 19.

当时没有哪种变化能比南部德国乡土自治的发展更充分地反映出农民对于德国近代化的参与。乡土自治是在一个村或一个乡的范围内建立农民自己的自治政府，一方面，对乡村的内部事务进行民主管理，另一方面，联合村民起来抵制来自外部的诸侯、贵族或城市资本家的侵犯。由于具备这些功能，在那个流动频繁、价值观和信仰都变动不定的时代，乡土自治自然也就成为非常有用的、能为农民提供诸多帮助的农村基层组织。学者们估计，这样的乡土自治在上士瓦本、法兰克尼亚和蒂罗尔等南部德国比较富庶的地区普遍存在。有的地方，村和村之间还进行了横向联系，产生了乡一级甚至比乡的范围还要广阔的乡村自治联盟。

乡土的自治是在反抗农奴制的过程中产生的。德国的乡土自治产生于对农奴制度的反抗，因而有别于封建时代日耳曼民族的自由农民村社。从时间上看，这是克服14世纪农业危机的一种努力。

威廉·阿贝尔的《欧洲农业的波动》和B. H. 斯利谢尔·冯·巴斯的著作《西欧农业史》可以告诉我们德国农业发展的一些基本情况。14世纪初期的农业危机，主要表现为人口锐减、土地抛荒、农产品价格下跌，雇工价格提高。这种状况的出现与黑死病流行有密切联系，在1347至1350年间，这场瘟疫曾使欧洲减少了2/5的人口。阿贝尔曾研究过中世纪后期德国经济的状况，他关于被遗弃的农业居住地的论述十分重要。他的描述如下：当人口减少时，农业产品的价格也下跌，因为生产农产品的劳动力减少。边缘地区的土地由于边际报酬下降不再用于生产，地主主要利用的是肥沃的土地。因为劳力的价格提高，地主收入也减少了。[①]

人口锐减和经济萧条带来的直接后果就是扩大了各地劳动力价格的差异。在城市，劳动力的价格是由市场调节的，人口的减少就提高了劳动力的价格。另外，城市的劳动力价格是由立法明确保障的，人们比较容易找到工作机会，生活也比农村更为安全。在农村，市场调节的原则却不通行，因此各个地区劳动力的价格差异很大。农民期望向城市移民，或从劳动力价格较低的地区流向价格较高的地区。这种移民加剧了劳动力不足的压力，德国某些地区尤其是德国西部地区的领主，被迫以比较优惠的条件把土地出租给农民，这就导致领主庄园制度的瓦解。领主制度是盛行于全德的一个普遍的制度。弗里德里希·路特在他的《德国农业史》中说：领主制度曾在德国各地发展过，虽然发展得不是很平衡。但在14—15世纪，为了吸引劳动力，西部和西北部的领主制度有所松懈，为契约租佃制所取代。地租额在15世纪中也有所下降。在巴伐利亚，这些封建租税只占农场收成总收入的10%—20%。15世纪对于无地农民来说是一个较好的时期，因为他们的劳动力价格较高。领主制度走向衰退。完全形态的农奴制度也松懈了。农奴得以解放，获得人身自由。司法审判等权力也从领主手里转移到诸侯或乡村组织手里，领主们只保留着一些特权。什一税也失去了领主制的特征，成为教会收入的一种。领主的自主

① Wilhelm Abel，*Agricultural Fluctuations in Europe: From the Thirteenth to the Twentieth Centuries*，New York: St. Martin’s Press，1980.

地，现在主要由穷人和雇工耕种。领主向地主转化，农奴向诸侯的臣民和地主的佃农转化。领主仍然收取死亡税、农奴土地的转让税。但各种领地税的起源和用途已经模糊不清，因为这只是一种税的名称，交纳税金的农民已经不是农奴。有些农民富起来了，特别是在农产品价格上涨的时候。这种发展趋势导致了农民间的分化。[①]

正是在这种背景下，南部德国的乡土自治有所发展。例如，1350年时的德国乡村，据历史地理学家庞德所说，出现了一种“农民的自给自足、紧密合作的组织”。[②]两个因素促进了这种组织的兴起：首先是乡村内部通婚的制度，这在上士瓦本是非常普遍的，它使村里的人都有了亲戚关系。[③]因为14世纪时，德国的一个村子规模很小，不超过15个家庭，约90个居民。[④]这些居民由于是亲戚，很容易建立不固定的互助关系。其次，农业生产的需要也导致乡村组织的产生，因为当时人们是用一种很笨重的犁在三圃制的耕地上耕作的，这需要几个人一起干活。这样，农民间的互相

---

① Friedrich Lutge, *Geschichte der deutschen Agrarverfassung vom fruhen Mittelalter bis zum 19, Jahrhundert*, 2nd ed., Deutsche Agrargeschichte, vol. Ⅲ (Stuttgart: Verlag Eugen Ulmer, 1967), 182–200.

② Norman J. G. Pound, *An Historical Geography of Europe 450B.C.–A.D.1330*, Cambridge, 1973, p. 366.

③ David Sabean, Family and Land Tenure: *A Case Study of Conflict in the German Peasant War 1525*, in Scriber and Benecke, eds., *German Peasant War 1525: New Perspective*, London, 1985, p. 106.

④ Norman J. G. Pound, *An Historical Geography of Europe 450B.C.–A.D.1330*, Cambridge, 1973, p. 363.

合作就必不可少。有证据表明，中世纪时期的农民常常在一起干活，无论是耕种自己的土地，还是耕种领主的土地。[①]

以亲缘关系为纽带的村组织，因为范围有限，并不能把村中所有的家庭都包括进去。但是在黑死病后，由于劳动力不足的大问题，合作制度就开始普遍了。很可能在这个时候，乡土自治发展成为全体村民的组织。

至15世纪，亲缘合作的村组织中产生了自己的管理机构——乡村政府。这样，亲缘合作社就向政治化的自治村转化。乡政府中设村长、法官、财务官等。这些村官们通常被称为“长老”，是由村民们选举产生的。按惯例，选举者必须是一户之长的男性，还必须是有地农民和乡村组织的正式成员。妇女、儿童、无地者和外来农民则没有选举权。有的地方，乡村组织政府的成立要经领主的批准，如士瓦本的厄普芬根村，官吏要对领主的管家发誓，保证履行领主规定的义务。领主的管家有时也住在村里，拥有着各种特权如可以免费放养牲畜等。

乡政府控制乡村资源，它为村中居民和有地农民服务。一般的事情乡村组织的官员可以决定，特别重要的事情要通过各户家长参加的全体农民大会来决定。乡村组织政府具有复杂的行政功能。村官们负责复杂的三圃制下的土地分配、草原划分和森林木材的分配。有时他们以自己的名义，有时以领主的名义发布命令，

---

① Norman J. G. Pound，*An Historical Geography of Europe 450B.C.–A.D.1330*，Cambridge，1973，p. 366.

保证乡村生活中必需的合作原则。[①] 村政府制定的规则一旦颁布，农民就要尽可能地服从，所以乡村组织政府对村民具有一定的行政约束力。

至15世纪末，更产生了乡一级的自治组织。乡政府不仅管理一个村子，有时管理几个村子及分散的零星居民点。[②] 乡村政府的权力也越来越大，除农时安排、劳力分配、农田投资等重大事项外，它还组织宗教庆典，并负责司法及调解农民之间的纠纷。乡村组织还负责各家农产品的分配。农产品常按四个部分进行分配：第一部分归农民所有，其份额最大；第二部分归地主、领主和诸侯，即各种租、赋、税；第三部分是向教会缴纳的大小什一税；最后是乡村组织的留成部分，这用来支持乡村组织政府的行政开支和救济穷人。通过资源管理、产品分配和司法审判等，乡村组织成了名副其实的乡村基本行政单位。

乡村自治在士瓦本和蒂罗尔发展较好，其原因可以追溯到14世纪末。那时，因为劳动力的缺乏，贵族改变剥削方式：他们把庄园中的土地出租给农民，使自己从领主变成了靠地租为生的地主。这个变化为发展乡村自治提供了机会。有的地方在乡村组织向领主缴纳了租税后，领主就不再多管乡村中的事情。如吕贝克的主教是一个村子的领主，他把整个村子交给乡村组织管理。乡

---

① Peter Blickle，*The Revolution of 1525: The German Peasants' War from a New Perspective*，Baltimore and London，1985，p. 46.

② Peter Blickle，*The Revolution of 1525: The German Peasants' War from a New Perspective*，Baltimore and London，1985，p. 218.

村作为一个整体向他按期缴纳租金，包括什一税在内共20马克。虽然土地分割和分户问题还需要得到领主批准，但村民们如何使用和继承土地，领主已不再过问。① 领主的代理人可能仍然住在村里，但是他们只管收税，与村民们和平共处；结果，“农民中的有产者被允许选择官员，以便维持和平，管理乡村事务”。② 在15世纪末，上士瓦本的一些乡村组织“几乎成为完全的自治体，乡村组织可以自己颁布法律”。③ 可见至15世纪末，乡村取得了两项政治权利：一、把农民和乡村资源置于乡村组织政府的领导之下；二、实行自治，保护农民避免使其遭受领主的过分剥削。

总的说来，在南部德国，由于农奴制的松弛或基本上被废除，经过百余年的恢复，在15世纪中期，农民们已经克服了农业危机的沉重灾难，士瓦本、法兰克尼亚等地已成为经济发达的富裕地区。1450年时，南部德国的许多农民自己拥有土地，或者拥有租来的土地。无地的农民，这时也较容易找到工作养活自己。在乡村中，农民拥有许多传统的权利，如捕鱼打猎、在公地中放牧或采集木材。地主制度下的农民的身份也比较自由，他们可以自由流动。士瓦本、法兰克尼亚和蒂罗尔等地区，商品经济十分发达，政治上诸侯领地政府渐渐兴起，有取代地方贵族统治的趋势。农

① George Duby, *Rural Economy and Country Life in the Medieval West*, London, 1968, p. 503.

② David Sabean, “The Communal Basis of Pre-1800 Peasant Uprising”, in *Comparative Politics* 8, 1976, p. 356.

③ Peter Blickle, *The Revolution of 1525: The German Peasants' War from a New Perspective*, Baltimore and London, 1985, p. 83.

民的经济、政治实力也大为增长。

乡土自治实现了对村社的有效管理。其基本的管理模式是由男性家长选举贤德人士组成一个村社委员会，实现对自治村的领导。匿名作者所撰的《致全体德国农民大会书》这么写道："一个人经常是因为他的德行而被授予权力，然而权力本身不产生德行。"[①] 选举是定期的，很可能是一年一选。作者强调被选人的德行，因为选举既不强调被选人的财产多寡，也不强调其血统是否高贵，只看中被选者的德行。这种选举制度保证了人民直接参与对自治村管理，村委会是由众人选举的，如果其成员不称职，村民还有随时罢免他们的权利。

从职能上看，村社管理的目的是增进村民们的团结互助，建设和谐村社。本着村委会的使命是"改进而不是危害"的原则，《致全体德国农民书大会》的作者要求村干部像父亲照顾子女一样照顾村民，并且要求村民们相亲相爱，不做损人利己的事情。"无论何事，你们愿意人怎样待你们，你们也要怎样待人。因为这就是法律和先知所说的道理。"他要求"每个人都成为别人的一部分"，以爱心来实现村社的团结互助，因为"一个兄弟之死无疑也意味着其他人的死亡。当死亡降临到整体的一个成员头上时，它不会停止传播死亡，直到其他的成员也死去为止"[②]。

---

① "An die Versammlung gemeiner Bauernschaft", in Adolf Laube, ed., *Flugschriften der Bauernkriegs Zeit*, Koln: Bohlau Verlag, 1975, pp. 120–121.

② "An die Versammlung gemeiner Bauernschaft", in Adolf Laube, ed., *Flugschriften der Bauernkriegs Zeit*, Koln: Bohlau Verlag, 1975, pp. 113–114.

这样的社区里建有自己的社区法庭，用于解决社区的各种纠纷问题。法庭由经选举产生的法官和八个陪审员组成，任期一年。例如，在盖斯迈尔的《蒂罗尔宪章》里这么写道："法庭在每个星期一开庭审判，任何的案子均不得拖延两周以上，接案后必须在第二个星期里审理完毕。法官、陪审员、秘书、律师、法庭工作人员和传讯人员不得向与案件有关的人员索取金钱，他们的薪金将从政府的收入中支付。"①

社区还建立了医院和其他各种公益性的服务机构，对病人和穷人实行救助。盖斯迈尔指出："有些医院是为病人所设置，它把病人都集中在一起，妥善进行护理和医疗。另一些医院主要为老人所设，照顾那些没有能力进行工作的老人和贫穷的孤儿。孤儿在这里可以得到教育并能够体面地成长。特别贫困的人将根据他们的状况和所需用什一税、救济金等加以援助，对他们的状况的审查来自他们所在的地区的司法长官和最熟悉他们状况的人。如果什一税不足以承担牧师的开支和救济穷人，人们应根据自己的能力忠实地缴纳救济金。公民的收入情况和他们的纳税状况尽可能地要求统一。每个医院设一管理人员，在这之上设一总的负责人管理所有的医院和福利事业。总负责人的职责是为医院的一切需要提供经常性的帮助，视察照管穷人的情况。地方的司法行政长官要帮助这位负责人，向他提供什一税和救济金，还为他提供

① "Michael Gaismairs Tiroler Landesordnung", in Adolf Laube, ed., *Flugschriften der Bauernkriegs Zeit*, Koln: Bohlau Verlag, 1975, p. 139.

地区内最穷的人们的状况证明、有关信息和材料。穷人不仅将得到食物和饮料，而且还将得到衣服和日用所需。”[①]

社区还实行对农业生产和工商业的统一管理。盖斯迈尔希望“在国土中将设四个军事行政长官和一个总司令，由总司令负责照管战时的和平时的国家的一般需要。这些官员负责防卫，照管林区、通道、大路、桥梁和水道、房屋和公路；对国土上的一切需要负责”。在农业生产方面，“梅朗和特伦特之间的沼泽地需要排水，这样它或许能为牛、奶牛、羊提供养料，增加的粮食将会使国家的肉类不再短缺。在许多地方要种上橄榄树和藏红花。在河谷地区的葡萄地上要搭起葡萄棚架来栽培葡萄，这样优质的葡萄能使这里酿出像意大利一样的红葡萄酒来。这还可以腾出土地来种植粮食，因这里正是粮食不够的地区。沼泽地上有毒的泡沫将会消失，土地就能变得健康。河谷地上的那些脏的浓酒般的液体被清理之后，许多因此而产生的疾病就会消失。葡萄酒、粮食可以以低成本大量地生产出来。山上的那些葡萄地无法用来种粮食，可以加以保留，继续用来栽培酒原料”。[②]同时，每一个司法行政区，都应利用方便之时清理修整公共土地，使它成为好的牧场和良田。任何人都不应卷入经商营利活动，这样放高利贷的罪名就与他无缘。然而，为了使商业活动走上好的秩序、取缔高收费的欺骗行

---

① “Michael Gaismairs Tiroler Landesordnung”, in Adolf Laube, ed., *Flugschriften der Bauernkriegs Zeit*, Koln: Bohlau Verlag, 1975, p. 141.

② “Michael Gaismairs Tiroler Landesordnung”, in Adolf Laube, ed., *Flugschriften der Bauernkriegs Zeit*, Koln: Bohlau Verlag, 1975, p. 141.

径、发扬公平交易和优质生产，在国土上应指定一个地方进行集中的商业管理。特伦特是最合适的地方，因为它地处商道，本身又是一个繁荣的商贸中心。那里要成为一个工业区，生产丝绸衣料、帽子、黄铜制品、天鹅绒、鞋子和其他物品。要建立几个商店，工业品在哪里可以卖出价钱就在哪里设立中心。这样欺骗和奸诈就能得到防止，商品可以按其实际价值进行交换，国土中将保留货币。[①]所有这些措施，给百姓带来了巨大实惠。

关于1500年后乡土自治的情况，农民战争时期的传单和小册子有所记载。综合起来看主要有两点：一是诸侯和地方领主的侵犯破坏了乡村农业经济的秩序；二是剧烈的社会变化导致农民奋起维权，促成了1524—1526年的农民革命。值得我们注意的是，在这个历史迂回曲折向前发展的过程中，乡土自治的一些原则得以保留，成为制止对农民过分剥夺、对生产过分破坏的保护伞，从而为德国近代化准备了物质基础和精神条件。

如上所说，由于农奴制的废除和乡土自治的有效管理，至1450年时，农业危机所带来的巨大困难被基本克服，农业又出现了兴旺景象。这表现在人口的增长和商品经济的发展两个方面。德国历史学家布瑞克曾用奥托伯伦农奴和属民的档案作为一种代用品来分析士瓦本地区人口增长的情况。这个档案分别记载了1450和1548年间男人、女人及孩子们的姓名，因而具有很大优点。

---

① “Michael Gaismairs Tiroler Landesordnung”, in Adolf Laube, ed., *Flugschriften der Bauernkriegs Zeit*, Koln: Bohlau Verlag, 1975, pp. 141–142.

尽管对档案的解释有种种困难，他仍能推算出在1450至1548年间，奥托伯伦的人口大约增加了50%左右。根据一份对400至500个家庭的抽样数据统计，布瑞克又统计出大致的平均家庭规模。在1450—1480年间，每户平均人口数为5.04，至1548年增至5.6人。这意味着平均每块份地上要增加18.42%的人口。从家庭平均人口数的统计上没有完全反映出人口增长50%的绝对值，但可以断言家庭的数目也增加了。如果农田面积没有增加，就意味着一个计日短工阶层在兴起。①

然而，就在这个经济开始恢复的关键时期（1480—1500），诸侯和地方贵族却加紧了对农民的剥削。这时，南部德国出现了两种趋势。一是地方领主重新勒紧了14世纪黑死病农业危机时期一度放松了的对农奴的控制权，宣称他们对乡村的财产具有所有权，对农民具有司法权，对农奴具有领主权；二是在诸侯领地中渐渐形成了近代早期的诸侯邦国，诸侯们建立了中央集权化的领地政府，推行罗马法，聘任官吏进行管理，推行领地税制，加强了对农村的控制。在此种压力下，乡土自治组织也开始横向扩展，成为与周边地区联合并与城市结盟的大地区联盟，俨然像一个个小国家。

地方领主对乡村的资源进行了疯狂的掠夺，激起了农民无比的愤慨，奋起保卫自己的财产权。例如：1525年时士瓦本和法兰

---

① Peter Blickle, *The Revolution of 1525: The German Peasants' War from a New Perspective*, Baltimore and London, 1985, p. 50.

克尼亚的各种怨情陈述书中几乎没有不论及领主侵犯农民的伐木权、捕鱼权、放牧权、狩猎权、公地使用权、森林使用权的。领主们派代表去乡村宣读某些文件，强调自己拥有从皇帝那里得来的委任状，以此限制农民在公共土地上捕鱼、狩猎、伐木或放养牲口，只有在缴纳罚金或使用金后农民才能使用这些本来是无偿使用的土地。一个来自上士瓦本兰多茨维勒的农民，去了许多法庭包括到国王那里去告罗特修道院长的状，要求恢复他在公地上采集果子的权利。[①]1525年2月厄普芬根村政府和格瑞辛根村的政府收集了农民的怨情陈述300多条，向士瓦本同盟控告他们的领主路德维希。农民还抱怨领主不肯偿还他们为领主的猪饲料支付的费用，况且领主和领主的管家不付钱就使用公共土地，以及领主不解决农民所需的饲料缺乏问题等。[②]

更有甚者，由于城乡建设的需要，木材成为一种紧俏商品，致使地方领主大肆变卖原属乡土自治村社的森林。在16世纪的上士瓦本，几乎每一个修道院和地方领主都通过出卖木材而大幅度地增加了收入。仅1526年一年，很小的古登蔡尔修道院就因向乌尔姆出售木材而获得了3 000古尔登的钱财。1554年，富格尔家族通过他们在伯斯的领主权向乌尔姆出售橡树木材，获得了7 000古

---

① Peter Blickle，*The Revolution of 1525: The German Peasants' War from a New Perspective*，Baltimore and London，1985，p. 51.

② "Complaints against the Abbot of Kempten by his Subject，1524"，see Henry J. Cohn，"The Peasants of Swabia，1525"，in Janos Bak，ed.，*The German Peasant War of 1525*，London: Frank Cass，1976，p. 21.

尔登。富格尔家族获得的对伯斯的领主权也是三年前用29 000古尔登从梅明根的一些市民那里收购来的。① 这种转卖领主权和直接出售农村资源的行径，尽管使城市建设获益，却是拔苗助长、杀鸡取卵，严重破坏了乡土自治村社的经济，不仅农民深受其害，而且也直接危害德国近代化的可持续发展。

地方领主的另一做法是推行“再版农奴制”。例如：在士瓦本，汉斯·瑞曲和他的妻子同为凯布顿修道院长的自由佃农，他们未经领主批准结婚，被领主处罚了565弗罗林，瑞曲也因此被关押了100天。② 至于原身份是农奴的农民（由于农奴制松弛，他们已经不再觉得自己是农奴），却被领主以农奴身份未被废除而处罚。例如：弗瑞丁被宣布为农奴，他曾经先后结婚三次，而他的三位妻子都先于他而去世。在每位妻子逝世之际，领主都取走他的1/2的财产。最后，这位农奴及其子女一贫如洗，沿街乞讨。③ 领主权的这种扩张严重侵犯了乡土村社建立以后的自治传统，促成乡土自治村社与地方领主关系的恶化。

在地方领主大肆侵犯农民的同时，诸侯的领地政府也卷入了

---

① Peter Blickle，*The Revolution of 1525: The German Peasants' War from a New Perspective*，Baltimore and London，1985，p. 39.

② “Complaints against the Abbot of Kempten by his Subject，1524”，see Henry J. Cohn，“The Peasants of Swabia，1525”，in Janos Bak，ed.，*The German Peasant War of 1525*，London: Frank Cass，1976，p. 21.

③ “Complaints against the Abbot of Kempten by his Subject，1524”，see Henry J. Cohn，“The Peasants of Swabia，1525”，in Janos Bak，ed.，*The German Peasant War of 1525*，London: Frank Cass，1976，p. 21.

对自治村社的侵犯。德国的诸侯们当时正在进行建立中央集权化的领地邦国的运动，他们变封建的领主附庸关系为具有某种近代早期色彩的诸侯领地政府，建立领地法院、领地税收等各种官僚机构，并且控制教会、没收修道院的财产、把地方贵族转变成领地政府控制下的臣僚。这个运动对于乡村的侵犯主要表现在利用罗马法和领地司法破坏乡土的自治结构，并且通过法令，强行对农民征收领地税。罗马法是领地政府新颁布的文字法律，农民对此既陌生又不懂。不过，罗马法在领地中有统一的标准，使农村长年行使的习惯法处于被废除的境地。习惯法通常称为古之法，在每个乡土自治地区早有传统，尽管没有文字记载，但人们知道它的内容，因为它包含着许多农民的传统利益或权益。1500年时，传统法律被完全破坏了。例如：许多农民根据习俗行事，对领主的服役可以用现金支付，地租额也可以长期不变，现在，领地政府完全不顾这些，他们颁布新的法令，任意改变、取代和废除乡土自治村社的法律条文。诸侯与地方领主一样，凭借颁布新的法令，试图把乡土自治公社的公地、河流、牧场和森林资源占为己有。

领地税征收的数额可谓不菲，主要用来支付诸侯领地政府所需的庞大行政开支和雇佣军费用。领地税包括关税、地税和军事税等，在各地征集的标准很不一致。征集税收需要领地议会的批准，议会中的各个等级总是希望把税收限制在最低的限度。然而，等级会议也必须时时满足诸侯的要求。在一些地区，这种税收没有制度化：在阿尔部这种征税很普遍，但在士瓦本的大部分地区没有征收这种税。领地税从表面看并不厉害，仅为收入的0.5%。然而有时却可能高达整个领地现金收入的40%。军事税却在整个士瓦本征收，遇到百姓强有力的抵制。1519年士瓦本同盟对符腾堡乌尔里希公爵用兵，征集军事税高达一个农场缴纳半个弗罗林一月。根据非常保守的估计，一个农场需要缴纳的军事税每年约为一个弗罗林。① 军事税主要落在拥有较多面积或中等面积土地的农民身上，因为这种税是根据财产来征收的，而小土地占有者的财产则非常有限。在法兰克尼亚，1525年的领地税为个人财产收入的5%—10%；② 以上士瓦本的情况看，农民向政府和地主缴纳的各种租税高达收入的一半左右，超出了可以忍受的限度。③ 从整个南部德国的情况来看，1525年时农民向地主和领地诸侯缴纳的租税，占到了自己收入的30%左右。这种高额的赋税，不仅掠夺了农民财产，破坏了农业生产，而且还危害了农村的乡土自治传统。

由此可见，农民的利益与16世纪德国经济、社会和政治变化密切相关。近代早期的诸侯邦国出现、诸侯加紧收缩领地给地方贵族增加压力、地方领主又加紧对农民剥削，以及城市通过货币经济侵吞乡村中的公共财产，都无一例外地损害了农民的利益。如何在这种背景下保护自己，现在成为摆在自治乡村面前的最大

---

① Peter Blickle，*The Revolution of 1525: The German Peasants' War from a New Perspective*，Baltimore and London，1985，pp. 42–44.

② Peter Blickle，*The Revolution of 1525: The German Peasants' War from a New Perspective*，Baltimore and London，1985，p. 79.

③ Peter Blickle，*The Revolution of 1525: The German Peasants' War from a New Perspective*，Baltimore and London，1985，pp. 88–89.

问题。从制度层面看，农民需要建立一种新机制，用来缓解德国社会变化加诸农民身上的压力，乡土自治的功能于是有了新发展。

1500年后乡土自治所表达的具体的价值观在大量的怨情陈述书中出现。虽然数百份的怨情陈述分别来自南部德国的各个乡村，但它们的内容在各个方面却表现出惊人的一致性。实际上，纵观其所述的各种怨情，都是与废除农奴制、废除农奴的死亡税、减轻租税和劳役、反对法官们使用其法权任意抬高审判罚金、反对贵族侵占原属于村社的草地、公地和森林有关。这种惊人的一致性，毫不奇怪地令人感到这是各个自治村社的一种联合行动。这种联合行动最终导致了上士瓦本农民的1525年2月的《十二条款》问世。作为各地怨情陈述的一个总汇，《十二条款》的"直接目标是克服中世纪晚期农业危机及其农业秩序的危机"[①]；但是，《十二条款》又是一个1525年革命的宣言，因为它是"集怨情陈述、改革提纲和政治宣言三者为一体的文献"[②]。《十二条款》的问世，意味着乡土自治村社大联合的开始。这种联合具有双重含义：一方面，它意味着自治村社已经把农民组织了起来，并且已经赋予了他们革命的目标；另一方面，它反映出分散在各地的农民村社现在已经转变为具有整体性的农民政治联合体，农民的共和国呼之欲出了。

---

① Peter Blickle，*The Revolution of 1525: The German Peasants' War from a New Perspective*，Baltimore and London，1985，p. 25.

② Peter Blickle，*The Revolution of 1525: The German Peasants' War from a New Perspective*，Baltimore and London，1985，p. 1.

毫无疑问，乡土自治村社的横向联合是对三种侵犯农民权益的社会力量做出的反应。这三种力量是无力回天但却垂死挣扎的中世纪晚期封建贵族、热衷于筹建近代早期邦国的德国诸侯和正在向近代资本主义过渡的德国大城市。虽说农民对这三种侵犯都加以抵制，但对后两者传递的却是“不存在脱离农民需要的近代化”的告诫。近代化运动既然是一种可观的发展趋势，那么，就需要顾及在社会人口总额中占有很大比重的农民的要求。换言之，近代化不是以牺牲农民为代价而发展起来的城市化过程，相反，它是农村和城市的互动。因此，农村的近代化，也正是整个德国近代化的基础，不可能脱离农民的需要来谈论德国的近代化问题。

1525年的起义者做出的反应无疑是正确的。农业秩序的危机是由旧封建体制瓦解时加重了对农民的压迫（如再版农奴制）和近代早期体制出现时完全忽略农民利益这两个原因引起的，而1525年德国乡土自治村社的决策，是既打击旧的封建体制，又弥补德国近代化过程的不完善处，最后通过保障农民的利益（如减少租税额度、废除农奴身份、避免过分掠夺农村资源），有效推进了德国近代化的进程。在经济方面，这种决策对于德国近代化的可持续发展意义是非常重大的。

在社会方面，农民乡土自治减少了德国近代化的阻力，因为减轻普通人的痛苦事实上可以为德国近代化提供更为坚实的基础。1526年德国农民战争后，当年召开了施佩耶尔帝国会议，特地设立了大委员会听取了普通人的怨情陈述，产生了一个《关于臣民受虐待及其负担的大委员会提案》,《十二条款》成为大委员会的讨论基础。《提案》建议，今后不再上缴罗马“年金”，因为它们主要是由普通人所缴纳的。委员会还提议在那些“从人们记事起就没有缴纳”的地区废除“小什一税”，并且提议立即禁止农奴的自由迁徙，降低农奴的死亡税和土地继承转手税的税额。委员会建议把那些被领主强行霸占的水泽、小林地、牧场和田野还给村庄，并且要保护森林免遭滥砍滥伐。为了消除围猎损害庄稼，委员会提议减少围猎人数，允许农民在自己农地周围围上栅栏或养狗，或者通过减少租金和捐税来补偿农民。在司法问题上，委员会的提案要求任何人都不能阻止自己上诉法庭的权利，诉讼法庭的等级制应予以维持，意味着地方和乡村法庭不应被忽略。所有这些，意味着农民的乡土自治权利得到了帝国会议的某种承认。①

从政治上看，1525年革命时期乡土自治的作用主要表现在：一、增强了反对封建领主的力度；二、扩展乡村之间和城乡之间的联合，寻找建立范围较大的地区自治联盟的机会，以便抵御来自诸侯领地政府方面的侵犯；三、在理论和实际行动两个方面组织德国农民战争，一方面反对封建主的进攻，另一方面运用怨情陈述的方式，消除德国在向近代体制过渡时加诸农民身上的负面因素，保证农民生命财产的安全及正常的农业生产不受损害；四、正式提出废除私有财产的观点，积极参与政治，发出“任何时刻都

① Peter Blickle, *The Revolution of 1525: The German Peasants' War from a New Perspective*, Baltimore and London, 1985, pp. 165–169.

不能忽略农民需要”的呼吁。例如，海尔高特在《向基督教新生活的转化》中指出：“上帝将取消一切阶级、村庄、城堡、教会、修道院间的差别，上帝将建立起一种新的社会秩序，其中没有人说‘这是属于我的。’”① 海尔高特呼吁财产公有，建立一个真正属于人民的、由人民当家做主的百姓共和国。他反复强调，只要财产公有，剥削现象就将不复存在。在海尔高特那里，百姓的国家（由144个村庄组成）将对穷人、病人和老人提供救助，各地将建立医院和养老院。共和国治下设有各种机构，人们共同劳动，同时乡村组织向人们提供生活的必需品。财产和土地归公后，贵族和领主的特权就被取缔了。贵族和僧侣均应参加体力劳动，而从事体力劳动的农民则应进入乡村学校和地区学校学习。海尔高特认为，这将有利于最终实现社会平等，消灭贫富、城乡、劳力者与劳心者的差别。这些设想，无疑为近代人民国家的诞生，奠定了思想基础。

南部德国农村乡土自治是南部德国农民保卫自己利益、维护农业秩序的一种手段，因此，也是农民运用革命手段捍卫德国近代化的一个表现。一般说来，乡土自治是封建社会后期德国的统一政权被破坏后的产物，也是基层农民根据自治原则实行乡村管理的一种有效的方式。建立统一的国家是进步的历史发展趋势，但也有例外的情况。当德国向近代社会过渡时，政治上仍然是四

① Hans Hergot，“Von der neuen Wandlung eines christlichen Lebens”，in Adolf Laube，ed.，*Flugschriften der Bauernkriegs Zeit*，Koln: Bohlau Verlag，1975，p. 547.

分五裂，有的只是垂死挣扎、对农民大肆掠夺的地方领主，长期不在德国并对市民、农民采取残酷镇压态度的皇帝，半封建、半近代色彩的诸侯领地政府和富格尔家族那样把持着城市大权的新贵族。在这种时候，德国的农村自治就代表着历史发展的进步方向。在百姓革命的形势下，德国农民在非常复杂的政治局势下挺身而出，拨开层层阴霾，通过反对封建主义和维护农民利益，维护了农村经济秩序和农业生产，扫除了封建主义的障碍，扩大了德国近代化的社会基础，奠定了德国近代化的经济基础，从而成为积极推动德国近代化的最先进、最主要的力量。

三 宗教改革与德国的近代化

我们最终的任务是检验宗教改革对德国近代化产生重大影响这一基本观点的有效性。为此，我们必须一方面明确宗教改革运动的主要特征，另一方面指出它与德国近代化之间存在的密切关系。

如果我们综观德国宗教改革运动的话，我们会发现它具有许多独具的特点，使之有别于中世纪晚期的教会改革，或者欧洲其他国家的社会改革运动。

宗教改革是一场非常典型的自下而上、由普通的市民和农民发动和参与的伟大运动。这场运动的推动力量不是德国的皇帝和诸侯，而是普通人。正因为此，它就不同于一般的君主或僧侣领导的教会改革，也不同于市民与君主结盟后所发动的运动。运动的社会目标是扫除德国通向近代社会的障碍，维护德国的主权，减轻人民的负担，增强德国的国力。从这些社会目标之中又发展出了运动的政治目标，即废除教会和地方贵族的政治权力和特权，推动德国政治民主化的发展，并且在制度上实现先进的社会制度对于封建关系的取代。

德国宗教改革涉及的内容非常广泛，远远超出了宗教领域。今天的学者们已经普遍接受宗教改革运动是一场发生在众多领域里的社会运动的看法，研究的重点也从以研究路德神学为主转变成研究这一时期德国社会、政治和经济的深刻变化。很明显，这场运动不仅有其经济的、社会的、政治的和宗教法律方面的深刻背景，而且它还引起了德国各个领域的深刻变化，并且从根本上满足了德国社会向前发展的需要。

宗教改革同样具有非常明显的“近代早期”特征，不仅不同于中世纪乡村中的农民反对封建领主的起义，也不同于城市中的反对城市贵族专权的行会革命。相反，它更加接近资产阶级革命的类型，即近代资本主义制度对中世纪的封建制度的反抗。正因为这样，恩格斯把宗教改革和农民战争称为“早期资产阶级革命”，而德国历史学家布瑞克则把1525年的农民战争称为“普通人的大革命”。

上述特征让我们重新认识德国宗教改革运动，这对于阐明它对德国近代化所起的作用提供了帮助。

1500年时，资本主义已经在德国的城市深深地扎下根基。工商业的发展，城市贵族对于城镇的控制，对劳动力、原料和市场的空前需要，以及诸侯在自己邦国中集中化的领地政府的建立，使德国出现了前所未有的活力。尽管这样，对于下层市民和农民剥削的加重，对城乡自治传统的破坏，对农村自治村社资源的掠夺，罗马教会势力对德国主权的侵犯和财富的疯狂掠夺，以及德国的皇帝缺乏改革的意愿，都使德国变成一个社会矛盾日益尖锐的国家。越来越多的民众联合起来向各级统治者提交自己的怨情陈述书，要求进行社会变革，终于发展成为一场伟大的人民的反封建运动，即发生于1517年的德国宗教改革和1525年的德国农民战争。

所有的这些变化其实很早就开始了。但是，罗马教廷对德国控制和压迫的加剧加速了这些变化，并使宗教问题成为德国社会的核心问题。教会控制了德国大量的经济资源和社会资源，严重阻碍了德国资本主义的发展。更有甚者，罗马教廷严重侵犯了德国的主权和司法行政权，使德国诸侯在建立领地政府的进程中遭遇重大障碍。由于皇帝不愿进行宗教改革和忙于巩固其家族利益的欧洲争霸战争，致使德国的资源大量外流。最后，罗马教廷以神圣的名义在德国销售赎罪券，激化了同整个德意志民族的矛盾。鉴于这样的形势，德国宗教改革运动爆发，其结果是解放性的，甚至是革命性的。

为更好地说明这个问题，我们可以把德国的宗教改革运动与稍后发生的英国的宗教改革运动做一个比照。正如美国历史学家约翰·巴克勒等人所指出的那样："英国的宗教改革也和德国一样，除了宗教上的原因外，还有着政治和经济的原因。和别处一样，基督教人文主义者几十年来一直呼吁教会的纯洁化。当国王亨利八世离婚中的政治问题和其他问题纠结到一起时，与罗马教廷完全分裂成为最终结果。"①

英国的宗教改革之所以引起我们的兴趣，是因为它没有包含剧烈变更国内政治制度的内容。它清楚地表达了英国是如何充分考虑国家主权和王位继承问题的。这次运动有许多东西令人联想到德国的宗教改革运动。它提醒我们，宗教改革也是可以由朝廷控制，自上而下进行的，甚至能够在不过多改变神学和礼仪的基础上完成与罗马教会的分离。英国与罗马教廷的争论不是纯粹宗教的，而是英国对自己主权的维护。很显然，英国宗教改革也具有传统，例如威克里夫的改革远近闻名。然而，亨利八世的改革与威克里夫派的活动却无直接关系。作为英国宗教改革领导人的亨利八世，自始至终都是路德宗教改革的反对者，他写过一本捍卫七大圣礼的颇有争议的书。路德对此曾发表过激烈的驳斥，而教皇却为此授予了亨利"信仰的保卫者"的称号。但是，同样的一位亨利，却能够在转身之间同罗马教廷决裂、成为创建英国国教的领导者。这些原因，只有在当时英国特殊的政治、外交、社会状况的变化中去寻找。

① ［美］约翰·巴克勒、贝内特·希尔、约翰·麦凯:《西方社会史》第二卷，霍文利、赵燕灵、朱歌姝等译，朱孝远审校，广西师范大学出版社2005年版，第133页。

我们探讨德国宗教改革所采取的方式也必须从当时德国社会状况和社会结构出发。研究德国宗教改革运动的学者都认为：与英国不同，德国采用的是自下而上发动宗教改革的方式，并且不久这场运动就演变成为一场普通人的大革命。从内容上看，德国的宗教改革不仅触及了神学和礼仪的新解释，而且奠定了“因信称义”的学说和以福音书为基督教世界基本准则的信仰。福音书作为一种衡量事物的最高标准，世界的一切都被重新评价，这影响了德国社会的各个方面。

宗教改革时期，德国正处于封建关系瓦解而资本主义发展又遇到严重阻碍的时期（资本严重不足，工商业在国际竞争中日趋弱势，农业生产也因为帝国、诸侯、地方领主和教会的压榨而萎缩）。这样，宗教改革运动势必发展成为自下而上地进行的、反对包括皇帝在内的社会改革运动。

宗教改革对德国的近代化具有重要的推进作用。宗教改革主要是针对废除罗马教廷的特权提出了一系列新教的信仰原则：在人如何得救的问题上，路德反对传统的拯救的获得既需要信仰又需要善功的看法，强调拯救的唯一来源是信仰。在宗教权威的问题上，路德只认可《圣经》的权威，认为不需要居于平信徒和上帝之间的中介地位的罗马教皇。在什么是教会的问题上，路德否定教会主要是神职人员的团体的说法，提出“信徒皆祭司”的说法，从而把教会变成了整个基督教的信仰群体。在基督徒的生活方式上，路德废除了中世纪的修道、隐修的作用，强调所有的职业都有同样的价值，每个人都应该履行好自己的“天职”来为上帝服务，从而不仅从思想上也从制度上改变了教会的性质。通过这样的改革，世俗政府担负起了对于宗教事务和教会的管理。这不仅有力地维护了德国的主权，增进了德国人的爱国主义，也解放了人们的思想，动员了各个阶层的人们为社会服务。

宗教改革改变了教会的组织和活动。许多天主教仪式在新教地区被废除，偶像崇拜被限制，在规定日子吃斋的习俗被取消。七大圣礼中只保留了洗礼和圣餐礼。据斯克里布纳说，宗教礼拜的意义也改变了：弥撒成为庆祝圣餐礼，主持者用俗语说话，身着黑色僧袍，面对众人，用面包代替了圣饼，并且把盛酒杯子递给俗人。布道成为宗教崇拜的最主要活动，在一些地方，每天的布道代替了每天的弥撒。不超过一个月举行一次圣餐礼，有时仅在圣诞节和复活节举行。婚礼不再被认为是圣礼，但宗教气氛浓厚，仍然在教堂里举行，成为一种俗人的庆典。①

宗教改革也改变了神职人员的成分。新教牧师主要是受过教育的市民，来自城市贵族、商人和手工工匠家庭。但是，从第二代新教牧师起，等级的特征进一步隐退。据历史学家马丁·布赖希特研究：16世纪斯特拉斯堡的第二代新教教士主要是牧师和手工工匠的儿子，贵族和商人退出了竞争教职的行列。一项更具体的调查表明，在16世纪符腾堡的2700个牧师之中，513人（19%）的

---

① R. W. Scribner，*The German Reformation*，Hampshire and London: The Macmillan Press LTD，1986，p. 56.

家庭出身可以确定。这513人中有324人（63%）是牧师的儿子，51人（10%）是手工工匠的儿子。[①]

从取得的成果看，宗教改革运动与当时德国的状况和社会要求完全适应。马丁·路德神学方面的改革，废除了罗马教皇的神性，区分人间与天国，从而取消了教会的特权和干涉世俗事务的权力，政治与宗教分离，变凌驾于世俗政府之上的教会为世俗政府管理下的教会。宗教改革的一个既定的目标，就是贯彻“神法”及作为其具体表述的《福音书》，对现有社会的宗教秩序进行激进的改革。马丁·路德的“因信称义”说，严格区分了天国和人间的不同范畴，这一基本观念也将教士单独的宗教要求扩大为全体普通人的社会要求；人间的世俗性质被完全承认，在人间去神圣化的做法，不仅带来了废除修道院制度、修女还俗、僧侣结婚、宗教仪式简化等变化，而且还否定了包括罗马教廷在内的教会的神圣性，否定了教会统治合法性的基础。人间的事情现在完全用人的方式来处理了，教士被认为是一种职业，人间的一切事项都应当按照人间的法律来规范，社会的无政府的状况现在让位于一种理性的社会道德秩序。这样，路德就为教会开辟了新的局面，树立了新的标准，使得教会不再与世俗社会的政治发展相抵触，由此，被研究学者称为“近代神学之开始”。[②]

---

① Martin Brecht，“Herkunff und Ausbildung der protestantischen Geistlichen des Herzogtums Warttemberg in 16.Jh”，zs. f. *Kirchengeschichete*，80，1969，pp. 172–173.

② 彭彼得:《基督教思想史》，广学会1939年版，第292页。

僧侣的变化，可以用“僧侣的社会”向“社会中的僧侣”一语来加以概括。用我们今天的眼光看待16世纪的欧洲，能够明显感到，在宗教改革后的欧洲，社会主要支柱中已经没有僧侣的位置。封建社会的这根重要支柱是在1500年以后逐渐倾斜的，经过宗教改革运动，到16世纪末，终于倒塌。僧侣作为等级已经无足轻重。尽管仍有许多僧侣（如神圣罗马帝国的主教诸侯、路德派的重要领袖）担当着社会职责，但是，作为一个等级来说，僧侣等级已经不再重要。当时贵族们的看法反映了这种变化，用德国诸侯阿尔弗雷德·威迪希格拉茨的话来说，就是“男爵以上才能够算人”。[1]从社会影响看，宗教改革废除了教士的特权、豁免权，以及牧师、僧侣和修女不缴纳赋税、不履行城市义务的权利，从而把他们纳入了正常的社会生活。路德废除了烦琐的诸如1470年《罪人之镜》里面的那些清规戒律，从而解除了长期以来压在平信徒心中的精神枷锁，让他们的心灵获得了解放。路德通过培训市民出身的传教士进行布道，减少了圣礼和烦琐的宗教仪式，从而提高了传教的质量。新教传教士由于传布的内容贴近人们的需要，得到广泛欢迎。许多城镇的富裕市民发起传教活动，他们受过高等教育，每年被要求布道超过了一百次。在许多城镇，比如斯图加特、罗伊特林根、艾森纳赫和耶拿，传教士成了新领袖。[2]在农村，农民

① Volker Press，ed.，*Barock am Oberrhein*，Karlsruhe: Kommissionsverlag G. Braun，1985，p. 122.

② ［美］约翰·巴克勒、贝内特·希尔、约翰·麦凯:《西方社会史》第二卷，霍文利、赵燕灵、朱歌姝等泽，朱孝远审校，广西师范大学出版社2005年版，第117页。

把路德在1520年出版的《论基督徒的自由》中说的“一个基督徒是所有人中最自由的，他不属于任何人”的观点，解释成人民有权反对一切不按照神法行事的人，成为他们反对地方领主的思想武器。在农民的政治纲领中，都有严厉谴责世俗领主和教会的言辞，并且引经据典，要求领主们必须按照神法行事，不再限制农民使用公地、捕鱼和要求付出额外劳动。宗教改革由此为农民的革命提供了思想武器，尽管路德本人反对农民把他的学说运用在争取世俗社会的权利方面，但是农民却相信他们的要求是和《圣经》一致的。他们尊敬路德，反对那些抱着法律书而大肆渲染烦琐哲学的“贪婪的罗马哲学家”。

宗教改革运动同样也促进了婚姻的世俗化。妇女参与了这个改革，她们关闭了修道院，走进了世俗的家庭，婚姻的世俗化被人们广泛接受了。宗教改革倡导人应为自己现实生活谋福祉，努力营造自己的家园，建设自己的家庭，增进自己的学识。路德翻译的德语《新约全书》，成为德意志民族的骄傲，增进了德国的民族凝聚力和民族认同感。新教育制度的建立，婚姻的世俗化、僧侣结婚和修女还俗，宗教仪式的简化，宗教秩序与世俗秩序的分离，以及新教对家庭道德化的重视，都意味着一个更加近代、更加符合市民生活习惯的世俗社会在兴起。在这个世俗社会里，各行各业的人们努力工作，工作被认为是在履行天职。可见，宗教改革是通过社会、文化、宗教制度方面的关键性转变来反对封建主义的一种努力。这场运动的推动力量不仅仅来自马丁·路德那样的僧侣，而且还来自广大的下层市民和普通农民。运动的社会目标，消极地说是废除特殊僧侣群体独有的一切权力和特权，扫除德国近代化的障碍；而积极地、用宗教改革的语言来说是实现社会、经济、文化的平等，以便在“基督教兄弟之爱”的旗帜下，建立起一种团结互助的社会新秩序。

从政治方面看，国家层面制止了罗马教廷对于德国的控制和剥削，关闭了修道院，没收了修道院的财产，废除了教会凌驾于国家和民众之上的特权，实现了国家主权完整。在地方邦国的层面，形成由邦国政府决定领地内的宗教信仰、邦国政府管理宗教事务的制度，从教会那里夺回来的政治权力和从修道院那里没收来的财产，现在归于邦国政府，对邦国的近代化起到了重要作用。更为重要的是，宗教改革在城市平民和广大农民的参与下，市民革命扩展为百姓的大革命，民众用革命的方式参与政治，自下而上地推动了政治的民主化。这些成果表明宗教改革促成了政权与教权的分离，为最终废除封建政治社会关系、确立由世俗政府管理国家的制度，奠定了坚实的基础。

关于德国诸侯领地邦国的性质，我们在这里做了重新界定。西方的一些学者认为诸侯邦国即是近代国家，而另一些学者则认为，诸侯邦国乃是封建性质的地方割据大贵族。我们认为：这是一种类似于英、法新君主制式的半近代、半封建的地方政府。一方面，要认真看待诸侯邦国的变化，认识到当时的诸侯已不是旧贵族，而是一个新兴阶级。正如恩格斯指出的那样：其时“从中世纪保留下来的各阶级的状况已经起了根本的变化，新阶级已经在旧阶级之旁形成了”。[1] 他又指出：“从高级贵族中出现诸侯，他们几乎完全脱离而独立，并已掌握最大部分统治权。他们自行宣战和媾和，拥有常备军，召开省议会，征收赋税。他们已经把很大一部分低级贵族和城市置于自己的统治之下，他们还不断使用一切手段将其余的帝国直辖城市及男爵领地吞并。他们对于这些城市和低级贵族实行中央集权，而他们对于帝国政权却是反中央集权。”[2] 从这些变化来看，诸侯的领地政府已经建立起了臣民与政府的关系，并且取代了领主附庸制度；用政府的公权力（建立代表政府的地方高等法院和地方政府机构）取代了封建制度下的用契约结成的私权力，从而使诸侯领地政府具有了某些近代政府的色彩。但是，从另一方面看，诸侯仍然是拥地自立，在一定的程度上仍是靠其领主地位进行统治，并且无意也无力建立统一的德意志民族国家。我们认为对近代国家的界定，不仅要看它是否建立了统一的民族国家，而且要看它是否实行了中央集权制，政府机构是否完善，政府是否利用公共权力取代了领主附庸制下的私权力，是否真正履行了公共义务（如赈灾、福利事业及维护民族安全等），是否具有一定的民主性质（公民参政的程度），是否能够促进近代资本主义工商业的发展。从上面分析看，我认为，诸侯的领地邦国在一定程度上具备了上述多种条件。我们要特别强调，诸侯邦

---

① ［德］恩格斯：《德国农民战争》，人民出版社1962年版，第20页。

② ［德］恩格斯：《德国农民战争》，人民出版社1962年版，第20页。

国的一些变化（如市民和农民的参政）并非出于诸侯的意愿，而是由宗教改革运动和1525年革命推进的。正是人民的革命和力量壮大，致使德国诸侯在获得各种利益的同时，再也无法忽视人民力量的存在。如果没有人民的参与，诸侯政府向近代早期政府的转化，是很难单独完成的。这也彰显了宗教改革运动对于德国政治近代化的作用。

对1525年革命的政治纲领，我们认为革命者要求建立的是具有公有制性质的人民国家——这是1525年革命的最高理想或最高纲领。布瑞克认为人民革命的主要目标是参与政治（通过领地大会向诸侯领地政府施加压力），而像闵采尔、盖斯迈尔撰写的纲领则只是一种政治乌托邦。[1] 我们认为：就当时的情况看，闵采尔、盖斯迈尔等人的思想确实已经超越了他们生存的那个时代，但他们所努力建设的，却并非是走议会道路，或者是要求建立近代资产阶级性质的共和政府。布瑞克看到1525年革命后的成果——在一些邦国中，农民被邀请进了邦国的议会，同时诸侯和领主鉴于对人民革命的惧怕，也在一定程度上减轻了农民的税务，从而获得了邦国内政权的巩固。我们却认为，对1525年革命纲领的性质，

① 布瑞克认为以近代早期国家为基础的取代封建主义的制度是领地议会制度，这样，他就把农民的政治目标视为参与领地议会的目标。我以为，这样的提法是不准确的。布瑞克指出：概言之，1525年提出的、替代近代早期国家的方案都具有某种一致性，并且都可以归因于这样的事实，即它们都是建立在统一的、有着等级会议的二元的基础上……这些属民的政治期望是起义的重要因素，不论是在议会中已经拥有农民代表的地区（如蒂罗尔），还是在正争取这样代表席位的地区（如萨尔斯堡），还是在只想达到此目的地区（如维腾贝格），都可以得到反映。见彼得·布瑞克《1525年革命：对德国农民战争的新透视》，广西师范大学出版社2008年版，第157页。

可以区分为最高纲领和实际纲领。闵采尔、盖斯迈尔所制定的纲领中具有最高纲领的色彩，但聪明机智的起义者也没有放弃任何有利于革命斗争的具体纲领的实践。实际纲领和最高纲领只是程度上而不是性质上的区别。

这样，布瑞克提出的百姓革命的目标只是进入诸侯政府议会中去参政，或者只是建立资产阶级城邦共和国的观点，就显得过于保守了。根据《蒂罗尔宪章》《致全体德国农民大会书》等1525年的革命文献，我们分析了1525年起义者要求废除私有制、建立人民共和国的意图。正如恩格斯在《德国农民战争》中所指出的那样："正如闵采尔的宗教哲学接近无神论一样，他的政治纲领也接近于共产主义……闵采尔所了解的天国不是别的，只不过是没有阶级差别，没有私有财产，没有高高在上和社会成员作对的国家政权的一种社会而已。"[①]必须看到，在早期资产阶级革命中出现这样的共产主义纲领完全是真实的和可能的，因为"路德的和加尔文的宗教改革＝资产阶级革命第一号；农民战争是这个革命的批判的插曲"。[②]因此，"闵采尔的纲领，与其说是当时平民要求的总汇，不如说是对当时平民中刚刚开始的无产阶级因素的解放条件的天才预见"。[③]

① ［德］恩格斯:《德国农民战争》，人民出版社1962年版，第45页。

② ［德］恩格斯:《德国农民战争》，人民出版社1962年版，第20页。

③ ［德］恩格斯:《德国农民战争》，人民出版社1962年版，第45页。

结　论

宗教改革是这样的一种社会运动，它通过传播新教思想体系这一特殊方式向社会传递了改革的信号，迅速发展成为一场包括政治、社会、经济、宗教等领域在内的社会改革运动。它把矛头指向罗马教廷和德国的高级教士，促成新教派运动的兴起，从而沉重打击了以罗马教皇为代表的国际封建势力中心，切断了财富从德国流向罗马和高级教士的渠道，从而有力地维护了德国的主权，扫清了德国向近代社会过渡的一个主要障碍。宗教改革促成了由各地的统治者决定领地内的宗教信仰问题，把管理教会和宗教事务的权力交给了世俗统治者和城市委员会，从而比较彻底地杜绝了教会以宗教的名义控制、干涉世俗社会的政治、司法和经济的现象。在宗教改革的旗帜下，人们关闭了修道院，简化了宗教仪式、废除了教士独身的制度，使被修道院和教会占有的财富重新回归世俗社会手里，成为建立近代早期政府和支撑资本主义经济发展的强大的物质基础。宗教改革也促成了城市市民和乡村农民之间的大联合，他们高举《福音书》，对长期以来压迫、欺诈和剥削他们的领主和贵族进行了“普通人的革命”，沉重打击了德国的封建势力，尤其是地方贵族、地方领主的势力。在这种基础上，诸侯建立领地邦国的进程加快，而普通人也开始在城乡自治社区模式的基础上筹建具有一定公有制性质的范围广阔的百姓共和国。政治的进步还表现在领地议会中市民代表和农民代表的参与，在人民力量强大、自治社区有着深厚基础的地方，这种人民对于政治的参与表现尤其突出。正因为这样，宗教改革和1525年开始进行武装斗争的德国农民战争被称为“早期的资产阶级革命”，为德国社会向近代化的过渡做出了巨大贡献。这种发展的模式，即本书所要表述的“德国近代化道路”。

德国向近代社会的过渡采用宗教改革这种特殊方式，是和德国历史发展的特殊背景紧密相连的。德国的皇权软弱，政治分散割据，教会在德国占有大量土地和特权，市民力量弱小并且无法与无意建立民族国家的德国君主结盟，而诸侯和贵族则对来自德国外部的侵犯反应迟钝（例如允许在德国的境内销售“赎罪券”）。在对德国几种政治力量做了进一步分析后，笔者又发现德国和英国、法国之间的重要差别。德国社会结构中传统的封建主义（领主附庸制度、农奴制度和庄园制度）已经崩溃或濒临崩溃，贵族阶级内部已经分裂，出现了高级贵族为自己的利益吞并、排斥低级贵族（地方领主）的现象。在农村，农民的乡土自治早有传统，出现了自治公社那样的乡村自治组织。在城市，独立自治也有传统，市民阶级力量发展，拥有着自行管理自己的资源、财产的传统权利。此外，德国下层民众的大联合已经成为一个普遍的趋势：在城市贵族掌控城市时，城市出现大批下层失业者，他们正在与农民联合，形成了普通人的大联合。更为重要的是，由于德国政治分裂，罗马教廷更容易控制德国的教会，并通过德国的教会源源不断地为自己获取财富，致使反对罗马教廷的剥夺成为当时德国最为普遍的呼声。对比之下，法国的中央政府早已控制了国内的教会，并且已经强大到足以抵制罗马教廷任何过分要求的地步。这与市民阶级与法国君主结盟建立民族国家有密切关系。法国的政治、经济、财政均由国家掌控，也与其所建立的民族国家的社会形态相吻合。这些情况，导致了德国成为宗教改革运动的发源地。

最早的宗教改革思想体系是在一种宗教背景下起作用的。马丁·路德的思想覆盖了一种或许可以称之为“因信称义”体系的长期发展过程，这一发展过程可以一直追溯到《圣经·罗马书》和奥古斯丁的宗教学说。这一思想的内容主要是，拯救的唯一来源是信仰，人们能否被拯救，在于上帝的任意决定，与善功或圣礼没有关系；宗教的权威只来自《圣经》，而不是来自《圣经》之外的教会的传统教条；在什么是教会的问题上，路德强调教会是包括整个基督教信仰者的群体，而不是教会和神职人员的狭小团体；在什么是基督徒生活方式的问题上，路德区分了上帝之国和人类之国，认为人间是上帝为人类规定的生活地点。因此，不仅修道和宗教生活不会高过世俗生活，而且所有的职业也都具有同等的价值，而不管它是神职的还是世俗的，这样每个人都可以以自己的“天职”为上帝服务。[①] 从总体上说，这些思想取消了教廷在上帝与基督徒之间的中介地位，取消了教会和神职人员的神性。但是，其中也包括更适合世俗社会和世俗生活发展的价值观。在政治张力相当强大的社会无序时期，它也主张人与上帝之间进行直接交流，并且要对任何阻挠这种交流的人，进行非暴力的抵抗。

路德的这些思想，如果仅仅用于个人的道德修养或宗教的精神操练，那么不会引起其他人的格外关注。但是，如果路德希望这些思想能够公开传播，甚至希望实行针对教会的改革，那么，必然会因为挑战教皇的权威和教会的传统而遭到镇压。以路德一人之力，哪怕只是想关闭一所修道院，就必然会在强大的罗马教廷、坚决维护天主教会权威的德国皇帝、在德国握有实权的主教诸侯以及层层密布的德国教会的联合打击下，碰得头破血流。在这样的情况下，路德转向了对人民和对贵族的呼吁。果然，宗教改革爆发后，人民从四面八方跑来给予路德有力支持，而诸侯也把路德保护起来，帮助他摆脱了被严厉惩处的命运。从这一点来看，路德的宗教改革一开始就是政治和社会性的。为了传播新教和改革教会，路德提出了服从世俗权威的政治观念，进一步换得了诸侯、城市利用手中强大的政治权力对进行宗教改革支持的局面。与此同时，路德的“基督徒的自由”也引发了人民大众的革

① 这里参考了 E. H. Harbison 的归纳，见 E. H. Harbison，*The Age of Reformation*，Ithaca，New York，1963，pp. 53–55.

命，支持路德的市民们成了四面八方进行布道的传教士，各地都在出版、翻印路德的论著。而且，在农村，路德的信仰对德意志农民的吸引力也是巨大的。农民敬重路德对教会的挑战，而且，他们被路德的论文《论基督徒的自由》中的词句所鼓舞："一个基督徒是所有人中最自由的，他不属于任何人。"这些话语容易造成农村的革命。[①] 这样，作为社会运动的宗教改革就在德国爆发了。

在当今出版的关于德国宗教改革研究的著作里，许多学者都赞同澳大利亚学者罗伯特·斯克里布纳提出的"不仅只有马丁·路德的宗教改革，而且还存在着众多不同的宗教改革（加复数的宗教改革）"的观点，[②] 即认为除了路德的宗教改革外，还存在着"诸侯的宗教改革"、"社区（公社）的宗教改革"（布瑞克为代表）、"城市的宗教改革"（莫勒为代表）和农民的宗教改革等。这样的提法无疑有进步的作用，因为它凸显了人民群众的作用，并且使人能够更好地认识各个社会阶层进行宗教改革的特点和渊源，而不把所有的这些与宗教有关的改革都视为是路德宗教改革思想的产儿。不过，这样的划分也有不足的地方，因为像诸侯的改革，包括关闭修道院、没收教会财产、政府掌控教会，其实是一种政治行为，并不是诸侯们关于宗教改革思想的新体系；城市宗教改革的情况也基本类似，主要是指城市接受新教成为新教城市，而不是指谁

① ［美］约翰·巴克勒、贝内特·希尔、约翰·麦凯：《西方社会史》第二卷，霍文利、赵燕灵、朱歌姝等译，朱孝远审校，广西师范大学出版社2005年版，第117页。

② R. W. Scribner，*The German Reformation*，Hampshire and London: The Macmillan Press Ltd，1986，pp. 45–54.

创造出了有关城市宗教改革的新版本，这同样也属于政治或社会的行为。不过，从众多不同流派并存的情况来看，更可以看出当时德国的各个阶层或社会力量是根据自己的政治、经济利益来选择如何进行宗教改革的。对这些社会阶层来说，增进自己的力量，发展自己是得救和蒙恩的一部分。

但是，在1525年前后，却出现了对形式完整的宗教改革体系进行意义重大的重新诠释的新版本，这就是1525年前后出现的政治纲领。1525年的起义者将宗教改革作为打击封建贵族、建立人民共和国的思想武器，甚至视为他们在这个世界上进行革命的政治纲领。在这样使用宗教改革的新观念中，马丁·路德的思想体系显然是不够用了，因为1525年的起义者更强调社会革命和实在的政治、经济和物资上的收获。他们不再需要至死等待一种主要是灵魂上的奖励了；只要他们自认是真正的基督徒并且是在按照神法做事，他们就可以指望上帝是自己的支持者，而且也可以得到政权建设、战争胜利和经济繁荣等一系列的现实回报。从这个意义上说，他们的行为，无论是从思想上看，还是从行动上看，都不是路德宗教改革意识形态的简单践履。换言之，1525年的起义者的思想和行动都远远超越了路德，如果我们说路德是一位典型的宗教改革家或宗教领袖的话，那么，我们把同样的称呼移送到像闵采尔、盖斯迈尔那样的革命领袖身上就显得很不合适了。事实上，他们是真正的政治思想家和行动坚决的革命家，他们的革命行为，更加具有政治的含义。

尽管这样，我们却要看到宗教改革运动和1525年革命之间的联系，甚至在思想上的联系也是如此。我们既不能简单地视1525年革命为宗教改革的一个组成部分，也不能把1525年革命称为另外一种宗教改革，例如“社区宗教改革”。事实上，最合适的称呼是把它称为政治革命。至于如何解决它与宗教改革运动之间的联系问题，我们应当格外注意“词义转换”这个概念。

在我们分析的《致全体德国农民大会书》《蒂罗尔宪章》和《向基督教新生活的转化》三份政治纲领中，我们看到了与马丁·路德用语非常类似的词句。不过，通过“词义转换”，同样的词句却表达出了完全不同的意思，例如：《圣经》被解释为“神法”“基督教兄弟之爱”和“公共利益”；而“众信徒皆祭司”，则被赋予了众人皆平等的含义，甚至可以用来为废除私有财产、建立公有制社会做依据。从这个意义上看，我们得出1525年的革命是对宗教改革运动的划时代的发展的观点。1525年的革命者根据自己的需要，摈弃了宗教改革思想体系中保守的方面，却完全继承和发展了其合理和进步因素，通过“词义转化”，创造性地赋予了它革命的含义。

对于乡村自治公社性质的界定，我们感到必须从它在宗教改革时期所起的作用来进行分析。它产生于农奴制度崩溃时期，从一开始就是农奴制度的对立物。在1525年革命中，这种社区组织的作用主要有两个方面：在政治方面，起了联合城市和农村的作用，从而使普通人的革命阵营得以建立，同时，它还以各种形式为建立人民共和国提供管理经验。从经济方面看，它在特定时期维护了农村的经济秩序，维护了农业生产，保证了德国近代化过程的持续发展。在乡村遭到帝国、诸侯、地方领主、教会、城市五重压迫下，农民和下层市民无路可走，不得不进行1525年革命。如果不是通过斗争手段维护农民利益，那么，德国的农业生产是不可能维持的。这种乡土自治对于德国近代化经济上所做出的贡献，学术界比较忽视。正因为这样，德国的乡村自治公社就不是中世纪晚期落后的社会组织，而是特定时期在政治和经济两个方面对德国近代化做出过积极贡献的社会组织。在德国的历史上，它是有进步作用的。

至于百姓共和国的性质，我们的研究表明它是具有一定公有制成分由人民掌权的共和国。尽管在当时的情况下，它只是区域性的范围，但是，从1525年的政治纲领看，却完全是全国性的，具有自下而上建立统一的人民国家的意图。从这个意义上看，宗教改革也不是一场导致地方主义加强的运动，事实上，它起到了一种社会纽带的作用，把小区域联合起来变成地域性的国家，再变成统一的国家。宗教改革促成了城乡社区和城乡人民的大联合，就是一个明显的例子。百姓共和国绝不是空想的政治乌托邦，无论从政治上看，还是从经济建设方面看，它都是1525年革命的最高政治理想和政治目标——即建立没有压迫的公有制人民国家。

宗教改革和1525年的革命也是促进德国政治近代化的动力。通过这两场运动，彻底打击了罗马教廷和地方领主，使得诸侯邦国发展和建立人民共和国的理想得以发扬。在诸侯邦国里，也打上了人民参政的烙印，促使它进一步地放弃封建主义，转变为近代早期的邦国。马丁·路德并非是极权主义的拥戴者，因为当时德国并不存在建立极权政治的基础和条件。诸侯领地政府也并非是近代早期邦国，只能说，是正在向近代早期邦国过渡的半封建、半近代的邦国。宗教改革运动和1525年革命有力地制止了这种邦国向封建主义回流，又有力地推它朝近代政治的方向发展。只有这样，才能促使德国的政治、经济和整个社会向好的方面转化。

宗教改革无疑是促进了德国向近代社会过渡——它奠定了德国近代社会政治的、宗教的、社会的和文化的基础。因为德国的特殊背景和德国皇帝对市民阶级建立德意志民族国家要求的抵制，使德国向近代社会的过渡无法通过资产阶级与新君主结盟的形式，而是采用了市民阶级与农民相联合，走了一条自下而上推动德国近代化的“早期资产阶级革命”的道路。正因为这样，宗教改革是德国近代社会的开端：宗教改革运动使德国走上了近代化的理性道路，致使德国远离了中世纪的封建时代，朝着近代的政治体制、社会体制、经济体制和近代文化伦理的方向大踏步迈进。

参考文献

Abel, Wilhelm, *Agricultural Fluctuations in Europe from the Thirteenth to the Twentieth Centuries*, London: Methuen, 1980.

Blickle, Peter, *Communal Reformation: The Quest for Salvation in Sixteenth-Century Germany*, trans. by Thomas Dunlap., in *Studies in German Histories*, Atlantic Highlands, New Jersey: Humanities Press, 1992.

Blickle, Peter, *Obedient Germany? A contradiction*, trans. by Thomas A. Brady Jr., Charlottesville: University Press of Virginia, 1998.

Blickle, Peter, *The Revolution of 1525: The German Peasants' War from a New Petspective*, trans. by Thomas A. Brady, Jr. and H.C. Erik Midelfort, 3rd.ed, Baltimore: Johns Hopkins University Press, 1985.

Blickle, Peter, *From the Communal Reformation to the Revolution of the Common Man*, trans. by Beat Kumin, Leiden, Boston and Koln: Brill, 1998.

Bossy, John, *Christianity in the West, 1400-1700*, Oxford: Oxford University Press, 1985.

Boulay, F. R. H. Du., *Germany in the Later Middle Ages*, London: Athlone, 1983.

Bouwsma, William J., "The Renaissance and the Drama of Western History",

American Historical Review, 84(1979): 1-15.

Brady, Thomas A. Jr., *Protestant Politics: Jacob Sturm (1489-1553) and the German Reformation,* in *Studies in German Histories*, Atlantic Highlans, New Jersey: Humanities Press, 1995.

Brady, Thomas A. Jr., *German Histories in the Age of Reformations, 1400-1650*, Cambridge and New York: Cambridge University Press, 2009.

Brady, Thomas A. Jr., *The Politics of the Reformation in Germany Jacob Sturm (1489-1553) of Strasbourg*, New Jersey: Humanities Press, 1997.

Brady, Thomas A. Jr., *The Protestant Reformation in German History*, Washington, DC: German Historical Institute, 1998.

Brady, Thomas A. Jr., *Ruling Class, Regime and Reformation at Strasbourg, 1520-1555*, in *Studies in Medical and Reformation Thought*, vol. 22, Leiden: E. J. Brill, 1978.

Brady, Thomas A. Jr., *Turning Swiss Cities and Empire 1450-1550*, in *Cambridge Studies in Early Modern History*, Cambridge: Cambridge University Press, 1985.

Brady, Thomas A. Jr., Heiko A. Oberman, and James D. Tracy, eds., *Handbook of European History, 1400-1600: Late Middle Ages, Renaissance, Reformation*, 2vols. Leiden: Brill, 1944-95.

Cameron, Euan, *The European Reformation*, Oxford: Clarendon Press, 1992.

Chrisman, Miriam Usher, *Conflicting Visions of Reform: German Lay Propaganda Pamphlets, 1519-1530*, in *Studies in German Histories*, Atlantic Highlands, New

Jersey: Humanities Press, 1996.

Dickens, A. G., *The German Nation and Martin Luther*, New York: Harper & Row, 1974.

Dixon, C. Scott, ed., *The German Reformation*, Oxford: Blackwell, 1999.

Edwards, Mark U., Jr., *Printing, Propaganda, and Martin Luther*, Berkeley and Los Angeles: University of California Press, 1994.

Engels, Friedrich, *Der deutsche Bauernkrieg*, in *Marx-Engels Werke*, vol. 7, 39 vols.Berlin, 1956-.

Erasmus, Desiderius, *Collected Works of Erasmus*, ed. by R. J. Schoeck and B. M. Corrigan, 86 vols., Toronto: University of Toronto Press, 1974-.

Franz, Gunther, ed., *Quellen zur Geschichte des Bauernkries*, in *Ausgewahlte Quellen zur deutschen Geschichte der Neuzeit*, vol. 2, Darmstadt: Wissenschaftliche Buchgesellschaft, 1963.

Geortz, Hans-Jurgen and Walter Klaassen, eds., *Profiles of Radical Reformers*, Kitchener, Ontario and Scottdale, Pennsylvania: Herald Press, 1982.

Hillerbrand, Hans J., ed., *The Reformation: A Narrative History Related by Contemporary Observers and Participants,* London: SCM Press, 1964.

Hillerbrand, Hans J., ed., *The Protestant Reformation*, New York and London: Harper&Row, 1968.

Holborn, Hajo, *A History of Modern Germany: The Reformation*, Princeton, New

Jersey: Princeton University Press, 1982.

Hsia, R. Po-chia, *Social Discipline in the Reformation: Central Europe, 1550-1750*, London: Routledge, 1989.

Karant-Nunn, Susan C., *The Reformation of Ritual: An Interpretation of Early Modern Germany*, London: Routledge, 1997.

Kastner, Ruth, ed., *Quellen zur Reformation, 1517-1555, in Ausgewahlte Quellen Zur deutschen Geschichte der Neuzeit*, vol.16, Darmstadt: Wissenschaftliche Buchgesellschaft, 1994.

Laube, Adolf and Hans Werner Seiffert, eds., *Flugschriften der Bauernkriegszeit*, 2nded., Berlin: Akademie Verlag, 1978.

Lindberg, Carter, ed., *The European Reformations Sourcebook*, Oxford and Massachusetts: Blackwell, 2000.

Luther, Martin D., *D. Martin Luther Werke*, Kritische Gesamtausgabe, Schriften, 61 vols. Weimar: Bohlau, 1883-1983.

Luther, Martin D., *Luther's Works*, ed. by Jaroslav Pelikan and Helmut T. Legmann, 55 vols., St. Louis and Philadelphia: Concordia Publishing House and Fortress Press, 1855-86.

Luther, Martin D., *Three Treaties*, trans. by Charles M. Jacobs and James Atkinson, 2nded., Philadelphia: Fortress Press, 1970.

Luther, Martin. D., *The Table Talk of Martin Luther*, trans.& ed. by William Hazlitt, London: G. Bell & Sons, 1911.

Marks, Robert B., *The Origins of the Modern World A Global and Ecological Narrative*, New York and Oxford: Rowman & Littlefield, 2002.

McGrath, Alister, *The Intellectual Origins of European Reformation*, New York: Basil Blackwell, 1987.

Oakley, Francis, *The Western Church in the Later Middle Ages*, Ithaca and London: Cornell University Press, 1979.

Oberman, Heiko A., *Luther: Man between God and the Devil*, trans. by Eileen Walliser-Schwarzbart, New Haven: Yale University Press, 1989.

Ozment, Steven E., *The Age of Rerform 1250-1550: An Intellectual and Religious History of Late Medieval and Reformation Europe*, New Haven and London: Yale University Press, 1980.

Ozment, Steven E., *When Fathers Ruled: Family Life in Reformation Europe*, Cambridge, MA: Harvard University Press, 1983.

Ozment, Steven E., *Protestants: The Birth of a Revolution*, New York and London: Doubleday, 1992.

Ozment, Steven E., ed., *Religion & Culture in the Renaissance and Reformation*, Missouri: Sixteenth Century Journal Publishers, 1989.

Ranke, Leopold von., *Deutsche Geschichte in Zeitalter der Reformation*, ed. by Paul Joachimsen, 6 vols., Munich: Drei-Masken-Verlag, 1925.

Robisheaux, Thomas W., *Rural Society and the Search of Order in Early Modern*

Germany, Cambridge: Cambridge University Press, 1989.

Russell, Paul, *Lay Theology in the Reformation Popular Pamphleteers in Southwest Germany 1521-1525*, Cambridge: Cambridge University Press, 1986.

Sabean, David Warren, *Power in the Blood: Popular Culture and Village Discourse in Early Modern Germany*, Cambridge: Cambridge University Press, 1984.

Schilling, Heinz, *Religion, Political Culture and the Emergence of Early Modern Society: Essays in Germany and Dutch History*, Leiden, New York and Koln: E. J. Brill, 1992.

Scott, Tom, *Society and Economy in Germany, 1300-1600*, in *European Studies Series*, Houndsmill, Bassingstoke: Palgrave, 2002.

Scott, Tom, *Thomas Muntzer: Theology and Revolution in the German Reformation*, New York: St. Martin's, 1989.

Scott, Tom and Scribner Robert W. eds., *The German Peasants' War: A History in Documents*, Atlantic Highlands, NJ: Humantities Press, 1991.

Scribner Robert W., *For the Sake of Simple Folk: Popular Propaganda for the German Reformation*, Cambridge: Cambridge University Press, 1981.

Scribner Robert W., *Popular Culture and Popular Movements in Reformation Germany*, London: Variorum, 1987.

Scribner Robert W., ed., Germany: *A New Social and Economic History 1450-1630*, London: Edward Arnold, 1996.

Scribner Robert W. and Gerhard Benecke, eds., *The German Peasant War of*

1525: New Viewpoints, London: George Allen & Unwin, 1979.

Scribner Robert W., *The German Reformation*, London: Macmilan, 1986.

Scribner Robert W. and Trevor Johnson, eds., *Popular Religion in Germany and Central Europe, 1400-1800*, New York: St. Martin, 1996.

Strauss, Gerald, ed., *Pre-Reformation Germany*, London and Basingstoke: Macmilan, 1972.

Tracy, James D., ed., *Luther and the Modern State in Germany*, Ann Arbor, Michigan: Edwards Brothers, 1986.

译名对照表

一、人名

Abel, Wilhelm	威廉·阿尔贝
Albert Ⅲ Achilles (1417–1486)	阿尔伯特·阿基里斯(勃兰登堡侯爵)
Albert of Hohenzollen	霍亨佐伦的阿尔伯特
Albrecht (duke of Prussia)	阿尔布雷希特(普鲁士公爵)
Alexander	亚历山大
Aquinas, Thomas (1225–1274)	托马斯·阿奎那
Arzt, Ulrich (1460–1527)	乌尔里希·阿茨特
August	奥古斯特
Augustine, St. (354–430)	圣·奥古斯丁
Bars, Drutgin	巴斯
Berlichingen, Cötz von (1480–1562)	格茨·冯·贝利欣根
Berthold of Henneberg of Mainz (1442–1504)	美因兹的伯贝特霍尔德
B. H. Bath, Slicher van	B. H. 斯里谢尔·冯·巴斯
Bismarck, Otto von (1815–1898)	奥托·冯·俾斯麦
Blaschke, Karlheinz	卡尔梅茨·布莱希克
Blickle, Peter (1938–)	彼得·布瑞克
Boleyn, Anne (1501–1536)	安妮·博林(英国皇后)
Bora, Katharina von	凯瑟琳·波拉
Botton, Brenda	布伦达·博顿
Bouwsma, William J. (1923–2004)	威廉·鲍斯曼

Brady, Thomas A. Jr.	小托马斯·A. 布雷迪
Brant, Sebastian (1457–1521)	塞巴斯坦·布让特
Budé, Guillaume (1467–1540)	古拉姆·布德
Bugenhagen, Johannes (1485–1558)	约翰·布根哈根
Calixtus Ⅲ (r.1455–1458)	卡利克斯特三世
Calvin, Johannes (1509–1564)	约翰·加尔文
Charles V (emperor, 1519–1556)	查理五世（皇帝）
Clement Ⅶ (r.1523–1534)	克雷芒七世
Colet, John (1467–1519)	约翰·斯莱特
Dixon, C. Scott	C. 司各脱·狄克逊
Dulmen, Richard van	理查德·凡·丢尔门
Eck, Johann Maier of (1486–1543)	埃克的约翰·梅尔
Edward Ⅵ (r.1547–1553)	爱德华六世
Elizabeth Ⅰ (r.1558–1603)	伊丽莎白一世
Engels, Friedrich (1820–1895)	弗里德里希·恩格斯
Erasmus, Desiderius (1466–1536)	德西德里乌斯·伊拉斯谟
Ferdinand (archduke of Austria)	裴迪南（奥地利大公）
Francis Ⅰ (r.1515–1547)	弗兰西斯一世
Franck, Sebastian (1499–1542)	塞贝斯坦·法朗克
Friedrich Ⅲ "the wise" (r.1486–1525)	"智者" 弗里德里希三世
Fugger family, Augsburg	富格尔家族（奥格斯堡）
Gaismair, Michael	米夏埃尔·盖斯迈尔
Gerson, Jean	杰尔森
Geyer, Florian	弗洛里安·盖尔
Gregory XII (r.1406–1415)	格列高利十二世
Groote, Geert (1340–1384)	格拉特·格鲁特
Hamilton, Patrick (1504?–1528)	帕特里克·汉密尔顿
Hegel, Georg Friedrich Wilhelm (1770–1831)	格奥尔格·威廉·弗里德里希·黑格尔
Henry Ⅷ (1491–1547)	亨利八世
Hergot, Hans	汉斯·海尔高特

Hipler, Wendel (1465–1526)	文德尔·希普勒
Hitler, Adolf (1889–1945)	阿道夫·希特勒
Hoyer, Siegfried	西格福里特·霍约
Hubmaier, Balthasar (ca.1480–1528)	巴尔塔扎尔·胡布迈尔
Hussite, Jan (1370–1415)	杨·胡斯
Innocent Ⅲ (r.1198–1216)	英诺森三世
Karlstadt, Andreas	安德烈亚斯·卡尔斯塔特
Knox, John	约翰·诺克斯
Kohler, Hans Joachim	汉斯·丁·库勒
Lefèvre, Jacques (1455–1536)	雅克·勒费尔
Leo X (r.1513–1521)	利奥十世
Linacre, Thomas (1460–1524)	托马斯·利那克
Lutge, Friedrich	费里德里希·吕特格
Luther, Hans	汉斯·路德
Luther, Martin (1483–1546)	马丁·路德
Müller, Hans (d.1525)	汉斯·米勒
Machiavelli, Nicclò (1469–1527)	尼科洛·马基雅维里
Mair, Martin	马丁·迈尔
Mary I (r.153–1558)	玛丽一世
Marx, Karl (1818–1883)	卡尔·马克思
Maximilian I (r.1493–1519)	马克西米利安一世
McGovern, William Montgomery	威廉·蒙特高迈利·麦克高温
Melanchthon, Philip (1497–1560)	菲利普·梅兰希通
Moeller, Bernd (1931–)	贝尔德·莫勒
More, Thomas (1478–1535)	托马斯·莫尔
Müntzer, Thomas (1488–1525)	托马斯·闵采尔
Oecolampadius, Johann (1482–1531)	约翰·奥克兰帕迪乌斯
Olson, Roger	罗杰·奥尔森
Osiander, Andreas (1498–1552)	安德烈亚斯·奥斯伊安德尔
Ozement, Steven	斯蒂文·奥茨门德

Paul, St.	圣·保罗
Philip Ⅱ (r.1556–1598)	菲利普二世
Piccolomini, Enea Silvio	恩尼·西尔维奥·皮科劳米尼
Pius Ⅱ (r.1458–1464)	庇护二世
Proles, Andreas (1429–1503)	安德烈亚斯·普洛列斯
Ranke, Leopold von (1795–1886)	利奥波德·冯·兰克
Rapp, Francis	法兰西斯·拉普
Ricci, Matteo (1552–1610)	利玛窦
Ripgin, Weisgin	威士金·瑞卜金
Rohrbach, Jäcklin (d.1525)	耶克莱因·罗尔巴赫
Rosslin, Eucharius	尤恰里乌斯·罗斯林
Schappeler, Christoph (1472–1551)	克里斯托弗·夏普勒
Schmind, Jörg	约尔格·施密德
Scott, Tom	汤姆·斯科特
Scotus, Johannes Duns (约1265–1308)	约翰·邓斯·司各脱
Scribner W., Robert (1941–1998)	罗伯特·W. 斯克里布纳
Sigismund (emperor) (1410–1437)	西格蒙德 (皇帝)
Sixtus Ⅳ (r.1471–1484)	西斯特斯四世
Staupitz, Johann von (?–1524)	约翰·冯·斯陶皮兹
Steinmetz, Max (1912–1990)	马克斯·施泰因梅茨
Tetzel, Johann	约翰·台彻尔
Tracy, James	特蕾西·詹姆斯
Tetzel, Johann (1470–1519)	约翰·台彻尔
Ulrich (duke of Wurttemberg)	乌尔里希 (符腾堡公爵)
Urban Ⅵ (r.1378–1389)	乌尔班六世
Vecellio, Tiziano (1490–1576)	提香·韦切利奥
Vogler, Gunther	哥德·弗格勒
Vogler, Bernard	伯那特·弗格勒
Warwick, the earl of	沃里克伯爵
Waldburg, Georg Truchsess von	乔治·特鲁赫泽斯·冯·瓦德堡

Walker, Williston	威利斯顿·沃尔克
Wallace, Peter G.	彼得·瓦拉斯
Weber, Max (1864–1920)	马科斯·韦伯
Weigandt, Friedrich	弗里德里希·魏加德
William of Occam (约 1285–1349)	奥卡姆的威廉
Wimpheling, Jakob (1450–1528)	雅克·维卜菲林
Wimpina, Konrad (?–1531)	康拉德·温皮纳
Windischgraetz, Alfred	阿尔弗雷德·威迪希格拉茨
Wopfner, Hermann	赫尔曼·沃博夫内尔
Zwingli, Ulrich (1484–1531)	乌尔里希·茨温格利

二、地名

Allgäu	阿尔部
Alsace	阿尔萨斯
Amerbach	阿默巴赫 阿莫巴赫
Ansbach (territory)	安斯巴赫（领地）
Antioch	安提阿
AppenZeller	阿彭策尔
Augsburg (bishopric)	奥格斯堡（主教管区）
Augsburg (imperial free city)	奥格斯堡（帝国自由城市）
Austria	奥地利
Avignon	阿维农（1309–1377 年教廷所在地）
Bamberg (bishopric)	班贝格（主教管区）
Basel (bishopric)	巴塞尔（主教管区）
Basel (city)	巴塞尔（城市）
Bavaria (duchy)	巴戈利亚（公国）
Bavaria Swabia	属于巴戈利亚的士瓦本
Bern	伯尔尼（城市国家）
Besancon	贝藏松

Black forest	黑森
Bohemia (kingdom)	波西米亚（王国）
Bragg	布拉格
Brandenberg (principality)	勃兰登堡（领地国家）
Bremen	不莱梅
Brook	布鲁克
Brixen	布里克森
Bulgaria	保加利亚
Burgundy	勃艮第
Byzantium	拜占庭帝国
Cologne (archbishopric and electorate)	科隆（大主教管区 / 选帝侯管区）
Constance	康斯坦茨
Constantinople	君士坦丁堡
Cyprus	塞浦路斯
Egypt	埃及
Eisleben	艾斯莱本
Elbe	易北河
Erfurt	埃尔福特
Florence	佛罗伦萨
Franconia	法兰克尼亚
Frankfurt	法兰克福
Freiberg	弗莱堡
Freimi	佛来米
Fribourg	弗里堡
Fulda (abbey)	富尔达（修道院）
Geneva (city–state)	日内瓦（城市国家）
Glarus	格拉鲁斯
Haddington	哈丁顿
Hegau	黑部
Halberstadt	哈尔伯斯塔特

Heggbach (lordship) (Upper Swabia)	黑格巴赫（贵族领地）(上士瓦本）
Heilbronn (imperial free city)	海尔布隆（帝国自由城市）
Heiliges Römisches Reich deutscher Nation	神圣罗马帝国
Hungary	匈牙利
Innsbruck	因斯布鲁克
Jerusalem	耶路撒冷
Kempten (abbey)	肯普滕（修道院）
Klettgau	克莱特郜
Kulmbach	库尔姆巴赫
Landolzweiler (Upper Swabia)	兰多茨维勒（上士瓦本）
Leipzig	莱比锡
Lindau (abbey)	林道（修道院）
Lindau (imperial free city)	林道（帝国自由城市）
Lörrach	勒尔拉赫
Lorraine (duchy)	洛林（公国）
Luebeck	吕贝克
Luzern	卢塞恩
Lyons	里昂
Magdeburg (city)	马格德堡（城市）
Maggiore Lake	马焦雷湖
Mainz (archbishopric and electorate)	美因兹（大主教管区 / 选帝侯领地）
Manila	马尼拉
Mansfeld (county)	曼斯菲尔德（伯爵领地）
Marburg	马尔堡
Markgräflerland (Baden)	马克格拉夫勒兰（巴登）
Massachusetts	马萨诸塞州
Meissen	马森
Memmingen (imperial free city)	梅明根（帝国自由城市）
Merseburg	梅泽堡
Metz	梅斯

Milan	米兰
Mindelheim	明德海姆
Moratti	莫拉蒂
Mühlhausen (Thuringia) (imperial free city)	米尔豪森（图林吉亚）（帝国自由城市）
Mugeln	穆根
Muhlberg	穆尔贝格
Münster	明斯特
Nammuburg	纳姆堡
Naples	那不勒斯
Naumburg	诺姆堡
Neckar	内卡河
Neckarsulm	内卡苏尔姆
Netherland	尼德兰
Neuchatel	纳沙泰尔
Nördlingen (imperial free city)	诺德林根（帝国自由城市）
Noyon	诺扬城
Nuremberg (imperial free city)	纽伦堡（帝国自由城市）
Ochsenhausen (abbey)	沃西森豪森（修道院）
Odenwald	奥登瓦尔德
Öpfingen	厄普芬根
Ottoman Turks	奥斯曼土耳其帝国
Paderborn	帕德博恩
Palatinate (electorate)	巴拉丁（选侯管区）
Perth	伯斯
Philippines	菲律宾
PragueRiga	布拉格里加
Prussia	普鲁士
Ravensburg (imperial free city)	拉文斯堡（帝国自由城市）
Regensburg	累根斯堡
Reutlingen	罗伊特林根

Rheinland–Pfalz	莱茵兰—普法尔茨
Rhine River	莱茵河
Riccione	西昂
Rostock	罗斯托克城
Salzburg (archbishopric)	萨尔茨堡（大主教管区）
Salzburg (city)	萨尔茨堡（城市）
Saxony (duchy and electorate)	萨克森（公国和选帝侯管区）
Savoy	萨伏衣
Schaffhausen (city–state)	沙夫豪森（城市国家）
Schmalkalden	施马尔卡登
Schussenried (abbey)	舒森利特（修道院）
Schwyz	施维茨
Solothurn (city–state)	索洛图恩（城市国家）
Speyer (imperial free city)	施佩耶尔（帝国自由城市）
Stettin	什切青
St. Gallen (abbey)	圣·加仑（修道院）
St. Gallen (city)	圣·加仑（城市）
Stolpen	斯多本
Stralsund	施特拉尔松城
Strasbourg	斯特拉斯堡
Stuttgart	斯图加特
Stühlingen (lordship)	施蒂林根（贵族领地）
Styria (duchy)	斯蒂里亚（公国）
Switzerland	瑞士
Syria	叙利亚
Tettnang	特特南
Thurgau	图尔部
Thuringia	图林根
Ticino	提契诺
Trent (bishopric)	特伦特（主教管区）

Trent (city)	特伦特（城市）
Trier(archibishopric and electorate)	特里尔（大主教管区 / 选帝侯管区）
Tunisia	突尼斯
Tyrol (county)	蒂罗尔（伯爵领地）
Ulm (imperial free city)	乌尔姆（帝国自由城市）
Unterwalden	翁特瓦尔登
Upper Rhine	上莱茵地区
Villingen	菲林根城
Waldshut	瓦尔茨胡特城
Weingarten (abbey)	魏因加腾（修道院）
Weinsberg (castle)	魏恩斯贝格（城堡）
Weissenau (abbey)	韦塞瑙（修道院）
Wildhaus	维尔德豪斯
Wimpfen	维姆普芬
Wittenberg	维腾贝格
Worms	沃尔姆斯
Württemberg (duchy)	符腾堡（公国）
Wurzach (lordship) (Waldburg)	乌尔查赫（贵族领地）（瓦德堡）
Wunzen	乌镇
Würzburg (bishopric)	维尔茨堡（主教管区）
Yugoslavia	南斯拉夫
Zug	楚格
Zurich	苏黎世（城市国家）
Zwickau	茨维考

三、专有名词

Albigense	阿尔比宗教
Anabaptist	再洗礼派
Anglican	安立甘宗

Bartholemeu Festival	巴托洛缪节
Bavarian Law	巴伐利亚法
Bible, Biblicism	《圣经》,《圣经》主义
Bundschuh	鞋会
Calvinism	加尔文教
Christian Association	基督教联盟
Christian Brotherhood	基督教兄弟会
Christian brotherly love	基督教兄弟之爱
Christian humanism	基督教人文主义
Christian world	基督教世界
Common good	公共利益
Common man	普通人
Common Penny	直接财产税
Communal Reformation	普通人的宗教改革
Communal–self government	普通人自治政府
Commune (Gemeinde)	公社
Communism	公社主义
Count	伯爵
Counter–Reformation	反宗教改革
Divine law	神法
Dominic	多米尼克会
Dues	赋税
Duke	公爵
Early bourgeois revolution	早期资产阶级革命
Early modern state	近代早期国家
Ecclesiastical abuses	教会腐败
Ecclesiastical court	教会法庭
Economic recovery of the late Middle Ages	中世纪晚期的经济恢复
Egalitarianism	人人平等的思想
Elite culture	精英文化

Emancipation of serfs	农奴解放
Eucharist	圣餐礼
Evangelische	路德宗
Feudalism	封建制度
Florin	弗罗林
Free City	自由城市
Galatians	《加拉太书》
German Peasants' War	德国农民战争（1524–1526）
Godly law	神法
God's Word	上帝之言
Gospel	福音、福音书
Grievance lists	怨情条款
Guilds	行会
Head tax	人头税
Hebrews	《希伯来书》
House of Habsburg	哈布斯堡家族
Huguenots	胡格诺派
Imperial city	帝国城市
Indulgence	赎罪券
Late Medieval Crisis	中世纪晚期的危机
Mortmain	土地所有权
Natural law	自然法
Old Testament	旧约
Overpopulation	人口过剩
Passage from tenant to serf	从佃农向农奴的转化
Popular Culture	大众文化
People's Reformation	人民的宗教改革
Personal dependence	人身依附
Presbyterian Church	长老派教会
Property rights of peasants	农民的财产权

Property taxes	财产税
Protestant Reformers	新教改革家
Protestant Movement	新教运动
Reformation	宗教改革
Reformation and Peasants' War	宗教改革和农民运动
Reformation of the Emperor Sigismund	西格蒙德皇帝的宗教改革
Religious disputations	宗教争端
Rhine league	莱茵同盟
Roman law	罗马法
Schwabian League	士瓦本联盟
Secularization of the monasteries	修道院的世俗化
Seigneurial taxes	领地税
Serfdom	农奴制
Services	劳役
Servility	奴隶
Simple Folk	百姓
Slavic	斯拉夫语
St. John the order	圣·约翰骑士团
Territorial assemblies	领地议会
Territorial cities	领地城市
Teutonic Knights	条顿骑士团
Thirty Years' War	三十年战争
Tithe	什一税
Twelve Articles of the Peasantry in Swabia	士瓦本农民的十二条款
Weinsberg massacre	魏恩斯贝格大屠杀
Würzburg program	维尔茨堡计划
Wycliffism	威克里夫派
Zwinglianism	茨温格利派